Heide Sbrzesny
Die Spiele der !Ko-Buschleute

Monographien zur Humanethologie

Band 2   Herausgeber: Irenäus Eibl-Eibesfeldt

Die vorliegende Arbeit wurde an der Universität München, Fachbereich Biologie, als Dissertation eingereicht.

Heide Sbrzesny

Die Spiele der !Ko-Buschleute

unter besonderer Berücksichtigung ihrer

sozialisierenden und gruppenbindenden Funktionen

R. Piper & Co. Verlag

München / Zürich

ISBN 3-492-02184-0
© R. Piper & Co. Verlag, München 1976
Gesetzt aus der Aldus-Antiqua
Gesamtherstellung
Kösel GmbH & Co., Kempten
Printed in Germany

Meinen lieben Eltern gewidmet

Inhalt

Vorwort von Irenäus Eibl-Eibesfeldt

Mit dieser Monographie legt H. Sbrzesny eine umfassende Beschreibung der Kinder- und Erwachsenenspiele einer Jäger- und Sammlerkultur vor. Dergleichen existiert bisher noch nicht. Die Dokumentation, die sich auf Filmaufnahmen und Beobachtungen stützt, ist in mehrfacher Hinsicht bemerkenswert. Wir können ihr entnehmen, daß die Buschleute muße-intensiv leben. Sie brauchen für ihren Lebensunterhalt nur zwei bis drei Stunden pro Tag zu arbeiten. Die übrige Zeit verbringen sie im geselligen Beisammensein. Sie spielen dabei viel, Kinder ebenso wie Erwachsene. Im Spiel erwerben die Kinder Fertigkeiten, sie üben Sozialrollen ein und lernen Beherrschung und Rücksichtnahme im Umgang mit anderen. Ältere Kinder unterweisen die Kleineren, und die Sozialisierung des Kindes findet in den Spielgruppen fast ohne Erwachsenenhilfe statt. Bemerkenswert ist die ausgesprochene Neigung der Kinder, gleichge-schlechtliche Spielgruppen zu'bilden. Sie ist wohl auf das geschlechts-spezifische Spielinteresse zurückzuführen. Auch in der Buschmannge-sellschaft haben Buben primär andere Interessen als Mädchen, und es spricht einiges dafür, daß hier angeborene Dispositionen an der Ge-schlechtsrollendifferenzierung mitwirken. Nur Knaben und Männer üben Kampf und Wetteiferspiele. Ihr Vorkommen ist bemerkenswert, da die Buschleute eher pazifistische Ideale pflegen. Es scheint, als suche die Aggression bei diesen Menschen im Spiel ihre Ventile. Wieder andere Spiele binden die Gruppe.

Wir Menschen leben erst seit kurzem in anonymen Massengesell-schaften. Wir kommen damit erstaunlicherweise zurecht, weil wir extrem anpassungsfähig sind. Aber der Anpassung sind Grenzen gesetzt. Das merken wir an den fühlbaren Störungen sozialen Zusammenlebens. Kriminalität und Gewalttätigkeit innerhalb der Gruppen nimmt zu, und wir fragen uns, warum dies so ist. Wir dürfen annehmen, daß Störungen in der Jugendentwicklung dafür mitverantwortlich sind. Aber wie sieht eine ungestörte »normale« Entwicklung aus?

Im Spiegel der Naturvölker können wir erkennen, woran es bei uns fehlt. Wo spielen unsere Kinder? Im Reglement der Kindergärten, auf den eigens eingerichteten Kinderspielplätzen unserer Städte, die an Phantasielosigkeit kaum noch zu überbieten sind. Dort dürfen sie im schmutzigen Sand der Sandkiste wühlen, die immer gleichen Kletter-gestelle erklimmen und die gleiche Rutsche befahren. Schöpferischer Entfaltung sind Grenzen gesetzt. Wir spielten als Kinder noch auf der staubigen Dorfstraße Kugerlscheiben, Kreiseltreiben oder Fangerl. Aber die Dorfstraße, einst Tummelplatz und Treffpunkt für Jung und Alt, wurde zur Rennpiste, die man kaum ungefährdet betreten kann. Die Asphaltbänder trennen, was die Dorfstraße einst verband. In vielen Werken hat man die Bedeutung des Kinderspieles für die gesunde Entwicklung hervorgehoben; aber das hat man in den letzten Jahrzehnten offenbar vergessen, denn sonst könnte man sich die Unbekümmertheit, mit der man den Kindern die Möglichkeit zu spielen nahm, kaum erklären. Oder waren unsere Landschafts- und Städteplaner so gewissenlos, die Einsicht in diese Notwendigkeit bewußt zu verdrängen?

Sbrzesnys Monographie ist nicht nur ein bemerkenswerter Beitrag zur Humanethologie und Völkerkunde. Auch der Pädagoge wird in ihm eine Fülle von Anregungen finden.

Einleitung und Problemstellung

In den letzten Jahren hat man dem Verhalten der Jäger- und Sammler-kulturen besondere Aufmerksamkeit gewidmet. Da der Mensch gut 99 % seiner Geschichte auf dieser altsteinzeitlichen Kulturstufe als Jäger und Sammler verbrachte, nimmt man an, daß er auch biologisch in erster Linie an diese Lebensweise angepaßt sei. Aus dem Studium der in diesem Sinne noch »natürlich« lebenden, letzten Jäger- und Sammlerkulturen hofft man daher, wesentliche Aufschlüsse über die Natur des Menschen zu erhalten (Lee und De Vore 1968; Schmidbauer 1971; I. Eibl-Eibesfeldt 1972).

Auf fünf Forschungsreisen, die mich 1970, 1972, 1973 und 19/4 im Februar und Juli in die Kalahari (Botswana) führten, nahm ich im Rahmen eines Schwerpunktprogrammes der Arbeitsgruppe für Humanethologie des Max-Planck-Institutes in Percha an der Dokumentation ungestellter sozialer Interaktionen der !Ko-Buschleute teil. Auf drei Reisen konnte ich ferner die G/wi-Buschleute besuchen und Beobachtungen zum Vergleich sammeln. Ich konzentrierte mich dabei auf die Erfassung der Spielaktivitäten der Kinder und Erwachsenen. Es war meine Aufgabe, die Spiele im Film festzuhalten und deskriptiv zu erfassen sowie alle vorkommenden Spielregeln festzustellen. Darüber hinaus waren die Funktion und die Motivation der Buschmannspiele zu erforschen.

Die Arbeit gliedert sich dementsprechend in einen deskriptiv bewegungsanalytischen Teil, dem Kapitel über Funktion und Motivation folgen. Im besonderen ging es mir um die Erforschung der Bedeutung des Spiels für das Zusammenleben. Diesem sozialen Aspekt hat man meines Erachtens bisher viel zu wenig Aufmerksamkeit geschenkt. Bis vor kurzem betonten die Arbeiten in erster Linie die Bedeutung des Spieles als Vorübung von Verhaltensweisen, die im späteren Leben der Bewältigung ernsthafter Lebensaufgaben dienen. Ein solcher Übungswert ist sicher gegeben, doch weist bereits Rüssel (1959) darauf hin, daß Spiele keineswegs ihren Reiz verlieren, wenn man ein Höchstmaß an Übung erreicht hat, und daß bei Spielen wie den Reigenspielen ein solcher Übungswert doch zweifelhaft erscheint. Das Spiel hat demnach gewiß noch andere Funktionen.

Rüssel hebt hervor, das Spiel trage dazu bei, neue Einstellungen und

Haltungen zu gewinnen, es diene der »Ichfindung«, fördere repräsentatives Denken und Vorstellen und über die Einhaltung der Spielregeln die Herrschaft über sich selbst und damit die Entwicklung der Moral.

Ich stellte mir die Frage, ob nicht das Spiel u. a. im Funktionskomplex Aggressionskontrolle und Gruppenbindung (I. Eibl-Eibesfeldt 1970, 1972) eine entscheidende Rolle spielt. Sind gewisse Spielformen als Rituale der Bindung und Gruppenidentifikation zu verstehen? Haben Spiele, bei denen man wetteifert, eine kathartische bzw. aggressionsableitende Funktion, im Sinne von Ventilsitten, und findet im kindlichen Spiel eine Sozialisation aggressiver Impulse statt? Des weiteren sollte mit dieser Untersuchung ein Beitrag zur kulturenvergleichenden Universalienforschung geleistet werden. Dafür mangelt es ja bedauerlicherweise an den elementarsten Daten. So gibt es über die Spiele der Wildbeuter und Sammler im allgemeinen und über die der Buschleute im besonderen so gut wie keine Untersuchungen. Man findet in der Literatur nur gelegentlich kurze Hinweise. Meine Untersuchung ergab, daß die !Ko-Buschleute ein reich differenziertes Spielverhalten zeigen. Viele der Spiele sind eigenständiges Kulturgut, manches wurde von benachbarten Bantustämmen übernommen, über deren Spielverhalten eine kürzlich veröffentlichte Monographie von Klepzig (1972) unterrichtet, die sich allerdings auf die Kinderspiele beschränkt.

Auszählungen über die Zusammensetzung der Kinderspielgruppen ergaben, daß !Ko-Buschmannkinder dazu neigen, sich mit Kindern gleichen Geschlechts zusammenzutun. Das mag mit den ebenfalls durch meine Untersuchungen nachgewiesenen geschlechtsspezifischen Spielinteressen zusammenhängen. Die Feststellungen sind von theoretischem Interesse. Da es sich bei den Buschleuten um eine grundsätzlich egalitäre Gesellschaft handelt, in der fast kein erzieherischer Druck auf die Übernahme einer spezifischen Geschlechterrolle ausgeübt wird, drückt sich hier wahrscheinlich eine angeborene Disposition aus.

In einem Abschnitt über Mimik und Gestik der Spielenden weise ich auf auffällige Übereinstimmungen mit Ausdrucksbewegungen anderer Völker hin.

Die Untersuchung schließt mit einer kulturenvergleichenden Diskussion.

Mein Dank gilt der Max-Planck-Gesellschaft, die diese Reisen finanzierte.

Herrn Prof. Dr. I. Eibl-Eibesfeldt danke ich ganz herzlich für die Überlassung dieses Themas sowie für die Hilfe und Unterstützung, die er mir auf den Reisen und bei der Bearbeitung des Materials zuteil werden ließ.

Herrn Dr. H. J. Heinz, der mich bei den !Ko-Buschleuten einführte und mir gerade bei den Anfangsschwierigkeiten helfend zur Seite stand, und besonders Ms. E. Wily, die meine Arbeit in wissenschaftlicher und freundschaftlicher Hinsicht aufopfernd unterstützte, schulde ich meinen Dank. Ich danke ferner der Regierung von Botswana für das mir gewährte Gastrecht und für die Erlaubnis, im Buschmanngebiet arbeiten zu dürfen.

Für technische Hilfe danke ich Frau R. Krell, Herrn D. Heunemann, Frau U. Graf und Frau S. Donecker.

Das Spiel bei Tier und Mensch

Wann ein Tier oder ein Mensch spielt und wann es ihm »ernst« ist, kann ein Beobachter im allgemeinen schnell entscheiden. Bemüht er sich jedoch zu beschreiben, aufgrund welcher Kriterien er die Unterscheidung trifft, dann gerät er in Schwierigkeiten, wie die Durchsicht der Spielliteratur zeigt. Dennoch fehlt es nicht an Versuchen, das Spiel zu definieren. Humanpsychologen, wie Rüssel (1959), grenzen das Spiel im allgemeinen als »sich selbst genügende Tätigkeit, die keine außerhalb ihrer selbst liegenden Ziele verfolgt«, gegen als »Arbeit« bezeichnete Tätigkeit ab. Es gibt zwar, wie Rüssel bemerkt, Ziele auch innerhalb der spielerischen Tätigkeiten – Kinder errichten z. B. Hütten, oder sie werfen den Ball nach einem Ziel –, aber das alles, sagt Rüssel, diene nur dazu, das Spiel vorzubereiten oder es in Gang zu halten. Im übrigen sei »die Freude am spielenden Tun sich selbst genug«. Das Spiel wird demnach nicht instrumental zur Erreichung anderer Ziele eingesetzt, es ist in diesem Sinne »zweckfrei«. Rüssel betont jedoch zugleich, daß diese allgemeinste Bestimmung des Spiels »als einer lustvollen, insbesondere mit Funktionslust ausgestatteten Tätigkeit, die keine außerhalb ihrer selbst liegenden Ziele verfolgt«, nur eine sehr grobe Umreißung des Spielbegriffs sei, die andere Tätigkeiten nicht absolut ausschließe. Er meint aber, daß es angesichts der Fülle und Unterschiedlichkeit der Spieltätigkeiten kaum möglich sei, weitere gemeinsame Merkmale zu erarbeiten.

Die Lustmotivation spielt in zahlreichen Abhandlungen zum Spiel eine große Rolle. Pycraft (1912) spricht vom Spiel als Ausdruck der Lebensfreude; Tinkelpaugh (1942) meint, Spiel werde nur zum Selbstzweck genossen, und Morris (1962) bietet die Vorstellung vom Spiel als Selbstbelohnungsaktivität an.

Bierens de Haan (1952) setzt Spiel = Lust und ähnlich Château (1964), der betont, daß man um des Genusses willen spiele und nicht, um ein Verhalten vorzuüben. Unter anderem sagt er: »Der Fehler, in dem Spiel eine funktionale Vorwegnahme sehen zu wollen, liegt also darin, das kindliche Spiel zu rasch dem tierischen Spiel anzugleichen.« Château hebt das Nachahmungsbedürfnis des Kindes hervor, das in seiner langen Zeit des Kindseins von der Erwachsenenwelt ausgeschlossen sei und deshalb in Kindergruppen die »Probe des Erwachsenenseins« macht.

In der psychologischen Literatur wird ferner oft auf den Übungswert des Spieles für das spätere adulte Leben hingewiesen. Diese Auffassung vertreten Groos (1898), Pycraft (1912), Mitchell (1912) und Hedenus (1933).

Auf die Bedeutung frühen Erfahrungsammelns im Spiel wiesen u. a. auch Beach (1945) und Harlow (1962) hin.

Auffallend ist, daß sehr viele Autoren bei ihren Deutungsversuchen nicht klar genug zwischen funktionalen und psychologisch kausalen Gesichtspunkten unterscheiden. Schließlich tragen subjektivistische Interpretationen, die Begriffe wie »Lustgewinn« oder »Genuß« zur Erklärung des Geschehens heranziehen, wenig zum Verständnis des Spieles bei, weil man annehmen darf, daß dieses subjektive Korrelat die meisten, auch nicht spielerischen Aktivitäten begleitet, also nichts Spielspezifisches ist. Abgesehen davon, sollte man sich aus methodischen Gründen von subjektivistischen Interpretationen in der Verhaltensforschung freihalten (Eibl-Eibesfeldt 1974).

Die Frage, »wozu« ein Verhalten gut ist, wird auch von mir im folgenden gestellt werden. Um Mißverständnisse zu vermeiden, sei betont, daß meine Frage nach der Funktion keine teleologische Sinndeutung bezweckt, sondern einzig die arterhaltende Leistung eines Merkmals zu ergründen trachtet. Ich bemühe mich, über Einsicht in Funktionszusammenhänge, jene Selektionsdrucke zu verstehen, denen Verhaltensweisen ihre Existenz verdanken. Die Motivationsanalyse bemüht sich dagegen um eine Aufdeckung der einem Verhalten unterliegenden physiologischen Mechanismen. Von den mehr biologisch orientierten Arbeiten über das Spiel wären jene von Groos (1898), Bally (1945), Loizos (1966), Meyer-Holzapfel (1956) und Eibl-Eibesfeldt (1950) hervorzuheben. Man hat in diesen Untersuchungen übereinstimmend auf einige grundlegende Gemeinsamkeiten tierischer und menschlicher Spielaktivität hingewiesen. U. a. wurde folgendes erarbeitet:

1. Nur höher stehende Säuger (bis auf einige Vögel, wie Kolkraben, Gwinner 1966; Turm- und Heuschreckenfalken, Koehler 1966; Spechtfinken, Eibl-Eibesfeldt und Sielmann 1962) spielen wirklich. Es handelt sich stets um Tiere, die viel lernen und die aus eigenem Antrieb (aus »Neugier«) neue Situationen aufsuchen, um daraus zu lernen und neue Verhaltensweisen zu erproben (Eibl-Eibesfeldt 1974).
2. Das Spiel vollzieht sich im entspannten Feld (Bally 1945). Dieses wird den Jungtieren vor allem durch den Brutschutz der Eltern gewährt. Das Jungtier ist von den Nötigungen des Alltags durch die Vorsorge der Eltern befreit. Es muß nicht jagen; wird durch die Eltern

vor Feinden geschützt und auch vor ernsthaften Konflikten mit Artgenossen. Der Brutschutz lockert gewissermaßen die instinktiven Nötigungen, wie Bally sich ausdrückt. Er geht vom Appetenzverhalten aus, jenem höchst anpassungsfähigen Suchverhalten, das ein Lebewesen der auslösenden Reizsituation für relativ starre Endhandlungen entgegenführt. Den Drang zum Ziel, also jener auslösenden Reizsituation, bezeichnet Bally als Feldspannung. Diese wechselt mit der Motivation des Tieres ebenso wie mit der Reizstärke des wahrgenommenen Zieles. Bally erläutert dies anhand eines Beispieles von Kohler (1921):

»Einer Dogge wurde im offenen Käfig, weit jenseits der hinteren Käfigwand, ein Stück Fleisch ausgelegt. Der Hund lief zuerst darauf zu, dann aber stutzte er am Gitter, wendete sich auf der Stelle vom Fleisch ab und eilte im Bogen durch die geöffnete Tür zum Fleisch. Lag die Beute jedoch knapp vor dem Gitter, so verhinderte ihre Nähe die Lösung der Aufgabe durch den Umweg.«

Bally interpretiert dieses Verhalten so: »Die Nahkonzentration auf das Ziel spannt die ›Züge‹ des Feldes derart, daß sich das vorher weite Feld zu einer Laufbahn auf das Ziel hin verengt. Dadurch wird die dem gelockerten Felde entsprechende Leistung nicht mehr möglich.«

Das zweite Beispiel für entspanntes Feldverhalten bieten Köhlers Schimpansen.

Sie sollten mittels zweier ineinander zu steckender Stöcke außerhalb des Versuchskäfigs liegende Bananen heranholen. Nachdem die Tiere vergeblich versucht hatten, mit den einzelnen zu kurzen Stökken eine Banane heranzuangeln, wandten sie sich von der Aufgabe ab und spielten mit den Stöcken. Die Aufgabe blieb also zunächst ungelöst. Als es aber dem Schimpansen Sultan gelungen war, erstmals die Stöcke ineinander zu stecken, wandte er sich alsbald wieder der Aufgabe zu und angelte die Banane herbei. Und er angelte weiter, ob es sich nun um etwas Eßbares oder nicht handelte.

3. Die Trennung von Spiel- und Ernstverhalten ist durch das Fehlen des spezifischen Ernstbezuges beim Spiel gerechtfertigt. Das Ernstverhalten eines Tieres unterscheidet sich deutlich von seinem Spielverhalten. Wichtig in diesem Zusammenhang sind die Spielsignale. So lädt ein Dachs durch Kopfschwenken zur spielerischen Verfolgungsjagd ein. Iltisse springen beim Spielkampf katzbuckelnd umher und signalisieren durch soziale Kontaktlaute (Muckern), daß alles nur Spiel ist. Eibl-Eibesfeldt (1956) berichtet ferner von der Beißhemmung seiner Iltisse, wenn sie sich spielerisch balgten, und von dem wiederholten Rollenwechsel bei ihren Verfolgungsspielen. Winter, Ploog und Latta

(1966) berichten, daß Totenkopfäffchen bei Spielbalgereien ständig piepsten. Hörte das Piepsen auf, wurde aus dem Spiel Ernstkampf.

Spielende Tiere können durchaus alle Erbkoordinationen, etwa das Beutefangen oder das Kämpfen, absolvieren. Was fehlt, ist jedoch offensichtlich die ernste Motivation.

Auch der ungeübte Beobachter kann im allgemeinen feststellen, wann zwei Hunde ernsthaft raufen oder sich spielerisch balgen. Beim ernsten Kampf sieht man Drohbewegungen, die im Spiel fehlen. Man stellt fest, daß die Tiere dann wirklich zubeißen und einander beschädigen; und am Ende räumt einer das Feld. Beim Spiel dagegen erfolgt keine Beschädigung. Der Kontakt bleibt erhalten. Im Verfolgungsspiel wechseln die Rollen des Verfolgers und des Verfolgten häufig. Wechselweise spielen sie die Rolle des Stärkeren und des Schwächeren. Der Hund, der die Rolle des Schwächeren übernommen hat, bietet bei der Balgerei dem anderen seine Kehle zum Biß an.

4. Während das ernst motivierte Tier in seinen Endhandlungen den jeweils aktivierten Trieb auslebt und danach eine spezifische Ermüdung zeigt, ist das beim spielenden Tier deutlich anders. Es scheint unermüdlich in der Wiederholung seines Tuns.

5. Während im Ernstfall die Bewegungen in Sätzen auftreten, wobei Bewegungen verschiedener Funktionskreise einander normalerweise ausschließen und überdies eine gewisse Ablauffolge festzustellen ist, scheint im Spiel diese Ordnung weitgehend aufgelöst. Die Bewegungsweisen der unteren Integrationsniveaus werden vom spielenden Tier vielmehr frei kombiniert. Das führte zu der Annahme, daß im Spiel nicht ein gesamter Instinkt (im Sinne von Tinbergen 1951) oder Trieb (im Sinne von v. Holst und v. Saint Paul 1960) aktiviert wird. Die Bewegungen erscheinen abgehängt von den ihnen normalerweise (im Ernstfall) vorgesetzten Instanzen (Eibl-Eibesfeldt 1951 und Meyer-Holzapfel 1956). Vielleicht gibt es so etwas wie den so oft in der Literatur erwähnten »allgemeinen Bewegungsdrang«, aber als alleiniger motivierender Quell des Spielens dürfte er nicht ausreichen.

Sicher besteht auch zur Neugier eine Beziehung. Es gibt eine Spielappetenz, der ein Neugiertrieb zugrunde liegt, d. h. ein Mechanismus, der das Tier dazu drängt, neue Situationen aufzusuchen und mit neuen Dingen zu experimentieren. Spiel- und Lernappetenz haben sicher eine gemeinsame Wurzel. In diesem Sinne ist das Spiel eine Form des aktiven Lernens. Die Freiheit der Instinkthandlungen von den ihnen normalerweise vorgesetzten Stellen erlaubt es dem Tier, frei mit seinem eigenen Bewegungskönnen zu experimentieren, die Bewegungsweisen in immer neuer Form zu kombinieren und damit Erfahrungen zu sammeln (Eibl-

Eibesfeldt 1951). Bereits Gehlen (1940) hebt die Abgehängtheit der Handlungen von den Antrieben als wesentliches Merkmal des Spiels hervor.

Natürlich gibt es Übergänge zwischen Ernst und Spiel. Eine spielerisch gemeinte Flucht kann in eine ernste Flucht ausarten, ebenso kann ein Spielkampf in eine ernste Auseinandersetzung entarten, obgleich dies normalerweise durch entsprechende Spielsignale verhindert wird. Auch können echte Kampfappetenzen gelegentlich bereits vor Beginn die Form und den Ablauf des Spieles beeinflussen und bestimmen.

Wir können zusammenfassen, daß man unter Spiel einen Komplex sehr heterogener Aktivitäten versteht. Der Rahmen umfaßt so Verschiedenartiges wie z. B. das Purzelbaumschlagen oder das Fußballspiel. Das Spiel wird durch viele Merkmale »injunktiv« (Hassenstein 1955) definiert. Die englische Sprache unterscheidet differenzierter als die deutsche zwischen »game« und »play«, wobei als »games« Spiele bezeichnet werden, bei denen mehrere Personen nach festen Regeln wetteifern (z. B. Olympic Games). Oft stehen bei solchen Wetteiferspielen Gruppen als Parteien einander gegenüber. Das gilt für viele Kampfspiele. Obgleich hier sicherlich auch aggressive Motivationen ausgelebt werden, sind sie insofern Spiel, als über spezielle Ritualisierungen der Ernstbezug aufgehoben wird.

Die !Ko-Buschleute

Die !Ko- und die G/wi-Buschleute leben im zentralen Teil des südlichen Afrika, in dem zu Botswana gehörenden Teil der Kalahari. Sie gehören einer der ältesten Menschenrassen an, und Restgruppen leben heute noch als Jäger und Sammler auf einer Kulturstufe, die man oft auch als »altsteinzeitlich« bezeichnet. Sicher repräsentieren sie in ihrer Wirtschaftsform einen altertümlichen Zustand der Menschheit. Reuning (1971) begründet das Interesse der Anthropologen und Psychologen an den Buschleuten im Anschluß an Lee und DeVore (1968) wie folgt:

»Da ist die Tatsache, daß noch heute Buschmänner als Jäger und Sammler leben und daß diese Lebensform die Entwicklung des Menschen während 99 % der Zeit seiner Existenz bestimmt hat. Viehzucht und Ackerbau haben sich erst während der jüngsten 10 000 Jahre entwickelt und haben in diesem Zeitraum, nur etwa einem Hundertstel der Zeit, die für menschliches Leben auf dieser Erde angenommen wird, die biologisch-genetische Ausstattung des Menschen kaum beeinflussen können... Es leuchtet ein, daß das Studium heutiger Jäger und Sammler zum Verständnis unseres eigenen Wesens beitragen kann.«

1964 lebten nach Silberbauer (1965) rund 26 000 Buschleute in Botswana. Von diesen lebten rund 14 000 in den Stammesgebieten der Botswana. Sie sind dort bei den herrschenden reichen Stämmen als Rinderhirten angestellt. Von den 12 000 Buschleuten, die auf Staatsgrund leben, sind höchstens 3000 heute noch Sammler und Jäger, und diese Zahl schwindet schnell. Von den rund 2700 !Ko-Buschleuten führen vielleicht 400 noch ihre ursprüngliche Lebensweise, und diese Zahl nimmt rapide ab. Die Zahl der G/wi gab Silberbauer mit 1151 an. Wegen des Kontaktes mit der vorrückenden Zivilisation geben immer mehr Buschleute ihre angestammte Lebensweise auf. Weiße Farmer und Bantu dringen immer weiter in die Kalahari und damit in ursprüngliches, rechtlich aber nicht verbrieftes Buschmannterritorium vor. Das Regierungsprogramm von Botswana sieht vor, große Gebiete für die Rinderzucht zu parzellieren. Die zahlreichen Rinder vertreiben das Jagdwild, dezimieren die Bestände an Feldkost und zerstören damit die Nahrungsgrundlage der Buschleute. Die Tage des Wildbeuter- und Sammlerlebens sind gezählt. Der Zusammenstoß mit der Zivilisation weckt ferner den Wunsch, in den bisher unbekannten Kreislauf von Produktion und Erwerb als einer neuen anderen Lebensform einzutreten. So verdingen sich immer mehr Buschleute als Hilfskräfte auf Farmen, begleiten Viehtransporte der Farmer zu den Schlachthöfen im Süden des Landes, um sich vom geringen Verdienst Artikel der Zivilisation, wie Geschirr, Äxte und Messer, Plastikgefäße, Decken, Koffer und dergl. mehr, zu kaufen. Europäische Kleidung ist besonders begehrt. Die Möglichkeit, traditionelle Buschmannartikel, wie Pfeil und Bogen, Felle und Perlenarbeiten, zum Verkauf in den Stores und Curioshops für Weiße und Touristen anzubieten, bringt etwas Verdienst, doch handelt es sich nur um gelegentliche Einnahmen.

Abb. 1 *Karte von Botswana mit dem schraffiert eingezeichneten Verbreitungsgebiet der !Ko-Buschleute. Einige der angrenzenden Stämme sind namentlich (unterstrichen) erwähnt.*

Dr. H. J. Heinz, der seit 1961 eine Gruppe der !Ko-Buschleute bei Takatswane betreut, hat in mehreren Arbeiten und in seiner Dissertation »The Social Organization of the !Ko-Bushmen« über sie berichtet. Als wir 1970 zum ersten Mal diese Buschmanngruppe besuchten, war Heinz dabei, ein »Bushmen settlement scheme« in Bere vorzubereiten. Er sah darin die einzige Möglichkeit, diese ethnische Gruppe zu erhalten. Mit Energie und dem Wunsch, daß die unvermeidliche Akkulturierung die Buschleute nicht überrolle, schuf er die Voraussetzung für ein schrittweises Hineinwachsen der Gruppe in die Zivilisation bei Wahrung der ethnischen Gruppeneigentümlichkeiten. 1968 half er im Rahmen dieses »settlement schemes« beim Ankauf von Ziegen, 1970 unterwies er die Gruppe in der Rinderhaltung. 1971 sicherte er die Wasserversorgung seiner Gruppe, indem er die Mittel für ein Bohrloch aufbrachte. Ferner versucht er zu erreichen, daß der !Ko-Gruppe ein von der Regierung gesetzlich verbrieftes Territorium von 91 Quadratmeilen als Eigentum zuerkannt wird. Die Kinder wurden von April 1972 bis Januar 1974 von der Lehrerin Ms. E. Wıly unterrichtet, die nun bei der Botswana-Regierung als Development Officer tätig ist. Ihre Nachfolge in Bere trat der Lehrer Mr. John Fella an.

Heinz versucht die Buschleute auf diese Weise in die Zivilisation durch Hilfe zur Selbsthilfe einzugliedern. Mit der Unterweisung in der Tierzucht stellt er sie auf eine neue ökonomische Basis. Er hofft so, Wesentliches der Buschmannkultur, wie Sprache, künstlerische Fertigkeiten und Rituale, zu erhalten. Allerdings sind einschneidende Änderungen im täglichen Leben der Buschleute bereits eingetreten.

Als ich die !Ko-Buschleute 1970 zum ersten Mal bei Takatswane besuchte, lebten sie noch völlig ihrer Tradition gemäß als Jäger und Sammler. Sie wohnten in den typischen kleinen Rundhütten (Abb. 2), trugen noch ihre traditionelle Lederbekleidung und den Schmuck aus Straußeneierschalen. Die Frauen sammelten mit dem Grabstock Feldkost, und die Männer gingen mit Pfeil und Bogen auf Jagd. 1972 war die Gruppe kurz vor meinem Besuch nach dem 15 km von Takatswane entfernten Bere gezogen, wo auf Initiative von Dr. Heinz ein Wasserloch gebohrt worden war. Damit wurden die Buschleute seßhaft und konnten zur systematischen Rinder- und Ziegenzucht übergehen. Auch sorgt Dr. Heinz dafür, daß die Buschleute ihre Straußeneierketten, Pfeil und Bogen, und andere Buschmannutensilien absetzen können. All dies bringt Geld, und damit kommen auch Handelsgüter ein. Zwar gingen die Männer noch auf Jagd, die Frauen sammelten Feldkost und die Kinder spielten wie zuvor, aber die Akkulturierung setzte bereits ein, und sie war fortgeschritten, als ich die Gruppe 1973 nochmals besuchte. Die Kinder wurden unterrichtet. Die Erwachsenen strebten nach Besitz und stritten sich gelegentlich um Kühe oder Ziegen. Es gab, am Besitzstand an Kühen und Ziegen gemessen, reichere und ärmere Buschleute, und das wurde auch von ihnen selbst so empfunden und führte zu Spannungen. Die Männer gingen 1973 weniger oft zur Jagd, und viele Buschleute trugen Stoffbekleidung. Obgleich sich die Akkulturierung zunächst nur auf Äußerlichkeiten erstreckte und sich im Gemeinschaftsleben, die kultischen Rituale eingeschlossen, nichts Grundsätzliches geändert hatte, zeichneten sich doch schon Änderungen ab. Sie werden wohl zunächst den egalitären Aufbau der Gemeinschaft betreffen, der durch die Änderung der Wirtschaftsform bedingt scheint. Dies fand ich bei meinen letzten Besuchen 1974 in deprimierender Weise bestätigt. Die !Ko-Buschleute hatten sich von einer Muße-intensiven zu einer nach Besitz und Profit strebenden Gesellschaft gewandelt, an welche sie noch nicht angepaßt waren. So gab es nun des öfteren Streit um Kühe, Ziegen und dgl., der auch gelegentlich zu Schlägereien ausartete. Zweifellos schreitet die Akkulturierung der Buschleute generell rasch vorwärts, so daß die Dokumentation dringlich vorangetrieben werden muß.

Abb. 2 *Buschmannfamilie vor ihrer Hütte.*

Die Buschmannsprache enthält verschiedene Klicklaute. Fünf Klicklaute werden in der anthropologischen Literatur geschrieben. Da ich Buschmannbezeichnungen im folgenden mit anführe, sei für die Aussprache der Symbole ein kurzer Schlüssel beigefügt.

! wird ausgesprochen, indem man die Zungenoberfläche vom Gaumendach wegreißt, wobei ein oft harter Knall entsteht (Retroflex- oder Sektkorkenklick).

⊙ Den Kußklick erzeugt man, indem man mit gespitzten Lippen Luft einsaugt, als küsse man auf Distanz. Wir locken so kleine Tiere.

/ Der Dentalklick entsteht, wenn man die Zungenspitze schnell von der Innenseite der Schneidezähne wegzieht. Wir erzeugen diesen Klick bei indigniertem Erstaunen.

// wird ausgesprochen, indem man die Zunge von den Seiten der Zahnreihe wegzieht, so wie wir es tun, wenn wir ein Pferd ermuntern (Lateralklick).

≠ wird ausgesprochen, indem man die Zungenspitze scharf von einem Punkt gerade hinter den oberen Schneidezähnen wegzieht (Alveolarklick).

Methodik und Datenerhebung

Für diese Arbeit wurden 5000 m eigenes 16-mm-Filmmaterial und 9000 m Film von I. Eibl-Eibesfeldt, sowie 500 m eigenes S-8-Filmmaterial, die dazu geschriebenen Protokolle und Hunderte von photographischen Aufnahmen ausgewertet.

Ich filmte ungestelltes Spiel- und Sozialverhalten von Kindern und Erwachsenen. Oft hielten die Aufnahmen Aktionen und Reaktionen der Gegenspieler fest. Situationen und Ablauffolge können in solchen Fällen vom Dokument abgelesen werden. Wo dies nicht der Fall ist, etwa bei Nahaufnahmen, die nur einen der Akteure zeigen, muß ein Begleitprotokoll Kontext und Verhaltensfolgen für spätere Korrelationsanalysen festhalten. Daneben schrieb ich auch Beobachtungen von Vorgängen nieder, die ich nicht filmte. Auf solche Aussagen, die nicht durch Filmmaterial belegt werden können, wird in der Arbeit ausdrücklich hingewiesen.

Zum Teil filmte ich mit Spiegelobjektiven (Objektattrappen, die eine seitliche Öffnung haben; ein eingebautes Prisma lenkt den Strahlengang so, daß man nach der Seite filmen kann; siehe Abb. 3), zum Teil direkt mit Teleobjektiven aus größerer Entfernung. Mit letzterer Technik konnte ich das »Spielfeld« besser überblicken und distanziert beobachten. Damit vermied ich, daß meine Tätigkeit die Kinder beeinflußte. Ich hatte zu den Kindern schnell freundlichen Kontakt. Ich scherzte mit ihnen, verband kleinere Wunden und erfreute sie mit Leckerbissen. Um das Band der Sympathie zu festigen, gesellte ich mich anfangs bewußt oft ohne Kamera zu ihnen, schwärmte mit ihnen in den Busch aus und versuchte mich auch in ihren Spielen. In den Augen der Buschleute war ich selbst noch ein Kind, zumal sie wußten, daß ich unverheiratet war. So fand niemand etwas Besonderes dabei, daß ich mich den Kindern anschloß. Das erleichterte meine Arbeit wesentlich.

Die filmische Dokumentation reduziert die Gefahr der subjektiven Interpretation ganz erheblich. Würde man nur rein beobachtend erfassen und niederschreiben, ließe es sich schwer umgehen, daß Vorurteile und Erwartungen die Auswahl des Niederzuschreibenden beeinflussen. Außerdem erlaubt es die Zeitlupenaufnahme, auch schnelle Verhaltensabläufe Bild für Bild zu analysieren. Ich filmte immer dann, wenn eine

a   b

Abb. 3   *Das Spiegelobjektiv*

Situation eine soziale Interaktion erwarten ließ, und jedes Spiel, das ausgeführt wurde. Ich setzte mich morgens an und beobachtete, mit einer kurzen Mittagspause, praktisch den ganzen Tag. Die Filme und Tonbandprotokolle sind Teil dieser Arbeit. Aus technischen Gründen können sie nicht beigelegt werden. Einige von ihnen sind jedoch unter den Nummern HF 28, 29, 30, 31, 32, 34, 35, 36, 37, 38, 39, 40, 44, 45, 46, 47, 48, 61, 62, 79, 80, 81, 82 im Humanethologischen Filmarchiv der Max-Planck-Gesellschaft in Percha archiviert.

In diesen Filmen sind eigene Aufnahmen und solche von Eibl-Eibesfeldt zusammengefaßt. Ich verweise ferner auf einige Buschmannfilme, die ebenfalls im Rahmen unserer Dokumentation von H. J. Heinz und D. Heunemann erarbeitet wurden und die in der Encyclopaedia cinematographica (EC) des Instituts für den Wissenschaftlichen Film (Göttingen) veröffentlicht wurden.

Die befragende Methode benutzte ich, um Spielregeln zu erfahren, die aus dem Spielverlauf nicht unmittelbar abzulesen waren, und zur abschließenden Überprüfung der deskriptiven Daten, nachdem ich die Spiele erfaßt hatte. Am Anfang war mir Dr. Heinz bei der Übersetzung von Fragen behilflich, später vor allem Ms. Wily. In zwanglosen Konversationen mit den Kindern hatte sie viel Wissenswertes erfahren, Informationen, die man bei direkter Befragung nicht erhält, da diese als aggressiv und als Ausdruck eines Dominanzstrebens empfunden wird. Auch stört es die Buschleute, daß Dolmetscher im allgemeinen knapp und aggressiv fragen, unter Weglassung all der freundlichen und beschwichtigenden Redewendungen, die sonst üblich sind. Dies stößt die Befragten vor den Kopf. Weiters wird jede Art von Neugier als verdächtig empfunden und erregt Mißtrauen. Neugierde über dieses oder jenes Tun und Handeln verunsichert die Buschleute. Ferner sind Buschleute

25

gegenüber einem Fremden sehr entgegenkommend, selbst wenn dieser gegen bestehende Regeln der Gesellschaft verstößt. Sie beklagen sich dann meist über einen Dritten, der in die Gemeinschaft aufgenommen wurde (was bei Dr. Heinz der Fall ist), oder treten erst später an einen heran, wenn man zu ihrem Freund geworden und bekannt ist. Da sie einem Fremden nicht widersprechen und ihn daher nicht korrigieren wollen, muß man peinlich darauf achten, daß man keine Suggestivfragen stellt, sonst findet man Ostereier, die man selbst versteckt hat. Nicht nur auf die Frage: »Das ist doch so und so?« wird man gewißlich ein »Ja« zur Antwort erhalten; auch auf die neutralere Formulierung: »Ist das so und so?« wird in der Regel mit »Ja« geantwortet. Man muß sich daher die Vorgänge beschreiben lassen.

Ein beliebtes Mittel, lästige Frager abzuweisen, ist die Antwort, daß man nichts über das befragte Thema wisse. Darüber beklagen sich auch viele Anthropologen, die häufig auf die befragende Methode angewiesen sind (siehe I. Eibl-Eibesfeldt, 1972, S. 27–29). Auch ganz unverfänglich erscheinende Fragen werden oft falsch beantwortet.

So fand ich für mich folgende Lösung: Ich sammelte mit Film und Photographien alle Spiele, die ich erfassen konnte. Danach setzte ich mich auf einer der letzten Reisen mit den Kindern zusammen, zeigte ihnen die Aufnahmen von den Spielen und fragte sie, wie die einzelnen Spiele hießen. Daraufhin bekam ich bereitwillig Auskunft, und sie fanden nichts dabei, daß ich ihre Spiele kennenlernen wollte. Erst ganz zum Ende meiner Datenerhebung, als ich die meisten Spiele bereits studiert hatte, begann ich mit meiner Befragung. Ich befürchtete, die Kinder könnten ihre Unbefangenheit beim Spielen verlieren, wenn sie zu früh erfahren hätten, daß mein Interesse dieser Tätigkeit galt.

Als ich dann noch zwei neue Spiele beobachten konnte, die ich noch nicht erfaßt hatte, wählte ich zur Dokumentierung das Spiegelobjektiv zu meiner Kamera und ging so einer direkten Belästigung aus dem Weg.

Wie zweifelhaft es wäre, würde man nur die befragende Methode benützen, erfuhr ich bei der Befragung nach dem Spiel »Schäfchen-Fang« (siehe S. 55), als die Kinder und Frauen verneinten, dieses Spiel zu kennen, und ich daraufhin die Photos der Spieler zeigte. Ich gehe auf die Situation bei der Beschreibung dieses Spieles ein, um die Problematik der befragenden Methode zu belegen.

Aufbau der Buschmanngruppe und Aussagen zu den Nexus-Verhältnissen der !Ko

Die !Ko leben in Horden, die aus mehreren Familien bestehen. Formell steht dieser Horde ein Anführer (headman) vor. Nach Dr. Heinz (1966) ist die Horde die kleinste territoriale Einheit der !Ko. Heinz betont auch die außerordentlich geringe Autorität des »Anführers«. Wichtige Beschlüsse werden gemeinsam im Rat der Alten gefällt. Jede Horde hat ein eigenes Jagd- und Sammelgebiet, und wenn Hordenmitglieder einer Gruppe im Revier einer anderen jagen wollen, dann erbitten sie von deren headman (oder einer anderen mündigen Person) die Erlaubnis dazu. Mehrere Horden können in loser freundschaftlicher Verbindung stehen. Heinz bezeichnet diese Einheiten höherer Ordnung als den »Nexus«. Die Mitglieder eines Nexus kommen zu Trancetänzen zusammen, tauschen Heiratspartner aus, teilen Eigenheiten im Dialekt und besitzen vor allem ein gemeinsames Nexusterritorium, in dem die Hordenreviere liegen. Wie deutlich die !Ko ihre Nexusangehörigkeit empfinden, zeigt sich in den Bezeichnungen der Horden. Personen aus Horden des gleichen Nexus werden als »unsere Leute«, Angehörige von Horden eines anderen Nexus werden als »jene Leute« bezeichnet. Die !Ko sind sich also dieser größeren Einheit voll bewußt. Die Mitglieder eines Nexus verkehren miteinander förmlicher als die Mitglieder einer Horde. Mitglieder verschiedener Horden, die zum gleichen Nexus gehören, pflegen viele freundschaftliche Kontakte und grenzen sich weniger scharf voneinander ab. Der Nexus dagegen ist gegen andere Nexen eine scharf abgegrenzte territoriale Einheit. Die von uns besuchte Horde ist mit drei anderen Horden zu einem Nexus verbunden.

1970 besuchte ich die !Ko-Horde bei Takatswane zum ersten Mal. Die Gruppe lebte bei einer künstlich geschaffenen Wasserstelle. Sie zählte damals 16 Männer, 15 Frauen und 24 Kinder, von denen 5 noch gestillt wurden. 13 der Kinder waren Mädchen. Viele Spiele, die ich beschreiben werde, beziehen sich auf diese Gruppe und diesen Besuch. Ich bedauerte damals, daß ich kein Material über Spiele von Jungen im Alter von 9 bis 15 Jahren sammeln konnte[1].

---

[1] Die Altersangaben sind gelegentlich schwierig zu machen. Kinder im Säuglings- und Kleinkindalter sind genau abzuschätzen. Bei Kindern ab 5 Jahren muß man einen

1972, kurz vor meinem zweiten Besuch, war die Horde nach Bere umgezogen. Eine Horde des gleichen Nexus der !Ko, die Okwa-Gruppe, hatte sich der Takatswane-Gruppe angeschlossen. Der Zufall wollte es, daß in der Okwa-Gruppe mehr Jungen als Mädchen waren. Diese Horde bestand 1972 aus 11 Männern, 10 Frauen und 30 Kindern. Von den Kindern waren 20 Jungen; 4 Kinder wurden noch gestillt. Damit bestand für die Dokumentation nicht nur anzahls-, sondern auch etwa altersmäßig ein Gleichgewicht im Geschlechterverhältnis Mädchen zu Jungen. Dieser zweite Besuch brachte neben ergänzenden auch neue Informationen über die Spiele der Kinder.

1973 machte ich eine Planskizze der Dorfanordnung von Bere. Aus dem Plan wird ersichtlich, daß die beiden Horden deutlich voneinander abgesetzt siedeln. Zwischen den Siedlungen liegen die von beiden Gruppen benützten Einrichtungen, wie Wasserleitungen, die sanitären Anlagen, die Schule und ein Buschmanngeschäft; ferner die Zementhäuschen für Dr. Heinz, den Lehrer und die Gäste. Weitere Einrichtungen, wie das Bohrloch, die Färberei und ein kleines Hospital, liegen abseits. Die Gemeinschaftseinrichtungen fördern den Kontakt der beiden Gruppen. In Bere lebten im April 1973 insgesamt 33 Männer, 27 Frauen und 51 Kinder. Davon waren 27 Jungen und 24 Mädchen. 7 Kinder wurden noch gestillt.

altersmäßigen Relativitätsfaktor von ± 1 ansetzen. Buschleute merken sich ihre Geburt nach Aussagen der Eltern und Großeltern vom »Jahr der großen Dürre«, »des großen Hungers« usw. Gelegentliche Zweifel über das Alter von Kindern klärten wir durch Befragen von Verwandten und befreundeten Familien. Wir engten das Alter bestimmter Kinder durch Vergleichswerte von früheren bzw. späteren Geburten anderer Kinder ein, deren Alter feststand.

Bere-Siedlung. Planskizze April 1973

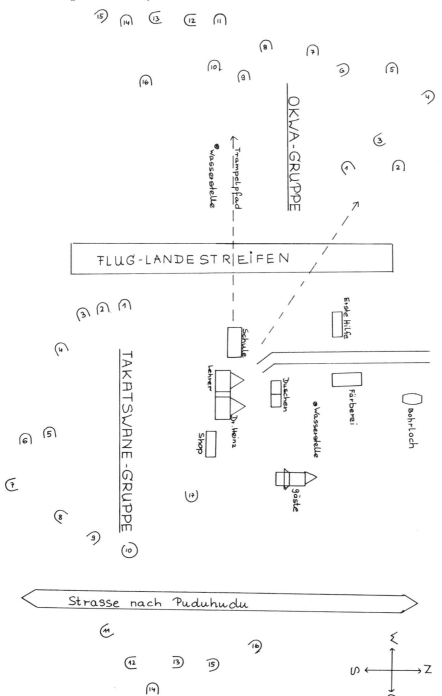

29

Bewohner der Hütten der Takatswane-Gruppe und ihre verwandtschaftlichen Beziehungen

1 Hier lebt N!abase mit seiner Frau ǁeisi. Sie ist die Schwester von N ǀ usa (Hütte 6) und von N≠allo (Hütte 12). Der älteste Sohn von N!abase ≠asa lebt in der Okwa-Gruppe in Hütte 14, ebenso wie die älteste Tochter /xose, die dort in Hütte 5 lebt. Sie haben einen Sohn (Baby): /dum. Drei von den insgesamt sieben Töchtern wohnen noch bei den Eltern: ǁeikuma, Ndumku und ≠omadana.

2 Hier wohnen zwei ältere Töchter von N!abase: /oloǁei und Nǀanǁei.

3 /oaǁei ist ebenfalls eine Tochter von N!abase. Sie ist hier mit Tschalatwa, der aus Puduhudu stammt, verheiratet.

4 Hier wohnt /omade mit seiner Frau ǁanedi. Er ist der Bruder von ǁaka (Hütte 5). /omade und N!abase sind enge Freunde und Jagdgefährten. ǁanedi ist die Tochter der verstorbenen Schwester von Geiǁei (Hütte 6). Das Ehepaar hat zwei Söhne: ≠oagande und Manade, sowie die Tochter Nǀasi.

5 Hier lebt ≠omtschin mit seiner Frau ǁaka. Ihre Tochter Irodu ist in Ghanzi verheiratet. Sie haben drei Söhne: Tschoade, /rala und Duin≠are.

6 Hier lebt N≠asa mit seiner Frau Geiǁei. Er ist der Bruder von ǁeisi (Hütte 1). Sie haben keine Kinder.

7 Hier lebt Samaǁei. Sie ist Witwe und die Schwester von Nǀaugu aus Hütte 8.

8 Hier lebt Gruchei und seine Frau Nǀaugu. Sie haben zwei Töchter: N!oasi (Hütte 9) und N≠amǀoa (Hütte 17).

9 Hier lebt ǁrale mit seiner Frau N!oasi. Sie haben zwei Töchter: ǁoloǀoa und das Baby Dǀinǀidǀnawe. Ferner einen Sohn: Nǀallo.

10 Hier leben folgende Männer zusammen: !aǀoa, der Waise ist; Nǀumka, welcher der Stiefbruder von Xraukwe (Hütte 15) ist; der Großvater von Cum (Hütte 11) und dessen Bruder, sowie der Stiefsohn von ǁreǀei. Die drei Brüder: ǁrauǀoa, Arxi und Olukuǀabe sind Söhne Midums.

11 Hier lebt die geschiedene Frau Suǀre mit ihren Söhnen: Cum und Geisi. Ihr Mann Nǀono lebt in Lonetree.

12 Hier lebt N≠allo mit seiner Frau //oa!na. Er ist der jüngere Bruder
   von N≠asa (Hütte 6) und //eisi (Hütte 1). Sie ist die Tochter von
   Ŋ/amku≠abe (Hütte 13). Sie haben zwei Töchter: Ŋ/eka//ade und
   Guan!obi.

13 Hier wohnt Ŋ/amku≠abe mit seiner Frau Siiti. Sein Vater lebt in
   Lonetree. Sie haben zwei Söhne: Geise und Ole//oa. Ihre Tochter ist
   die Frau von N≠allo (Hütte 12).

14 Hier lebt Oli/oa zusammen mit seiner Schwiegertochter Guli/oa.

15 Hier wohnt Xraukwe mit seiner Frau N!anasi. Er ist der Onkel von
   //rale (Hütte 9). Die Eltern von N!anasi leben in Hütte 16. Sie haben
   vier Töchter: Sama//ei, Allonoa und a≠raka, sowie das Baby /arduma.
   Ferner haben sie einen Sohn: /rollo/oa.

16 Hier lebt Xraka//rau mit seiner Frau ≠odoma. Ihre Tochter lebt in
   Hütte 15.

17 Hier lebt N≠am/oa. Sie ist die Tochter von Gruchei und Ŋ/augu aus
   Hütte 8. Sie lebt alleine und betreut das Buschmanngeschäft.

Bewohner der Hütten der Okwa-Gruppe
und ihre verwandtschaftlichen Beziehungen

1 Hier wohnt !oaŋ/u mit ihrem Freund Goi!nu. Sie ist die älteste Tochter von N≠amka (Hütte 8). Er ist der Sohn von Xamn!ua aus Hütte 12.

In dieser Hütte schlafen folgende Kinder: Die vier Söhne von ≠asa (Hütte 4): Tsara, /au≠xi, /xauchwe und Geise. Ferner noch N̈/u, der der Sohn von /auku (Hütte 16) ist.

2 Hier lebt Geise mit seiner Frau ≠oŋ/obe. Er ist der Bruder von ≠xaun!ua (Hütte 5) und der Stiefbruder von ≠asa (Hütte 4). Seine Frau ist die jüngere Schwester von n!obi (Hütte 9). Sie haben zwei Söhne: Djo/xau und !a/i. Die beiden Söhne sind Vettern zu den Kindern von ≠asa (Hütte 4) und ≠xaun!ua (Hütte 5).

3 Hier lebt Danachu, eine unverheiratete junge Frau. Sie ist die Schwester von !nobi (Hütte 9) und von ≠oŋ/obe (Hütte 2). Ihre Eltern sind tot.

4 Hier wohnt ≠asa mit seiner Frau Do/ei. Er stammt aus dem oberen Okwa-Gebiet und ist Dautes Gruppe beigetreten. Seine Frau stammt aus Kalkfontain. Sie haben vier Söhne: Tsara, /au≠xi, /xauchwe und Geise. Diese schlafen alle in Hütte 1. Ferner haben sie zwei Töchter: ŋ/obe und n!obi.

5 Hier lebt ≠xaun!ua mit seiner Frau /xose. Er ist der Bruder von Geise (Hütte 2) und der Stiefbruder von ≠asa (Hütte 4). Seine Frau ist die älteste Tochter von N!abase aus der Takatswane-Gruppe. Sie haben zwei Söhne: n!abase und /auxa, sowie zwei Töchter: !oa/ei (wird auch Gunnuxai gerufen) und /xauku.

Die Kinder von ≠xaun!ua sind Vettern und Basen von den Kindern von ≠asa (Hütte 4) und Geise (Hütte 2).

6 Hier lebt ≠asa mit seiner Frau ŋ/agwei. Sie sind die Eltern von ≠xaun!ua (Hütte 5) und die Großeltern von seinen Kindern. Außerdem sind sie die Eltern von Geise (Hütte 2) und die Großeltern seiner Kinder. Ferner sind sie großelterlich verwandt mit den Kindern von ≠asa (Hütte 4) durch ≠asa's Stiefbruderschaft und Bruderschaft zu ≠xaun!ua und Geise.

7 Hier wohnt Dausa, ein alter Mann. Er ist der Vater von ≠umka (Hütte 8) und der Großvater seiner Kinder.

8 Hier lebt ╪umka mit seiner Frau /eu/ei. Er ist ein Vetter von Do/ei (Hütte 4). Sie ist die älteste Tochter von Midum aus der Takatswane-Gruppe. Sie haben drei Söhne: /xamka╪ebe, /uga und das Baby Daute. Ferner drei Töchter: !oan/u (Hütte 1), Do/ei und Dauka. Somit sind ╪asa's Kinder (Hütte 4) verwandt mit ╪umka's Kindern, da er und Do/ei Vettern sind.

9 Hier lebt /au!um mit seiner Frau n!obi. Er ist der jüngere Bruder von Daute (Hütte 15). Sie ist die Schwester von Danachu (Hütte 3). Sie haben keine Kinder.

10 Hier lebt !amte mit seiner Frau /xauku. Er ist der Sohn von Daute (Hütte 15). Sie ist eine Schwester von n!obi. Sie ist jünger als ihre andere Schwester ╪ono/obe (Hütte 2) und eine ältere Schwester von Danachu (Hütte 3). Sie haben drei Kinder. Die Tochter Abe ist nach ihrer Großmutter (Hütte 15) benannt, sowie die zwei Söhne: ╪xaun!ua und Debe.

11 Hier lebt Tanate, ein junger Mann. Er ist der Bruder von Goin!u (Hütte 1) und der Sohn von Xamn!ua (Hütte 12). Er ist unverheiratet.

12 Hier lebt Xamn!ua mit seiner Frau Be/ei. Er ist der Vetter von Daute (Hütte 15). Ihre zwei Söhne sind Tanate (Hütte 11) und Goin!u (Hütte 1).

13 Hier wohnt Su/re, eine sehr alte Frau. Sie ist die Mutter von Abe (Hütte 15) und die Urgroßmutter von Abe (Hütte 10) und deren beiden Brüdern.

14 Hier wohnt ╪asa, der älteste Sohn von N!abase aus der Takatswane-Gruppe. Seine Frau Tekwe ist die Enkelin von Abe aus Hütte 15.

15 Hier lebt Daute mit seiner Frau Abe. Daute ist der Stiefbruder von /auku (Hütte 16).

16 Hier lebt /auku mit seiner Frau !xo/xei. Er ist der älteste Sohn von Gxucha aus der Takatswane-Gruppe und stammt aus dessen erster Ehe. Seine Frau ist eine Nharon und stammt von einer Ghanzi Farm. Sie haben eine Tochter: !oan/u und vier Söhne: N/u (schläft in Hütte 1), xamm!ua, Du/ua und n╪olle.

Die Spielaktivitäten
in der !Ko-Buschmanngesellschaft

Der Übersichtlichkeit halber faßt man die Spielaktivitäten meist in bestimmten Kategorien zusammen. Die Einteilungsprinzipien wechseln mit den Autoren. Oft gebrauchte Kategorienbegriffe, wie Kampfspiele oder spielerisches Experimentieren, sind interpretierend. Es wird dabei eine bestimmte Motivation (Aggressions-, Jagdtrieb) oder eine Funktion angenommen. Die Schwierigkeit einer solchen Klassifikation liegt in der Tatsache begründet, daß meist nicht nur eine Funktion oder ein Antrieb nachweisbar sind. Manche der geselligen Spiele kombinieren Jagd- und Aggressionsverhalten. Ferner dienen solche Spiele oft sowohl der Aggressionsableitung als auch der Bestärkung des Gruppenbandes.

Ich will interpretierende Klassifikationen zunächst soweit wie möglich meiden und mich nur auf neutralere Begriffe beschränken. Sie sind künstlich. Da es sich bei den Spielen meist um komplexe Verhaltensmuster handelt, könnte man ein Spiel oft mehreren Kategorien zuordnen, je nachdem, welche Facetten man gerade betrachtet. Der Melonenspiel-Tanz (siehe S. 36) könnte in der Kategorie der Tanzspiele oder der Spiele mit Objekten erläutert werden. Da weniger das Experimentieren mit dem Melonenball als das Zusammenspiel im Tanz das hervorstechende Merkmal ist, ordne ich es der unter I beschriebenen Kategorie zu. Grundsätzlich sind meine Kategorien nur der Übersichtlichkeit halber geschaffen. Sie fassen ordnend nach hervorstechenden Gemeinsamkeiten zusammen, ohne einen kausalen oder funktionalen Zusammenhang zu postulieren.

Auf Funktion und Motivation wird erst in den folgenden Kapiteln eingegangen. Kurze Hinweise werde ich jedoch bereits bei den Spielbeschreibungen geben.

I. Die Tanz- und Rhythmusspiele

Das hervorstechendste Merkmal vom Rhythmus ist eine periodische Wiederkehr von Vorgängen und eine gegliederte Stetigkeit. Der Rhythmus macht zeitliche Vorgänge zu einem gestalthaften Ganzen, ist daher wesentlich für Musik, Dichtung und Tanz. Er beinhaltet eine Periodizität von Spannung und Entspannung, einen rhythmusgemäßen Wechsel von Anstrengungen und Pausen (Klages 1949). Der Rhythmus weist sich durch verschiedene Unterteilungsmöglichkeiten des vorausgegebenen Maßes der Zeitabsteckung, der »Schlagzeit« aus. Der musikalische Rhythmus ist durch seine Zeitrelation eindeutig arithmetisch faßbar $(1 : 2 : 4 : 16, 1 : 3 : 9)$. (Brockhaus Enzyklopädie, Bd. 15, 1972, S. 775)

Menschliche Aktivität kann unter einem bestimmten Rhythmus beschleunigt oder verlangsamt werden. Sie wird überdies synchronisiert, und darin liegt wohl begründet, weshalb man sich des Rhythmus bedient, wenn man Gruppeneinheit demonstrieren und erreichen will. Bereits bei Tieren kann man durch den Taktschlag eines Metronoms einfache Verhaltensweisen (Atembewegungen der Fische, Gesang der Vögel, lokomotorische Aktivität des Eichhörnchens) einfangen und auf den Rhythmus des Taktgebers bringen (Kneutgen 1964).

Wie aus der Literatur allgemein bekannt, spielen Tanz und Rhythmus gerade im Leben von Naturvölkern eine bedeutende Rolle und weisen ein breites Spektrum von Ausübungsformen auf. Will man dieses Phänomen bei oberflächlicher Betrachtung mit der »Erklärung« abtun: »Der Rhythmus liegt diesen Leuten nun mal im Blut, und deshalb tanzen sie ständig«, so würde man interessante Funktionen und Motivationen der gemeinsamen tänzerischen Hingabe an Gesang und Rhythmus übersehen. Die Sing- und Tanzspiele der !Ko unterliegen festen Regeln, die Koordination und Subordination der Teilnehmer erfordern. Sie werden immer im Verband ausgeführt, der durch perfektes Eingespieltsein Einigkeit demonstriert. Der Tanz erweist sich in seiner koordinierenden Funktion als Mittel und Ausdruck der Gruppenbindung. Zugleich sind diese Spielformen sekundär noch offen für andere Motivationen, auf die ich jedoch später eingehen will. Ich bespreche zuerst die Tanz- und Rhythmusspiele der Erwachsenen und beginne mit den Frauenspielen.

I. A Die Tanz- und Rhythmusspiele der Frauen

Der Melonenspiel-Tanz (= Dam)

Die !Ko nennen ihn Dam, weil die als Spielball verwendete Melone (Feldfrucht) diesen Namen trägt.

Die Frauen stehen bei diesem Spiel singend und klatschend im Halbkreis hintereinander. Nicht alle Frauen klatschen den gleichen Takt. Sie praktizieren vielmehr einen »double beat«, der sich erst zum endgültigen Rhythmus ergänzt. Dieser »double beat« soll im folgenden näher erklärt werden: Man stelle sich z. B. zwei Frauen vor, die zusammen, aber jede für sich einen anderen Takt klatschen. Die erste klatscht z. B. den Takt: *lang, kurz, kurz, kurz.* Die zweite klatscht ständig: *kurz, kurz, kurz,* etc. Ich will zur weiteren Beschreibung folgende Symbole wählen:

lang = 1
kurz = 0
eine Pauseneinheit zwischen dem Klatschen = −
Erste Frau klatscht:

$$1 - - 0\ 0\ 0,\ 1 - - 0\ 0\ 0,\ 1 - - 0\ 0\ 0.$$

Zweite Frau klatscht:

$$0\ 0\ 0\ 0\ 0\ 0,\ 0\ 0\ 0\ 0\ 0\ 0,\ 0\ 0\ 0\ 0\ 0\ 0.$$

Beide Taktfolgen gleichzeitig ergeben den endgültigen, harmonischen Rhythmus, wie er sich dem Zuhörer darstellt. Ich will nun in der Spielbeschreibung fortfahren.

Durch den »double beat« ist die Tanzgruppe beim Händeklatschen in zwei Taktgruppen unterteilt, die sich in perfekter Weise aufeinander abstimmen.

Eine Frau mit einer kleineren Melone in der Hand eröffnet den Reigen. Sie tanzt zum scharf geklatschten Rhythmus und zum Gesang der anderen mit ein paar Schritten vorwärts aus der Riege heraus, wiegt sich dann im Takt an einer Stelle hin und her, tanzt mit einer, meist individuell variierten Schrittkombination nach rechts und links, wirft danach die Melone mit einer seitlichen Rückwärtsbewegung der ihr nachfolgenden Frau zu und reiht sich schließlich klatschend und singend wieder in die Riege ein. Die Nachfolgende muß die Melone fangen und wie die Vorgängerin weitergeben. Die Frauen lachen viel bei diesem Tanz und erfinden oft zusätzliche Bewegungsformen, die als Figuren von den anderen übernommen werden. Da kann z. B. eine auf die Idee kommen, sich vor dem Abwurf der Melone noch am Ohrläppchen zu ziehen, was dann für den Tag unter viel Gelächter von den anderen im Tanz nachgemacht wird. Diese Figuren dienen ausschließlich der allgemeinen Belustigung.

Daneben gibt es beim Einzeltanz der Frauen gewisse Standardfiguren, die mit großem Ernst getanzt werden. Dabei konzentrieren sich die Frauen völlig auf den Melonenball. So tanzen sie, wie beschrieben, nacheinander aus der Riege heraus. Die Melone halten sie in der vorgestreckten Hand. Mit der anderen deuten sie wiederholt auf die Frucht oder schlagen auch heftig mit der Faust oder der Handkante ein paarmal auf sie ein.

Ein andermal werfen sie die Melone mit hocherhobenen und weit von sich gestreckten Armen von einer Hand in die andere. Bei wieder einer anderen Figur tanzen sie mit der Frucht in der erhobenen Hand nach vorne, halten die andere Hand flach über die Augen und schauen nach links und rechts in die Ferne, als wollten sie einen bestimmten Gegenstand im Busch fixieren. Danach werfen sie die Melone ihrer Nachfolgerin zu, die ihrerseits eine Figur tanzt.

Auffallend ist, daß jede ihre Figur praktisch an der gleichen Stelle tanzt. Es könnte sein, daß diese Art des Melonenspiel-Tanzes ursprünglich ein Beschwörungsritual war, das seine Funktion verloren hat und heute lediglich dem Spiel und der Unterhaltung dient. Die Bezogenheit der Figuren auf die Melone und die Ernsthaftigkeit, mit der sie diese Tanzhandlungen ausüben, sprechen meines Erachtens dafür; desgleichen die Tatsache, daß die Melone als oft einziger Wasserlieferant für das Leben der Buschleute von außerordentlicher Bedeutung ist. Aufgabe der Frauen war und ist es bis heute, diese Melonen zu sammeln und die Familie damit zu versorgen. So wäre es denkbar, daß sich aus der Abhängigkeit von dieser Feldkost ein Beschwörungstanz bzw. ein Fruchtbarkeitstanz entwickelt haben könnte. Die Figur, bei der die Augen fixierend auf den Busch gerichtet sind, könnte eine Darstellung des Ausschauhaltens und des Bodenabsuchens nach der Melone sein. Aber das ist natürlich zunächst nur ein Gedanke. An einem Spieltanz nehmen alle Frauen teil, die gerade Lust dazu haben, und meist tanzen alle gerade anwesenden Frauen des Dorfes; von der Mutter mit dem Säugling auf dem Rücken bis zur ältesten Großmutter, die es oft am besten macht. Der Tanz wird sehr schnell zur Schaustellung, wenn sich die restliche Dorfgemeinschaft als Zuschauer um die Tanzgruppe versammelt. Dies merkt man daran, daß die Frauen dann nur noch die älteren Mädchen mittanzen lassen und die kleineren »abschieben«, da diese noch häufig Fehler machen. Die Kleinen singen und klatschen dann am Rande des Spielgeschehens mit und üben für sich die Tanzschritte.

Begegnen sich Frauen verschiedener Horden des gleichen Nexus, etwa

an der Wasserstelle, dann entwickelt sich oft ein Dam-Tanz. Man bestärkt durch dieses Ritual die Freundschaft. Wie perfekt ein Melonenspiel-Tanz von den Frauen getanzt wird, mag folgende, willkürlich getroffene Auszählung von gelungenen bzw. mißlungenen Abwürfen der
Melone, und wie oft sie wieder aufgefangen wird, verdeutlichen.

Bei einem 20minütigen Dam-Tanz von sieben erwachsenen Frauen ergaben sich 80,66 % ($= 133$) der 165 Ballabschläge als gelungen. 19,34 %
($= 32$) waren Fehler. Läßt eine Frau die Melone fallen, wird sie ausgelacht. Die anderen quietschen dann laut auf, und die Betroffene reagiert
meist mit verlegenem Lachen, manchmal auch ärgerlich. Es ist ihr offenbar unangenehm, den harmonischen Ablauf dieses Tanzes unterbrochen
zu haben, quasi aus der Reihe getanzt zu sein. Sie wird die Zielscheibe
milder Aggressionen, und auf diese Weise kann sich scherzhaft Aggression entladen.

Erwachsene Frauen tanzen oft mit Mädchen. Diese Tänze dienen der
Schulung.

Mit der Unterweisung der Kinder durch die Erwachsenen sowie der
Nachahmung der Erwachsenenspiele durch die Kinder werde ich mich
noch beschäftigen.

Die !Ko-Frauen tanzen noch einen anderen Spieltanz mit der Melone
(Melonenreigen-Tanz), der jedoch nur sportlich tänzerischen Charakter
hat.

Der Melonenreigen-Tanz

Dazu stellen sich die Frauen hintereinander in einem geschlossenen Kreis
auf. Sie bewegen sich tanzend, singend und händeklatschend nach
einem bestimmten Rhythmus im Kreis und werfen die Melone seitlich
oder über den Kopf der nachfolgenden Partnerin zu. Nach Abgabe der
Melone verläßt die Tänzerin den Kreis, und bevor die nachfolgende
ihrerseits die Melone abgibt, tanzt sie zwischen diesen beiden Tänzerin-
nen hindurch und reiht sich dann wieder an der alten Stelle in den Kreis
ein. Der Rhythmus des Tanzes ist so abgestimmt, daß die Tänzerin, die
gerade den Ball abgegeben hat, gerade Zeit findet, zwischen ihrer Nachfolgerin und deren Partnerin hindurchzutanzen, bevor die Melone weitergegeben wird. Die Frauen müssen dem vorgegebenen Takt genau
folgen. Der kleinste Fehler führt zur Unterbrechung des Spieles.

J.H. Wilhelm (1953) beschreibt ein häufiges Tanzspiel der !Kung-
Buschfrauen, das dem Melonenreigen-Tanz der !Ko ähnlich ist. Dort
bewegen sich die Frauen und Mädchen ebenfalls singend und klatschend
im Kreis und werfen einander die Melone mit beiden Händen über die

Abb. 4 *Der Melonenspiel-*
Tanz der Frauen (Dam).

a, b, c Die Tanzschritte beim
  Melonenspiel-Tanz
  (Dam)

d, e Der Melonenabwurf.
H. Sbrzesny, 16-mm-
Film, 25 B/sec.

rechte Schulter zu. Ein Mädchen sitzt außerhalb des Kreises. Es springt nach einer Weile auf und versucht, die Melone zu erhaschen. Gelingt ihr dies, kommt sie in den Kreis, und das Mädchen, dem sie die Frucht wegnahm, muß ihre Stelle einnehmen.

Der Sandhügel-Tanz

Dazu schütten die Frauen einen Sandhügel auf. Eine stellt sich mit ge-grätschten Beinen davor, und in halbgebückter Stellung klatscht sie ent-weder erst mit beiden Händen auf den Hügel oder in die Hände. Dann stößt sie in übergleitenden Bewegungen und in schneller Folge abwechselnd mit dem linken, dann mit dem rechten Knie gegen den Sandhügel. Danach klatscht sie wieder auf den Sand oder in die Hände. Das Klatschen wechselt individuell. Manche Frauen klatschen nach jedem Kniestoßen in die Hände. Hat eine Frau ihren Tanz beendet, folgt die nächste. Bei diesem Tanz darf man ebenfalls nicht aus dem Takt kommen oder gar das Gleichgewicht verlieren und hinfallen. Geschieht dies, brechen alle in herzhaftes Gelächter aus.

Der Tanz der Taube (= Djau Gumma)

Die Frauen sitzen rund um einen Sandhügel in der Hocke. Dazu singen alle in der Tswana-Sprache — was beweist, daß dieser Spieltanz kein ursprüngliches Buschmannspiel ist — folgenden Gesang:
»Sikuru danawe, ndau rula hu,
sikuru danawe, ndau rula hu,
gurru, gurru, gurru ...«.
(Die !Ko kennen diesen Text auch in der Buschmannsprache, verwenden ihn jedoch nicht bei diesem Spiel. In !Ko heißt der Text: »Djau, si chu ga da«, was übersetzt heißt: »Taube, komm her und setze dich hier hin.«)
Während sie »sikuru danawe, ndau rula hu« singen, deuten sie alle mit dem Zeigefinger auf die Spitze des Sandhügels. Bei »gurru, gurru...« springen sie jedesmal aus der Hocke auf, um meist gleich wieder von vorne zu beginnen.

Der Holzstamm-Tanz

Auch bei diesem Tanz kommt es darauf an, bestimmte Bewegungsfolgen im Takt auszuführen und das Gleichgewicht zu halten. Die Frauen tanzen an oder auf einem dicken Holzstamm. Es gibt mehrere Variationen zu mehreren Melodien. Bei der einen liegt der Stamm quer vor einer Frau. Zu einem bestimmten Klatsch- und Singrhythmus schlägt nun die Frau abwechselnd mit dem linken, dann mit dem rechten Fuß gegen den Stamm. Oder sie springt mit einem Bein auf den Stamm hinauf, verlagert ihr Gewicht darauf und beugt das freie unbelastete Bein ab. Dann springt sie auf beide Beine zurück in den Sand, um anschließend mit dem anderen Bein auf den Holzstamm zu springen. Gelegentlich wechseln die Frauen nicht nach jedem Fußschlag oder jedem Sprung auf den Stamm auf das andere Bein, sondern wiegen sich zuvor noch einmal im Takt vor und zurück. Erst dann wird der Schlag mit dem Fuß oder der Sprung mit dem Bein ausgeführt.

Wichtig ist, daß die Frau im Takt bleibt und daß ihre Bewegungen fließend und ohne Unterbrechung ablaufen. Meist führt eine Frau diesen Tanz allein aus, und die anderen warten, bis sie an der Reihe sind. Gelegentlich tanzen zwei Frauen zusammen. Dazu stehen sie sich am Holzstamm gegenüber, und während die eine mit dem linken Fuß gegen den Stamm schlägt, macht die andere das gleiche mit dem rechten.

Bei einer anderen Tanzvariation tanzt stets eine Frau alleine. Dabei liegt der Holzstamm zwischen den gegrätschten Beinen der Frau. Die anderen Frauen geben mit ihrem Klatschen und Singen den Takt an. Die Frau springt aus der Grätsche mit einem Bein auf den Stamm, belastet es und beugt das andere Bein ab. Danach springt sie entweder sofort in die Grätsche zurück und macht das gleiche mit dem anderen Bein. Oder sie springt aus der Grätsche mit dem linken Bein auf den Stamm, belastet dieses mit ihrem Gewicht und zieht das rechte Bein hoch. Auf dem Stamm wechselt sie dann auf das rechte Bein über, belastet dieses und springt mit dem linken Bein zurück in den Sand. Diese Bewegungsfolge wird mit dem Sprung in die Grätsche abgeschlossen, und ohne Unterbrechung beginnt die Spielfolge aufs neue.

Der Holzstamm-Tanz, den ich auch in derselben Tanzweise bei den G/wi-Buschfrauen sah und aufnehmen konnte, gehört auch bei den !Kung-Buschfrauen ins Spielrepertoire.

J. H. Wilhelm (1953) berichtet, daß ihn dort die jungen Mädchen an dem ausgehöhlten Stamm der Hyphaenepalme tanzen. Sie tanzen ihn in einer Reihe nebeneinander und stoßen abwechselnd mit dem rechten und linken Fuß im Zweiertakt zu. Nach einer Weile drehen sie sich um und stampfen rückwärts mit den Füßen auf den Stamm.

Das Stockklopf-Spiel

Bei diesem Rhythmusspiel kommt es besonders darauf an, aufeinander abgestimmt zu handeln. Dazu sitzen die Frauen im Sand. An dem Spiel können sich mehrere gleichzeitig, wenigstens aber zwei beteiligen. Eine Frau klopft mit einem Stock in einem bestimmten Rhythmus zu einer zarten, gesungenen Melodie in den Sand, und eine andere schlägt, abwechselnd zu ihr, mit der Hand auf die gleiche Stelle am Boden. Wichtig ist, daß beide im Takt bleiben, so daß die Hand nicht vom Stock getroffen wird. Während der Stock in den Sand klopft, klatscht die andere Frau in die Hände, und während der Stock wieder in die Höhe geht, schlägt sie mit immer der gleichen Hand auf die Stelle im Sand, die der Stock eben berührt hatte. Die Geschwindigkeit der Spielfolge wird variiert. Je nach dem vorgegebenen Takt kann die Frau mehrmals mit der Hand in den Sand schlagen, bevor der Stock wieder auf den Boden trifft. Hierbei kann sie sich mit noch einer anderen Frau abwechseln, so daß nun z. B. drei Spielerinnen zusammen spielen.

Alle Tanz- und Rhythmusspiele der !Ko-Frauen, die ich beschrieben habe, konnte ich auch bei den G/wi-Buschfrauen beobachten und filmen. Die Spiele wurden von den G/wi in derselben Art und Weise, gelegentlich mit geringfügigen Varianten aufgeführt.

Nur den Tanz der Taube habe ich dort nicht beobachtet, was verständlich ist, da es sich um ein Tswana-Spiel handelt. Die !Ko hatten mehr Kontakt mit der Botswana-Bevölkerung als die G/wi. Dies mag der Grund sein, weshalb die !Ko einige Bantu- bzw. Tswana-Spiele in ihr Spielrepertoire aufgenommen haben.

Das Wippspiel

Dieses Rhythmusspiel erfordert keine Zusammenarbeit von mehreren Spielpartnern. Jede Frau spielt für sich, aber man ist zu mehreren in einer Gruppe vereint zusammen. Die Spielende kniet im Sand und sitzt auf ihren Unterschenkeln und Fersen. In einem bestimmten Takt verlagert sie ihr Gewicht nach hinten, reißt die Knie gegen ihren Oberkörper hoch und klatscht mit jeder Hand seitlich auf den Boden, so daß sie sich kurz abstemmt. Dann verlagert sie ihr Gewicht wieder nach vorne, wobei sie die Knie belastet und die Unterschenkel vom Boden abhebt. So wippt die Frau mal langsamer, mal schneller hin und her.

Der Liegestütz-Tanz

In der Ausgangsstellung formen die Frauen einen Kreis und liegen dabei im Liegestütz am Boden. Sie springen aus dem Liegestütz mit den Füßen zu ihren Händen, so daß sie eine Brücke formen. Dann springen sie in eine aufrechte Haltung, wobei sie den Oberkörper nach vorne oder nach hinten biegen und sich mit beiden Händen auf die Brust schlagen. Daraufhin lassen sie sich ohne Unterbrechung wieder nach vorne auf den Boden in den Liegestütz fallen. Dann beginnt das Ganze von neuem. Dieses Spiel erhält durch die Aufeinanderfolge der vorgegebenen Figuren einen gewissen Rhythmus, und die Spielenden lachen viel dabei, besonders wenn eine außer Atem gerät und verlegen aufgibt. Zu diesem Spiel wird weiter kein Takt angegeben.

Der Grätsch-Tanz

Es stehen sich zwei Frauen gegenüber. Eine springt in die Grätsche, und die andere hüpft auf einem Bein und stößt mit dem anderen zwischen die gespreizten Beine ihrer Partnerin hindurch. Dann springt diese in die Grätsche, und die andere Frau stößt ebenfalls mit einem Bein dazwischen. Dies geht abwechselnd hin und her, und gelegentlich finden sich mehrere Zweiergruppen von Frauen zu diesem Spiel ein. Dabei singen sie und halten ihre Arme an den Hüften eingestemmt.

I.B Die Tanz- und Rhythmusspiele der Männer

Der Heuschreckenspiel-Tanz (= ǁoli)

ǁoli ist der !Ko-Buschmann-Name für Heuschrecke. Zu diesem Spieltanz stellen sich die Männer im Halbkreis auf. Es gibt zwei Variationen des Heuschreckenspiel-Tanzes. Beide unterliegen festen Regeln.

Bei der ersten treten zwei Männer aus der Riege heraus und beginnen sich in tänzerischen und sportlichen Figuren gegenseitig zu umtanzen. Dazu stampfen und keuchen sie ebenso wie ihre Spielgefährten in einem bestimmten Takt. Sie werfen sich voreinander auf den Boden, wälzen sich im Sand, fallen voreinander in den Liegestütz oder in die Hocke. Sie zeigen oft ähnliche Figuren und Bewegungen, wie wir sie von den russischen Tänzern beim Kasatschok-Tanz kennen. Dabei zeigen sie gelegentlich ein deutliches sexuelles Display vor ihrem Partner, indem sie mit gegrätschten Beinen die Hüften gegen ihn vorstrecken. Die Figuren werden in gleitenden Bewegungen und sehr kraftvoll im Rhythmus getanzt. Beide Partner tanzen genau aufeinander abgestimmt. Plötzlich wendet einer dem anderen in gebückter Haltung seinen Rücken zu. Sein Partner muß ihn mit einem Bein überspringen, bevor der Mann sich wieder aufrichtet. Der Sprung ist wie ein seitlicher Bocksprung. Weitere rhythmisch gebundene Bewegungen bestimmen den Zeitpunkt des nächsten Sprunges, bei dem entweder derselbe Mann noch einmal übersprungen wird oder er nunmehr seinerseits seinen Partner überspringt. Beide Männer müssen in ihrem Tanz genau synchronisiert sein, sonst mißlingen die Sprünge, was schallendes Gelächter ihrer Mitspieler hervorruft und den Tanz der beiden beendet. Es folgen die beiden nächsten Männer, die zwar nach derselben Regel tanzen, jedoch die einzelnen Figuren meist individuell improvisieren.

Abb. 5   Der Heuschreckenspiel-Tanz (= //oli) der Männer. I. Eibl-Eibesfeldt,
16-mm-Film, 25 B/sec.

45

Bei der zweiten Variante des Spieles ist ein Mann der herausfordernde Tänzer. Die Männer stehen wieder im Halbkreis keuchend und stampfend beieinander. Der Mann, der vor die Riege tanzt, erwartet nun einen Tänzer nach dem anderen. Die Art der Figuren und die Sprungfolgen folgen den eben beschriebenen Regeln. Das Neue bei diesem Tanz ist, daß jener Mann so lange als herausfordernder Tänzer fungieren kann, bis er oder sein jeweiliger Partner einen Fehler machen. Dann wird er von einem anderen Mann abgelöst, der die Männer seinerseits so lange tänzerisch herausfordern kann, bis er oder sein Partner einen Fehler macht.

Dieser Spieltanz strengt die Männer sehr an. Das hervorstechendste Merkmal dieses Tanzes ist die perfekte Synchronisation. Wettbewerb spielt dabei eine geringe Rolle, obwohl die Männer Fehler vermeiden wollen.

Dies ändert sich jedoch schlagartig, wenn sich die Frauen und Kinder als Zuschauer einfinden. Sie klatschen dann alle den Rhythmus der stampfenden Männer mit. Jedes tanzende Paar, jeder Tänzer selbst, versucht daraufhin die Figuren besonders sportlich, besonders kraftvoll zu tanzen. Interessant ist, daß sich oft ein Tanzpaar als hervorragend herausstellt. Es tanzt z. B. am längsten fehlerfrei und erfindet die abwechslungsreichsten Figuren. Die Zuschauer »honorieren« die Leistung, indem sie besonders kräftig und begeistert den Takt klatschen. Natürlich versucht nun jedes Paar das andere zu übertrumpfen und die Begeisterung der Zuschauer für sich zu gewinnen.

Den Heuschreckenspiel-Tanz führen auch die G/wi-Buschmänner auf, wenn sie in guter Stimmung sind, und zwar mit denselben Spielregeln wie die !Ko, doch zeigt das Spiel der G/wi mehr Elan, mehr Eleganz, mehr Figureneinfälle, stärkere tänzerische Ausdruckskraft; kurz, die G/wi-Männer tanzen temperamentvoller als die !Ko.

Der Spießbockspiel-Tanz (= ╪am)

Die Männer tanzen stampfend und keuchend im Kreis um einen Mann, der die Rolle des angreifenden Spießbocks (= ╪am) übernimmt. Dieser tanzt in gebückter Haltung und hat einen Arm wie eine Sichel abgebogen. Der aufrechte Zeige- und Mittelfinger imitieren die Hörner des Tieres. Der Mann führt nun Scheinangriffe, aber auch echte Angriffe auf die übrigen Männer aus, die hier Jäger darstellen. Diese »reizen« den »Spießbock«, indem sie auf ihn zustampfen, ihn umtanzen und ihn so zu einem Angriff herausfordern. Nach der Spielregel dürfen die Männer nur einem tatsächlichen Angriff ausweichen. So tanzt der Mann in der Tierrolle im Kreis der anderen Männer herum und bedroht sie mit den »Hörnern«. Führt er einen Scheinangriff aus, tanzt er sehr nahe an einen Mann heran und ruckartig wieder zurück, ohne zuzustoßen. Der zum Schein Angegriffene darf ihm dann nicht ausweichen. Bei einem echten Angriff stößt er mit den »Hörnern« gegen den bedrohten Mann vor, der in diesem Moment ausweichen muß. Wer schon bei einem Scheinangriff ausweicht, hat einen Fehler gemacht, ebenso der, der einen echten Angriff als solchen nicht erkannt hat und getroffen wird. In beiden Fällen brechen dann alle, Spieler und Zuschauer, in schallendes Gelächter aus.

Gelegentlich üben die älteren Jungen das »Reizen« des »Spießbockes« an der Seite eines erwachsenen Mannes mit und üben so das Spiel. Zum Spaß greift der Mann in der Tierrolle auch dann und wann die Jungen an, aber im großen und ganzen spielen die erwachsenen Männer für sich. Bemerkenswert ist, daß die Rolle des »Spießbockes« meist einer der ältesten und erfahrensten Männer der Gemeinschaft übernimmt.

C. M. Doke (1936) hat auch bei den ╪Khomani-Buschleuten (Südwest-Afrika) den Spießbockspiel-Tanz beobachtet. Treffend formulierte er: »This is probably the Bushman masterpiece of dramatic representation, and one in which a number of actors participate.« Die ╪Khomani haben dieses Spiel auch nach dem Spießbock benannt und spielen es wie die !Ko. Nur treten bei ihnen neben den »Jägern« auch noch Hunde in das Spiel ein, die als Helfer bei der Hetzjagd von Jungen getreu der wirklichen Rolle dargestellt werden. Bemerkenswert ist, daß bei den ╪Khomani die »Jäger« mit ihrer echten Jagdausrüstung »bewaffnet« sind, während die !Ko das Ablenken des Tieres mit Stöcken und das Erlegen des Tieres mit Speeren durch symbolische Arm- und Handbewegungen demonstrieren. Doke schreibt ferner: »All the participants thoroughly enjoy this acting, though the one acting as gemsbok sometimes complains that he gets more rough handling and prodding with sticks than he cares for.«

Das Honigdachs- oder Badgerspiel (= !aloce)

Bei diesem Männerspiel gelten etwa die gleichen Regeln wie beim Spießbockspiel-Tanz.

Wie bei allen Spielen der Männer, die wir bis jetzt kennengelernt haben, hat auch dieses Spiel seine Wurzeln in der Jagd- und Tierwelt. Spielerisch werden das Leben und die lebensnotwendige Auseinandersetzung der Jäger mit dem Tier dargestellt, nachgeahmt und nachvollzogen.

Abb. 6   Der Spießbockspiel-Tanz (= ‡am) der Männer. H. Sbrzesny, 16-mm-
Film, 64 B/sec.

a Der Mann in der Rolle des Spießbockes bereitet einen echten Angriff mit
  den »Hörnern« vor.

b Der Mann mit den erhobenen Armen hat richtig reagiert und ist dem echten
  Angriff ausgewichen.

Bei diesem Spiel übernimmt wieder ein Mann die Rolle des Tieres, in diesem Fall die des Dachses (= !aloce). Die übrigen Männer stellen die Jäger dar, die den Dachs jagen. Sie fordern ihn heraus, tun so, als würden sie auf ihn einschlagen, und »reizen« ihn, während sich das »Tier« mit Angriffen zur Wehr setzt. Der Mann, der die Tierrolle übernommen hat, macht auf seine Jäger wieder echte Angriffe, denen die Männer ausweichen müssen, und Scheinangriffe, denen sie standhalten müssen. Dazu stehen sie entweder stampfend und keuchend im Kreis um den »Dachs«, oder sie erschweren sich das Spiel, indem sie im Kreis hocken oder im Sand sitzen, so daß das Ausweichen schwieriger wird. Der Mann, der den Dachs mimt, hockt in jedem Fall in der Mitte der Gruppe, und sein Angriff besteht darin, daß er in den Sand die Dachsspur auf einen Mann hinzieht, der dann nicht in die Spur treten oder sich in diese hineinsetzen darf. Der »Dachs« verwischt danach wieder die Spur und wendet sich einem anderen zu. Bei einem Scheinangriff tut er nur so, als wolle er die Spur auf den Betreffenden hinzeichnen. Das ist sehr schwer zu unterscheiden, denn um Verwirrung zu stiften, fährt der Mann mit den Händen immer im Sand hin und her, um dann plötzlich tatsächlich eine Spur zu zeichnen. Das Spiel ist zu Ende, wenn der »Dachs« tot ist, d. h.

Abb. 7 *Das Honigdachs- oder Badgerspiel (= !aloce). I. Eibl-Eibesfeldt, Photo.*
Ein echter Angriff auf einen älteren Jungen, der richtig reagiert und ausweicht.

49

wenn der Mann, der diese Rolle übernommen hat, aufgibt. Er legt sich dann flach auf den Bauch in den Sand und rührt sich nicht mehr. Die »Jäger« haben das Tier »zu Tode gehetzt«. Danach lachen alle, und die Männer sitzen erschöpft beisammen, da sie das Spiel sehr anstrengt.

Herr Heunemann filmte einmal das !aloce, bei dem es sich die Männer zur augenblicklichen Spielregel gemacht hatten, das Spiel im Sitzen zu spielen. Als im Eifer des »Gefechtes« ein »Jäger« den »Dachs« im Stehen angreifen wollte, unterbrach der Mann in der Tierrolle das Spiel und wies den »Jäger« ärgerlich mit dem Ausruf »chu, chu« (setz dich hin!) zurecht.

I.C Die gemeinsamen Tanz- und Rhythmusspiele der Frauen und Männer

Während meiner Besuche konnte ich drei Tanzformen beobachten, an denen sich beide Geschlechter beteiligten. Es sind dies der *Neck-Tanz*, der *Spießbock-Tanz* (= Trance-Tanz mit spirituellem Charakter) und der *Trance-Tanz zur Krankenheilung*. Bei diesen Tänzen handelt es sich nicht um Spiele. Die Kinder ahmen jedoch diese Tänze als Spiel nach, weshalb ich sie beschreibe.

Der Neck-Tanz

Die Frauen und Männer bilden je einen eigenen Kreis. Die Frauen singen und klatschen einen Rhythmus. Die Männer tanzen in ihrem Kreis mit angelegten Fußrasseln stampfend hintereinander her, zum Takt, den die Frauen angeben. So klatschen und tanzen sie eine lange Zeit, ohne daß irgendwelche Interaktionen zwischen den beiden Kreisen stattfinden. Sie »heizen« sich gewissermaßen erst auf. Nach einiger Zeit stehen die Frauen, die bisher am Boden gesessen sind, auf und tanzen in ihrem Kreis mit wippenden Hüftbewegungen, d. h. sie werfen das Gesäß nach hinten hoch, so daß ihre Gesäßschürzen hochfliegen, bzw. sie recken das Becken mit einem Ruck nach vorne, so daß ihre Schamschürzen hochfliegen. Dazu lachen und kichern sie. Andere heben ihr Schamschürzchen mit der Hand hoch, worauf die anderen aufquietschen, als wären sie entrüstet, um gleich darauf zu kichern und zu lachen. Auch die Männer, die dies wohl sehen, tanzen bald mit auffallend sexuell betonten Bewegungen des Beckens (ähnlich den Koitusbewegungen), so wie es hierzulande oft bei Soul- und Beattänzen geschieht. Einzelne Männer verlassen dann tanzend ihren Kreis und wechseln zur Frauengruppe über, umtanzen diese und fordern die Frauen einzeln durch Berühren mit ihren Fliegenwedeln zum Mittanzen auf. Die Aufgeforderte löst sich daraufhin aus ihrem Kreis und tanzt mit ihrem Partner im Kreis der Männer eine Runde vor diesem her. Dabei tanzen beide so eng hintereinander her, daß sie sich oft berühren. Diesem Tanz liegt sicher auch eine sexuelle Motivation zugrunde.

Die Buschleute sind in ihrem sexuellen Verhalten keineswegs permissiv. Um so mehr fällt die Freizügigkeit des sexuellen Neckens bei diesem Tanz auf. Nur bei dieser Gelegenheit hat ein Mann gewissen sexuellen Kontakt mit einer anderen als seiner eigenen Frau, ohne daß es Anstoß erregt. Wieweit sich bei dieser Tanzart auch neue Kontakte anbahnen, ähnlich wie bei unseren Tanzveranstaltungen, muß offenbleiben.

Dieser Tanz wurde nicht gefilmt.

Von diesem Neck-Tanz, der die ganze Nacht dauert, unterscheidet sich der Spießbock-Tanz durch seinen ernsten und religiösen Charakter. (Man beachte hier Spießbock-Tanz im Gegensatz zum schon beschriebenen Spießbockspiel-Tanz!) Diesen Trance-Tanz konnte ich bei jedem Besuch miterleben, und er wurde auch gefilmt (HF 44 und HF 45).

Der Spießbock-Tanz (= Trance-Tanz)

Die Frauen sitzen im Kreis um ein Feuer, singen und klatschen den Rhythmus dieses Tanzes. Die Männer umtanzen die Frauen diesmal direkt, wobei sie mit den Füßen stampfen und ebenfalls singen. Um die Fußknöchel tragen sie Fußrasseln. Diese bestehen aus getrockneten Kokons, die an beiden Seiten an einem aus Gräsern geflochtenen dünnen Strick befestigt sind. Die Kokons haben eine Länge von 4–5 cm und sind etwa 2 cm breit. Im Kokon erzeugen Steinchen oder andere Körnchen ein rasselndes Geräusch. Eine Fußrassel kann 1,5 m lang sein. Die Männer berühren bei ihrem Rundtanz immer wieder mit einer Hand den Kopf oder die Schultern der Frauen. Nach ihrer Aussage geht durch die Handauflegung alles Schlechte und Böse der Frauen auf die Männer über, die sich dagegen wehren können. Sie setzen sich alleine mit den bösen Geistern auseinander. Darüber geraten die Männer in Trance. Sie schreien, wimmern und weinen laut. Dies geschieht nach einem festen Muster. Sie werden dann von Mittänzern, die nicht im Trancezustand sind, gestützt, brechen aber schließlich zusammen. Frauen und Mittänzer beleben die Zusammengebrochenen durch Massagen. Die Frauen reichen ihnen ferner ihre »Riechdöschen«. Das sind ausgenommene, mit stark riechenden Pflanzen und Gewürzen gefüllte Schildkrötenpanzer.

Nach Silberbauer (1965), der die gleichen Tänze, bei den G/wi (Zentralkalahari) beobachtete, gibt es verschiedene Trancezustände. Der Puls kann sehr langsam sein, und die Körpertemperatur kann absinken. Die Augen reagieren nicht mehr auf Licht, und der Betroffene ist unempfindlich gegen Berührung. Andere Personen zeigen nach Silberbauer erhöhte Pulsschlagfrequenz. Die Leute können sich in Trance schwere Verbrennungen zufügen, wenn sie aus Versehen ins Feuer fallen oder, wie es vor allem früher vorkam, durch das Feuer hindurchlaufen. Die Frauen achten nun mehr darauf, daß sich die Männer nicht verbrennen. Manche Männer tragen die Narben von schrecklichen Verbrennungen, und ihre Hände sind verkrüppelt. Der Trance-Tanz geht bis in die Morgenstunden, und wir haben Tänze erlebt, die erst bei Sonnenaufgang endeten. Das strengt die Tänzer sehr an, aber auch die Frauen, die ja die ganze Nacht, bis auf wenige kurze Pausen, singen und klatschen. Die Männer sind sowohl physisch wie auch psychisch stark belastet, da sie sich emotional stark engagieren. Silberbauer geht auf die bindende Funktion dieses Tanzes, der nur durch die perfekte und enge Zusammenarbeit von singenden und händeklatschenden Frauen und tanzenden Männern gelingt, wie folgt ein:

»Die Tänzer geben sich völlig aus, verlieren sich ganz im Einssein mit der Gruppe und sind am Ende einer Tanznacht emotional wie auch physisch erschöpft. Nach einem solchen Tanz herrscht ein deutliches Gefühl des Friedens und des Wohlbefindens. Eine solche Tanznacht hat nicht nur eine kathartische Wirkung auf die Horde, indem ihre Mitglieder von inneren Spannungen und Emotionen befreit werden; ein erfolgreicher Tanz wirkt sich durch das Bewußtsein einer gemeinsam vollbrachten Leistung auch in hohem Maße einigend auf die Horde aus.«

Die Initiative zu diesem beschriebenen Tanz geht zwar in den meisten Fällen von den Frauen aus, die ein Feuer anfachen, sich darum herum setzen und zu singen und zu klatschen beginnen. Bei meinem vorletzten Besuch konnte ich jedoch beobachten, wie die Initiative von den Kindern ausging. Dr. Heinz erzählte mir, daß er sehr oft beobachten konnte, daß die Kinder einen Spießbock-Tanz initiierten. Die Kinder hatten in den späten Nachmittagsstunden ein kleines Feuerchen angemacht und den Trance-Tanz gespielt. (Ich werde bei der Beschreibung der Kinderspiele nochmals darauf eingehen.) Bei Einbruch der Dunkelheit gesellten sich die Frauen zu ihnen und setzten sich in den Kreis mit hinein. Später entfachten sie aus dem Feuer der Kinder ein neues in geringer Entfernung und setzten sich im Kreis um dieses. So klatschen Frauen und Kinder eine Weile zusammen, bis sich die Kinder zurückzogen und der eigentliche Tanz der mittlerweile hinzugekommenen Männer begann.

Abb. 8 *Der Spieß-*
bock-Tanz *(Trance-*
Tanz). I. Eibl-Eibes-
feldt, Photo.
a, b Die Männer um-
tanzen den Frauenkreis.
c Ein Tänzer im Tran-
cezustand wird von
einem Mittänzer ge-
stützt.
d Das Handauflegen.

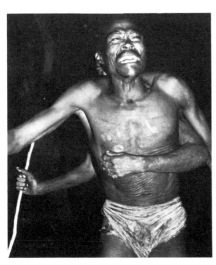

Bei unserem Besuch 1972 konnten wir zum ersten Mal miterleben, wie ein familieninterner Trance-Tanz zur Krankenheilung getanzt wurde.

Eine alte Frau aus der Okwa-Gruppe war krank. In der Nacht wurden wir durch den uns schon bekannten Klatschrhythmus und durch lautes Jammern, Rufen und Schreien geweckt. Als wir zu der Gruppe kamen, sahen wir, daß vor der Hütte der Kranken ein kleines Feuerchen brannte. Die Kranke und ihre Nachbarinnen saßen davor. Die Nachbarinnen klatschten. Ihr Mann umtanzte mit den Ehemännern der klatschenden Frauen den Kreis. Er befand sich zu diesem Zeitpunkt bereits in Trance. Er legte ihr beide Hände auf das Haupt, dann auf die Schultern und klagte und jammerte laut. Nach einer Weile drehte er sich zur Seite, ging einige Schritte fort und übergab sich. Offenbar sollte die Krankheit der Frau auf ihn übergehen und durch das Erbrechen aus dem Körper entfernt werden.

Wir waren von der Demonstration der Anteilnahme der unmittelbaren Hüttennachbarn sehr beeindruckt. Der Schmerz und die Trauer des Mannes über das Schicksal seiner Frau, mit dem er sich identifizierte, zeigte in rührender Weise die tiefe Bindung dieser Ehegemeinschaft.

In den frühen Morgenstunden beendete diese kleine Gruppe ihre Zeremonie.

I. D Die gemeinsamen Tanz- und Rhythmusspiele von Erwachsenen mit Kindern

Wie ich schon bei der Beschreibung der Erwachsenenspiele andeutete, werden die Kinder oft mit unterwiesen. In den meisten Fällen nehmen die Kinder an »offiziellen« Tänzen nur zu Beginn und mehr am Rande des Geschehens teil, um die Bewegung, den Rhythmus, die Reaktion, die Regeln, kurz das Ritual als solches zu studieren. Manchmal initiieren sie auch einen Tanz, wie ich das bereits besprach. Oft üben die Kinder im Spiel alleine. Es gibt jedoch Tanzstunden, in denen die Kinder von den Erwachsenen regelrecht unterwiesen werden: die Mädchen von den Frauen und die Jungen von den Männern. Die Frauen unterweisen die Mädchen vor allem im *Melonenspiel-Tanz (= Dam)*.

Meist spielen nur ein paar Frauen, manchmal auch bloß eine mit den Mädchen, die sich so »unter Aufsicht« im Fangen und Zuwerfen der Melone üben. Macht eines der Mädchen einen Fehler, so lachen die anderen über sie, die Frau oder die Frauen geben freundliche Kommentare und Anweisungen. Ihre gelegentlichen eigenen Fehler werden interessanterweise bei diesem Anlaß übergangen, denn die Frauen stehen in diesem Falle nicht in Konkurrenz. Oft sah ich, daß die kleinen Mädchen dann höflich die Melone aufhoben und sie der betreffenden Frau zum Weiterspielen reichten. Geht z. B. eine alte Frau an einer solchen Übungsgruppe vorbei, wird sie nicht versäumen, sich für kurze Zeit in den Tanz einzureihen, und einige Schritte vormachen. Oft wird sie zwei Mädchen aus dem Kreis unter ihre Arme nehmen, mit ihnen heraustanzen und sie genau in die Choreographie des Tanzes einweisen.

Wenn in solch einer Übungsstunde die teilnehmenden Mädchen mit ihren teils schlechteren, teils besseren Tanzkenntnissen zusammenkamen, passierte es oft, daß die Besseren über wiederholte Fehler der weniger Geübten ärgerlich wurden. Einmal sah ich sogar, wie eine schlechte Spielerin von dem ältesten Mädchen (= Spielleiterin der Kindergruppe, 1970; siehe S. 239) handgreiflich aus dem Spielkreis hinausgeworfen wurde. Die Unglückliche hatte einige Male die Melone einer ihr nachfolgenden sehr alten und perfekt tanzenden Frau so ungeschickt und falsch zugeworfen, daß diese den Ball nicht fangen konnte. Dies wurde wohl als unzumutbar und unhöflich gegenüber der Alten angesehen; andererseits zeigt der Vorfall, wie sehr die Gruppe darauf bedacht ist, sich bei ihrem Tun zu einer perfekt abgestimmten Einheit zu bilden. Die weniger Geübten haben Gelegenheit, sich in den Kindergruppen zu üben.

Die Frauen und die Mädchen spielen ferner gelegentlich den schon besprochenen *Sandhügel-Tanz*, den *Tanz der Taube*, den *Liegestütz-Tanz* und den *Grätsch-Tanz* miteinander.

Bis jetzt haben wir uns, mit einer Ausnahme, nur mit Spielen beschäftigt, die als typische Buschmannspiele bezeichnet werden können.

Das Reigenspiel »*Schäfchen-Fang*« (= ╪ a ╪ a gu/ua) filmte I. Eibl-Eibesfeldt 1971. Wir kennen es unter der Bezeichnung: »Machet auf das Tor...«. Ich habe es bei meinen Aufenthalten vor- und nachher nie wieder gesehen. Bei unserem »Machet auf das Tor...« stehen sich zwei Frauen oder Mädchen mit gegeneinander gepreßten Handflächen gegenüber und die anderen Kinder marschieren unter diesem Bogen im Gänsemarsch hindurch. Unsere Kinder singen dazu folgenden Reim: »Machet auf das Tor, machet auf das Tor, es kommt ein goldner Wagen; wer sitzt denn drin, wer sitzt denn drin? Ein Mann mit langen Haaren. Was will er denn, was will er, will er denn? Er will die Schönste haben. Die erste nicht, die zweite nicht, die dritte will er haben.«

Daraufhin schließen die beiden Partner ein Kind zwischen sich ein. Bei uns ist nun ein Partner die »Hölle«, der andere der »Himmel«, und der

Eingeschlossene darf wählen, ob er zum Himmel oder zur Hölle will. Entscheidet sich das Kind für den Himmel, wird es an Armen und Beinen gefaßt und mit folgendem Vers »in den Himmel geschaukelt«: »Wir schaukeln die Engel in den Himmel hinein, Engele, Engele flieg!« Dann stellt sich das Kind hinter dem Spieler auf, der der Himmel ist. Entscheidet sich das Kind für die Hölle, heißt es: »Wir rumpeln und pumpeln den Teufel in die Hölle hinein«; das Kind wird kräftig durchgeschüttelt und stellt sich dann hinter dem Spieler auf, der die Hölle ist. So bilden sich zwei Parteien, bis niemand mehr übrig ist.

In England ist das Spiel unter »Ringelrose« bekannt. Die zwei Parteien entstehen, indem sich die Kinder zwischen der »Zitrone« oder der »Orange« entscheiden können und sich dementsprechend aufreihen. In Amerika heißt das Spiel »Under the bridge«.

Die !Ko-Kinder spielen es im Grunde nach dem gleichen Muster. Da bei der Aufnahme des Spieles keine Tonaufnahmen gemacht wurden, war ich darauf angewiesen, die Kinder und Frauen nach ihrem Singsang zu fragen, um so Näheres zu diesem Spiel zu erfahren. Hierbei wurde mir besonders klar, wie zweifelhaft es wäre, würde man nur die befragende Methode zur Datenerhebung gebrauchen. Man muß Aussagen, die auf dieser Methode basieren, doch stets mit etwas Skepsis begegnen.

So versuchte ich auf meiner vorletzten Reise Anfang 1974 gemeinsam mit Dr. Heinz und Ms. Wily die Hintergründe und den Namen dieses Spiels zu erfahren. Zuerst reagierten die Befragten zurückhaltend und verlegen, ja, sie gaben sogar vor, nichts über dieses Spiel zu wissen! Nachdem ich ihnen Aufnahmen vorlegte, die sie selbst bei diesem Spiel zeigen, lachten und kicherten sie, machten aber dennoch keine genauen Angaben, geschweige denn, daß sie ihre Spielregeln preisgaben. Nach langem Hin und Her meinten sie, sie würden »Schäfchen fangen«. Dementsprechend sei auch der Name des Spieles, also: ǂa ǂa gu/ua, was übersetzt »ǂa ǂa Schaf-Fang« bedeutet. Völlig in Verwirrung brachte mich der von ihnen vorgetragene Singsang, den sie angeblich zu diesem Spiel singen. Er war für uns völlig zusammenhanglos und lautete: »ǂa ǂa eikwe asi kurri ǂakwe«, was soviel bedeutet wie: »klapp, klapp he, letztes Jahr Mädchen«.

Interessanterweise hat unsere Befragung die Personen nicht dazu angeregt, dieses Spiel wie damals aufzuführen und es uns somit zu demonstrieren. Weiteres war nicht zu erfahren. Ich fand jedoch eine Beschreibung mit Abbildung des gleichen Spieles von den ǂKhomani Südwestafrikas (C. M. Doke 1936) und von den !Kung Angolas (M. Guerreiro 1968).

Nach meinen bisherigen Feststellungen unterweisen die Männer ihre

Abb. 9
a und b Die Kinder mar-
schieren um die Frauen
und durch das Tor hin-
durch.
c Das Kind wird an Armen
und Beinen geschaukelt.
I. Eibl-Eibesfeldt, Photo.

Kinder anders als die Frauen in Tanzspielen. Nie sah ich, daß die Männer sich nach Art der Frauen eigens versammelt hätten, um ihren Söhnen Tanz- und Rhythmusspiele beizubringen. Die Jungen ahmen jedoch von sich aus das Verhalten der Männer nach. Sie identifizieren sich mit deren Rolle. Sie nehmen aber beim Spießbockspiel-Tanz und beim Dachsspiel (siehe S. 47) meist nur an der Peripherie teil. Sie üben am Rande der Männerveranstaltung mit, werden da jedoch öfter von den Männern unterwiesen und ins Spielgeschehen einbezogen – allerdings erst vom 6. Lebensjahr ab. Ganz kleine Kinder sind von der Teilnahme ausgeschlossen.

Die Jungen üben die Männerspiele, die sie beobachten, für sich. Beim Spießbock-Tanz dürfen die Jungen zu Beginn mit den Männern mittanzen. Dabei hält oft ein Mann einen Jungen untergehakt, tanzt und stampft mit ihm um die Frauen herum und übt mit ihm die Tanzschritte. Die Jungen ziehen sich aber meist dann zurück, wenn einige der erwachsenen Männer im Trancezustand sind.

Diese Ausführungen gelten nur für die Tanz- und Rhythmusspiele. Wetteiferspiele und dgl. spielen Männer zusammen mit Jungen, und erstere finden sich dabei auch eigens zu einem gemeinsamen Spiel ein. Dies wird später beschrieben.

I.E Die Tanz- und Rhythmusspiele der Mädchen

Am häufigsten (56,25 % aller Mädchenspiele) spielen die Mädchen den *Melonenspiel-Tanz (= Dam)*.

Sie üben ihn immer und immer wieder, meist den gesamten Ablauf, dann wieder nur das Klatschen des Rhythmus, vor allem den »double beat« und die Schrittfolge. Wie sehr das Üben dieses Tanzes zur Erlangung des perfekten Ablaufes notwendig ist, mag folgende willkürliche Auszählung von erfolgreichen Abwürfen bzw. Auffangen der Melone und von Fehlern verdeutlichen:

Bei einem Melonenspiel-Tanz von sechs Mädchen in der Altersklasse von 7 bis 10 Jahren und einer Tanzdauer von 15 Minuten ergaben sich: 54,81 % korrekte Übergaben der Melone; 45,19 % waren Fehler.

Man vergleiche dagegen die hohe Erfolgsquote der erwachsenen Frauen (siehe S. 38).

Man spielt manchmal paarweise das Fangen und Rückwärtswerfen der Frucht, bevorzugt jedoch das Zusammenspiel in der Gruppe. Jedes Mädchen ist bestrebt, diesen Tanz so gut wie möglich zu erlernen und zu beherrschen, um ihn als erwachsene Frau nach der Initiation im Frauen-verband tanzen zu können. Das gemeinsame Lernen, das Bemühen um den gemeinsamen Erfolg sowie das Bewußtsein, die Spielpartnerin der Jugendzeit auch im Erwachsenenalter zu haben, schaffen vermutlich dauerhafte Bindungen. Mit der Tatsache, daß die gleichen Tanzspiele in den Kinder- und Erwachsenengruppen praktiziert werden, sind auch die Generationen verbunden. Die heutigen Mädchen werden ihre Kenntnisse als spätere Frauen ihren Mädchen weitergeben und Vorbild und Anstoß zur Nachahmung darstellen. Das Kind erfährt auf diese Weise sicher im-mer wieder, daß es in eine Gruppe als Mitglied eingebettet ist, und diese Bestätigung der Zugehörigkeit reißt auch beim Eintritt in den Erwach-senenverband nicht ab.

Spielt ein Mädchen mit einer Melone Ball, dann machen die anderen dies sofort nach. Dann kann es geschehen, daß eine plötzlich einen Rhythmus klatscht, und schon wird dieses Spiel in den Dam-Melonen-spiel-Tanz umfunktioniert. Oder man sieht eine für sich die Schrittfolge üben, was andere stimuliert, und bald üben und tanzen sie alle zusam-men. Die Tänze können bis zu 20 Minuten dauern oder auch nur kurz. Sie unterbrechen jedoch immer wieder auch anderes Spielgeschehen.

Der Sandhügel-Tanz

Die Mädchen tanzen diesen Tanz so wie die erwachsenen Frauen. Manchmal tanzen ihn zwei Mädchen gleichzeitig. Dazu stehen sie sich gegenüber, und wenn die eine mit dem linken Knie gegen den Hügel stößt, macht dies die andere mit dem rechten. Gelegentlich tanzt eines allein, und die anderen sehen zu.

Der Holzstamm-Tanz

Die Mädchen tanzen diesen Tanz genau wie die erwachsenen Frauen. Die Bewegungsfolgen wurden bereits ausführlich besprochen (siehe S. 41).

Der Kreistanz um den Sandhügel

Diesen Tanz konnte ich bei den Frauen nicht beobachten. Die Mädchen bilden einen Kreis um einen Sandhügel. Zu einem bestimmten Sing- und

Abb. 10 *Der Sandhügel-Tanz eines Mädchens. H. Sbrzesny, 16-mm-Film,*
32 B/sec.
Die Aufnahmen a, b, c, d, e, f zeigen die Bewegungsfolgen des Klatschens und
Kniestoßens gegen den Sandhügel.

Abb. 11 *Der Holzstamm-Tanz eines Mädchens. I. Eibl-Eibesfeldt, 16-mm-Film, 50 B/sec.*

a Das Mädchen setzt aus der Beingrätsche zum Sprung auf den Stamm an.

b Der Sprung mit dem rechten Bein.

c Der Sprung zurück in die Grätsche.

d Der Sprung mit dem linken Bein.

e Der abschließende Sprung der Bewegungsfolge.

61

Abb. 12 *Der Holzstamm-Tanz eines Mäd-*
chens in einer anderen Variante. H. Sbrzesny,
16-mm-Film, 32 B/sec.
a *Das Mädchen schlägt den linken Fuß gegen*
  den Stamm.
b *Es ist zurück auf den Boden gesprungen.*
c *Das Mädchen schlägt mit dem rechten Fuß*
  gegen den Stamm.

Klatschrhythmus hüpfen sie alle im gleichen Takt abwechselnd einen
Schritt auf den Sandhügel zu und dann wieder einen Schritt zurück. Dabei stützen sie die Arme in den Hüften auf.

Das Händeklatsch-Spiel

Zwei Mädchen stehen sich gegenüber. Zuerst klatscht jedes Mädchen in
die Hände, dann klatschen beide ihre rechte Handfläche gegen die der

Abb. 13 *Der Kreistanz um den Sandhügel.*
I. Eibl-Eibesfeldt, 16-mm-Film, 50 B/sec.
a Die Mädchen hüpfen auf den Sandhügel zu.
b Die Mädchen hüpfen vom Sandhügel weg.
c Die Mädchen hüpfen wieder auf den Sand-
hügel zu.

Spielpartnerin. Es folgt wieder ein Klatschen in die eigenen Hände, dann trifft die linke Handfläche gegen die linke der Partnerin. Nach neuerlichem Klatschen treffen beide Handflächen auf die der Mitspielerin. Es folgt wieder ein Klatschen in die eigenen Hände, und zuletzt klatschen sie sich mit beiden Händen auf die eigenen Oberschenkel.

Die beschriebene Spielsequenz wird viele Male wiederholt. Die Mädchen praktizieren das Händeklatsch-Spiel 5 bis 10 Minuten, wobei oft ein spielendes Paar andere Mädchen zum selben Spiel anregt. Das Spiel erfordert nicht nur ein gutes Rhythmusgefühl, sondern auch Konzentration auf die regelhafte Reihenfolge des Klatschens.

63

Abb. 14 *Das Händeklatsch-Spiel. H. Sbrzesny, 16-mm-Film, 32 B/sec.*

I.F Die Tanz- und Rhythmusspiele der Jungen

Der Heuschreckenspiel-Tanz (= //oli)

Bei meinem Besuch wurde dieses Tanzspiel von den Jungen nie als Schaustellung nach Art der Männer präsentiert. Es lag ihnen daran, sich immer wieder im Überspringen des Partners zu üben und das Zusammenspiel zu perfektionieren. Bei einem mißglückten Sprung wiederholten sie diesen so lange, bis er klappte.

Der Spießbockspiel-Tanz (= ╪ am)

Dies ist das einzige Tanzspiel, das die Jungen bei meinen Besuchen nicht spielten. Dr. Heinz versicherte jedoch, daß er die Jungen wiederholt dabei beobachten konnte und daß sie den Regeln des Männerspieles folgten.

Das Honigdachs- oder Badgerspiel (= !aloce)

Dieses Spiel üben nur die älteren Jungen im Alter von 12 bis 15 Jahren aus. Sie bestimmen stets den ältesten Jungen ihrer Spielgruppe dazu, die Rolle des Dachses zu übernehmen. Der »Dachs« wird sowohl angegriffen als auch gehetzt (siehe I.B). Mit viel Geschrei und Gelächter, gegenseitigen Anfeuerungsrufen der »Jäger« und Drohungen gegen den »Dachs«, wie z. B.: »Ich erschlage dich«, geht es oft recht heftig zu. Bei einem !aloce, das ich beobachten konnte, hielten sich die Jungen daran, nur mit Scheinschlägen gegen ihren Mitspieler in der Rolle des Dachses vorzugehen. Sie bremsten die zum Schlag ausgeholte Faust kurz vor seinem Körper ab. Im zunehmenden Spieleifer eskalierte das Spiel jedoch so, daß der arme »Dachs« wirklich geschlagen wurde, was ich bei den Männern noch nie gesehen hatte. Im Gegensatz dazu hatte man beim Spiel der Jungen eher den Eindruck einer zunehmend aggressiv motivierten Auseinandersetzung. Die Männer spielten das Spiel eher turnierhaft.
   Nach einer Weile gab der Junge in der Rolle des Dachses lachend auf, legte sich mit dem Bauch in den Sand und lag regungslos da. Seine »Jäger« jubelten mit hochgerissenen Armen: »Er ist tot, er ist tot«, und alle Teilnehmer lachten herzlich.

Abb. 15 Das Honigdachs-Spiel (= !aloce) der Jungen. H. Sbrzesny, 16-mm-Film, 32 B/sec.

I.G Die gemeinsamen Tanz- und Rhythmusspiele der Mädchen und Jungen

Der Spießbock-Tanz (= Trance-Tanz)

Die wohl bedeutendste Identifikationsmöglichkeit der Kinder mit der Gruppe besteht nach meinem Dafürhalten, neben dem Erwerb der meist heiteren Tanzformen durch das Spiel, in der Nachahmung der Rituale der Erwachsenen; so z. B. des Trance-Tanzes.

Bei keinem anderen Ritual wird die Einigkeit der Gruppe und das Zusammengehörigkeitsgefühl so tief empfunden und demonstriert wie hier. In dieses Einigkeitsgefühl wachsen die Kinder durch den spielerischen Erwerb des Rituals hinein; zugleich wird die Jungen- und Mädchengemeinschaft gefestigt. Wie ich hervorhob, ist der Spießbock-Tanz der Erwachsenen ein religiöses Ritual. Der Modus wird von den Kindern genau imitiert.

Die Mädchen bilden einen singenden und klatschenden Kreis nach Art der Frauen, die Jungen tanzen um sie herum und praktizieren dieselben Bewegungen wie die Männer, fallen aber nicht in einen Trancezustand.

Sie ahmen jedoch gelegentlich die Schreie und das Verhalten nach, das Männer in Trance zeigen.

Bei jedem Besuch der !Ko konnte ich Trance-Tänze miterleben. Man hat schon Tage zuvor das Gefühl: Es »liegt was in der Luft«. Objektiv stellt man fest, daß die Kinder plötzlich, nach Wochen, auf einmal wieder den Spießbock-Tanz spielen. Ms. Wily erzählte mir, daß die Kinder manchmal direkt das Bedürfnis haben, daß ein Trance-Tanz der Erwachsenen stattfinden möge. Sie sagen ihr dann: »There must be a dance.« Dann »rufen« die Kinder die Erwachsenen am Abend durch ihre ernsthaft ausgeführten Trance-Tanz-Spiele, durch Anzünden eines Feuers und durch Singen und Klatschen zum Tanz. Sie geben sich tief enttäuscht und niedergeschlagen, wenn die Erwachsenen ihrem »Ruf« nicht folgen, was aber selten der Fall ist. Niemals würde es den Kindern einfallen, mit einer direkten, ausgesprochenen Aufforderung oder Bitte um einen Trance-Tanz an die Erwachsenen heranzutreten.

Ganz gleich, ob ein von den Kindern eingeleiteter Trance-Tanz oder ein spontaner Tanz der Erwachsenen stattgefunden hat, in jedem Fall spielen ihn die Kinder danach einige Tage lang besonders häufig. Dann ist er plötzlich wieder verschwunden. Sie spielen tagsüber das Ritual recht heiter. Sie imitieren Verhaltensweisen, die sie an den Erwachsenen beobachtet haben, sie zeigen einander lachend kleine Abwandlungen der Tanzschritte und üben sich in ihren Rollen.

Das gespielte Mädchen-Initiationsritual (= der Eland-Tanz)

Jungen und Mädchen der !Ko-Buschleute werden bei Eintritt der Geschlechtsreife offiziell in die Gesellschaft eingeführt. Die Zeremonie der Knaben-Initiation ist geheim und tabu für Frauen und Außenstehende. Das Mädchen-Initiationsritual ist öffentlich. Um das von den Kindern gespielte Ritual der Mädchen zu verstehen, sei kurz auf die ernste Zeremonie eingegangen. (Zur näheren Information siehe H.J. Heinz 1966 und H. Sbrzesny 1974.)

Wenn ein !Ko-Mädchen zum ersten Mal, mit etwa 15 oder 16 Jahren menstruiert, informiert es seine Großmutter oder eine andere alte Frau. Damit beginnt die Zeremonie: Das Mädchen verbringt sechs Tage in einer eigens für sie errichteten Hütte, abseits des Dorfes. Die Großmutter oder die alte Frau ist ihre Betreuerin und gibt ihr jeden Tag Unterricht. Sie klärt die Kandidatin über ihre künftigen Rechte und Pflichten in der Ehe, in der Gesellschaft und im Frauenverband auf. Sie leitet auch die Gesänge und den Eland-Tanz, der bei diesem Ereignis jeden Vormittag und Nachmittag um die Hütte der Menstruierenden getanzt wird. Bis einschließlich zum fünften Tag tanzen nur Frauen und Mädchen den Eland-Tanz. Bei diesem Tanz entblößen alle ihr Gesäß, was sonst als Verstoß gegen die guten Sitten angesehen wird und nur bei diesem Anlaß gestattet ist. Um ihre Hüften tragen sie Perlenketten, die mit einem freien Ende als »Schwanz« über das Gesäß herabhängen. Damit »verkleiden« sie sich als Eland-Antilope. Sie tanzen hintereinander im Reigen, werfen das Gesäß ruckartig hinten hoch und wackeln mit ihren Hüften hin und her, wodurch der »Schwanz« auffällig auf und ab wippt. Die Bewegungen zielen darauf hin, das Gesäß zur Schau zu stellen. Jeder, der an diesem Tanz teilnehmen will, muß sich als Eland »verkleiden«. Dies gilt auch für die Männer, die sich jedoch erst am letzten Tag der Zeremonie zu den Tanzenden gesellen. Zu Beginn vermeiden sie es, in irgendeiner Weise zu stören. Sie »verkleiden« sich als Eland, indem sie aus Blättern und Grasbüscheln einen »Schwanz« fertigen, den sie über ihrem Gesäß am Lendenschurz befestigen. Von Sträuchern brechen sie eine Astgabel ab, die sie als Geweihimitation vor die Stirn halten. Sie tanzen zusammen mit den Frauen um die Hütte der Menstruierenden.

Abb. 16 Das von Kindern gespielte Trance-Tanz-Ritual. H. Sbrzesnu, 16-mm-Film. 32 B/sec.

Der Eland-Tanz währt jeden Tag einige Stunden. Am fünften Tag wird das Mädchen von seiner Betreuerin geschmückt und mit Holzasche bemalt. Sie bekommt verschiedene Artikel überreicht und erfährt noch einige Handlungen, auf die ich hier nicht näher einzugehen brauche. Während alle übrigen Frauen und Mädchen dabei zusehen, bereitet die Alte das Mädchen darauf vor, die Hütte zum ersten Mal seit ihrem Einzug zu verlassen. Da das Mädchen eine Wiedergeburt erfahren hat, muß ihr die Alte erst das Gehen beibringen. Sie stützt das Mädchen, das sich schwer auf sie lehnt, und hilft ihr beim Gehen. Sie führt das Mädchen ein paarmal um die Hütte herum, dann tanzen beide zusammen den Eland-Tanz. Die anderen Frauen und Mädchen klatschen dazu. Nach einer Weile beteiligen sich alle an diesem Tanz. Ist dieser beendet, kehrt das Mädchen in ihre Hütte zurück. Am nächsten Tag findet ein letzter Eland-Tanz statt. Dabei gesellen sich die älteren Männer des Dorfes zu den tanzenden Frauen und Mädchen. Danach verläßt das Mädchen ihre Hütte und schließt sich wieder der Gemeinschaft an.

Der Eland-Tanz ist einer der wichtigsten Bestandteile dieses Rituals. Die Tanzenden imitieren dabei das Paarungsvorspiel der Eland-Antilope und bringen so den Eintritt der Geschlechtsreife mit der Fruchtbarkeitssymbolik, die hinter diesem Tanz steht, in Zusammenhang. Wir sehen, daß an diesem Ritual zwar Männer und Frauen teilnehmen, doch ist es zumindest in den ersten Tagen nur eine Angelegenheit der Frauen.

Die Kinder spielten dieses Ritual eines Tages spontan. Ich wurde darauf aufmerksam, als ich entfernt im Busch eine mir ungewohnte Melodie hörte. Ich fand eine Mädchengruppe, die gerade damit beschäftigt war, eine Hütte zu bauen. Manchmal tanzte die eine, dann die andere ein paar Tanzschritte zu einem mir fremden Rhythmus. Als die Hütte errichtet war, umtanzten sie die Mädchen. Dies geschieht ganz allgemein nach jedem Hüttenbau. – Plötzlich wechselte der Hüttenrundtanz zum Eland-Tanz. Die Mädchen entblößten ihr Gesäß und stellten es mit ruckartigen Bewegungen des Beckens zur Schau. Mit den Perlenketten um ihre Hüften hatten sie sich als Eland-Antilope »verkleidet«. Sie zeigten weitere sexuelle Schaustellungen, wie z. B. das Schamschürzchen-Wippen (I. Eibl-Eibesfeldt 1971). Dabei schleudern sie mit ruckartigen Bewegungen des Beckens ihre Schamschürzchen hoch und zeigen so ihren Genitalbereich.

Während des Geschehens hatte ein 8jähriges Mädchen die Rolle der Menstruierenden übernommen. Sie hatte im Inneren der Hütte Platz genommen und war mit Decken verhüllt. Die anderen tanzten den Eland-Tanz. Plötzlich spielten die Mädchen, was sich am fünften Tag der echten Zeremonie vollzieht. Ein 13jähriges Mädchen mimte die alte

Abb. 17   *Das gespielte Mädchen-Initiationsritual (Eland-Tanz). H. Sbrzesny.*
Photo.

a *Zwei ältere Mädchen beginnen mit dem Bau der Spielhütte; die anderen sind*
   mit dem Ästeholen beschäftigt und gesellen sich erst danach zu den beiden.

b *Der Eland-Tanz um die Hütte hat begonnen. Im Inneren sieht man das Mäd-*
   chen, das die Menstruierende spielt, in eine Decke gehüllt am Boden liegend.
   Ein Mädchen sitzt bei ihr in der Hütte und klatscht den Rhythmus.

71

c Nun haben sich auch die Jungen zu den tanzenden Mädchen gesellt; sie imitieren mit Astgabeln die Hörner der Eland-Antilope.

d Ein etwa 15jähriger Junge, der mit Astgabel und Grasbüschelschwanz als Eland verkleidet ist.

Betreuerin der Kandidatin. Sie setzte sich zu ihr in die Hütte, bemalte sie mit Holzasche usw. Sie spielten sogar die Wiedergeburt. Unter den aufmerksamen Augen der anderen Mädchen, die diese Szenen genau verfolgt und lachend Kommentare abgegeben hatten, geleitete das ältere Mädchen ihren Schützling untergehakt aus der Hütte heraus. Sie führte sie ein paarmal um diese herum, dann tanzten beide den Eland-Tanz. Die anderen sangen und klatschten. Mit dem Tanz der beiden endete das Spielgeschehen dieses Tages. Die Mädchen saßen noch zusammen, lachten und unterhielten sich.

Die Kinder spielten dieses Ritual am nächsten Tag weiter. Während die Mädchen wieder mit dem Eland-Tanz begannen, gesellten sich nach einiger Zeit ein paar ältere Jungen hinzu. Nach dem Vorbild der Erwachsenen waren die Mädchen wie auch die Jungen als Antilopen »verkleidet«. Mit ihrem gemeinsamen Tanz ahmten sie das echte Ritual bis in die Einzelheiten nach.

Den reglementierten *Neck-Tanz* der Erwachsenen (siehe S. 50) habe ich nicht als Kinderspiel gesehen. Doch konnten wir Tanzverhalten mit Ansätzen und Elementen des Scherztanzes filmen. So konnte ich folgendes oft beobachten:

Eine Mädchengruppe hält sich in der Nähe einer Jungengruppe auf. Die Mädchen geben zwar vor, sich gegenseitig die verschiedensten Tanzvariationen zu zeigen. Sie führen dabei meist sexuell betonte Bewegungen der schon beschriebenen Art vor, z. B. schnippen sie ihr Schamschürzchen hoch und zeigen so ihre Scham. Dabei schielen sie aber heimlich zu den Jungen hinüber. Sie lachen, quietschen, kichern und tun so, als ob sie die Jungen gar nicht bemerkten. Mit weiblicher Raffinesse provozieren sie so lange, bis die Jungen endlich zu ihnen hinübergehen und sie lachend antanzen. Dabei tanzen die Jungen mit schnellen, stampfenden Schritten auf die Mädchen zu und beenden ihren Tanz ruckartig, wenn sie sehr nahe vor den Mädchen stehen. Oder sie tanzen Elemente aus dem Heuschrecken-Tanz (siehe S. 44) direkt vor ihnen. Die Mädchen tun dann so, als wären sie entrüstet und verlegen, doch meist entwickelt sich daraus ein nettes unreglementiertes Nebeneinandertanzen.

Bei meinem Besuch 1974 konnte ich folgenden Tanz der jungen !Ko-Burschen und der pubertierenden Mädchen beobachten: Ich wurde in der Nacht durch lautes Lachen, Quietschen und durch Singen und Klatschen geweckt. Abseits vom »Dorfplatz« hatte sich die Jugend zum Tanz eingefunden, und ich gesellte mich zu ihnen. Keine anderen Erwachsenen waren zugegen, ich wurde freundlich begrüßt und in die Gruppe aufgenommen. Es ging recht lustig zu, man neckte sich und scherzte miteinander. Die Mädchen hatten ein kleines Feuer entfacht und klatschten einen Rhythmus. Die Jungen tanzten herum und hatten sich zu meinem Erstaunen teilweise einen Stock in die Hose gesteckt, oder sie hielten sich mit einer Hand einen Stock an ihr Geschlechtsteil und tanzten damit phallisch imponierend um die Mädchen herum. Alles lachte laut und amüsierte sich. Andere Subadulte hatten sich bereits am Rande des Geschehens, in Decken gehüllt, zum Schlafen gelegt und zeigten kein weiteres Interesse an dieser kleinen »Sexshow«. Sie hatten allerdings nicht lange Ruhe. Die Tanzenden waren in so guter Stimmung, daß sie alle übrigen zum Mitmachen bewegen wollten. Sie zogen den Schlafenden die Decken weg und forderten sie nachdrücklich auf, mitzumachen. Nachdem die erste Schläfrigkeit überwunden war, trat auch rasch ein Stimmungsumschwung ein, und sie machten lachend mit. Ein Mädchen im Kreis war noch zu faul zum Klatschen. Eine andere nahm ihre beiden Hände und klatschte sie im Takt eine Weile aneinander, bis die Müde schließlich, vom Takt gefangen und um die anderen nicht zu verärgern, den Rhythmus eifrig mitklatschte.

Die Tanzvorstellung mit vorwiegend sexuellen Schaustellungen der Jungen klinkte alsbald in einen gespielten Gemsbock-Trancetanz um. Die Mädchen wechselten zum typischen Rhythmus und Singsang, die Jungen stampften die charakteristischen Tanzschritte und umtanzten den Mädchenkreis. Nach einer Weile spielten die Jungen »Trance«. Sie knieten sich mit verzerrten Gesichtern in den Sand, warfen Sand über ihre Körper und jammerten nach dem Muster der echten Trancetänzer. Die Jungen hielten sich aneinander fest und massierten sich, obwohl dafür keine physische Notwendigkeit vorlag. Es wurde nur das äußere Bild des Trancezustands geübt und durchprobiert. Unvermittelt beendeten alle dieses Spiel, man saß beisammen, lachte einander freundlich zu, und nach und nach ging man schlafen.

Das Schamschürzchen-Wippen

Beim schon erwähnten Neck-Tanz der Erwachsenen (siehe S. 50) zeigen die Frauen gelegentlich unter dem Gelächter ihrer Partnerinnen das Schamschürzchen-Wippen. Das Schamschürzchen-Wippen der Mädchen konnte ich nicht nur beim Eland-Tanz (siehe S. 70) und beim tänzerischen Necken mit den Jungen beobachten. Sie üben es auch ohne Bezug auf Außenstehende gerne und ausdauernd im Spiel. Tanzend schnippen sie das Schürzchen hoch und stützen dabei die Arme in den Hüften ab.

Schließlich gibt es viele frei erfundene Tanzformen, die der Rhythmuseinstudierung dienen und die man nicht mehr als Kopie eines Tanzri-

Abb. 18 *Gemeinsame Tanz-
aktionen von Buben und Mädchen mit Teasing-Charakter.
Man beachte die Mimik des
im Vordergrund tanzenden
Mädchens. H. Sbrzesny, 16-
mm-Film, 25 B/sec.*

Abb. 19 *Eine Jungengruppe tanzt eine Mädchen- und Frauengruppe an.*
H. Sbrzesny, Photos.

a *Das »Antanzen« der Frauen- und Mädchengruppe.*

b *Die Jungen tanzen in geordneter Form von der Gruppe weg.*

tuals der Erwachsenen ansprechen kann. Diese Tanzformen enthalten allenfalls, aber nicht notwendigerweise, rhythmische Elemente dieser Tänze, sind aber im übrigen von allen Regeln unbelastet.

Die rhythmische Betätigung, insbesondere im Tanz, spielt im täglichen Leben eines Kindes bei den !Ko eine große Rolle. Es ist auffallend, mit welcher Häufigkeit und Regelmäßigkeit rhythmische Spielformen praktiziert werden. Von klein auf, noch im Schultertuch der Mutter, werden die Kinder dem Rhythmus ausgesetzt. Kaum stehen sie auf den Beinen, machen sie die ersten Versuche, mit den größeren Kindern mitzutanzen, und wiegen sich, kaum, daß sie richtig stehen können, bereits im Takt hin und her. Oft genug fallen sie dabei um, aber immer wieder lassen sie sich vom Klatschen, Singen und Tanzen der Größeren anstecken. So wachsen die Kinder schon von Jugend an mit dem Rhythmus auf. Die Lust zu tanzen scheint latent ständig vorhanden zu sein. Immer wieder unterbricht eine Tanzübung ein anderes Spiel, und für kurze Zeit scheint sich das Kind auf nichts anderes zu besinnen als auf Bewegung und Takt. Ein außenstehender Betrachter gewinnt den Eindruck einer narzißtischen Hingebung. Die !Ko empfinden scheinbar eine große

Abb. 20 Das Schamschürzchen-Wippen der Mädchen. I. Eibl-Eibesfeldt, 16-mm-Film, 50 B/sec.

Freude darüber, den eigenen Körper in bestmöglicher Harmonie mit dem Rhythmus zu erleben und darzustellen. Sie scheinen vom Takt gefangen zu sein. Sie tanzen, klatschen und singen. Meist machen sie alles zusammen. Eines dieser Elemente ist in den Kindergruppen aber fast immer gegenwärtig.

Die !Ko-Kinder verfügen weiter über einige Sing- und Rhythmusspiele, zu denen es kein unmittelbares Vorbild aus der Erwachsenenwelt gibt.

Das »Gukama tä« Singspiel

Dieses Spiel spielen Kinder beiderlei Geschlechts zusammen. Die Spielenden sitzen oder knien einander im Sand gegenüber. Dabei winken sie sich mit einer Hand zu – entweder rechte Hand gegen die Rechte des anderen oder Rechte gegen die Linke des Partners. Dazu singen sie folgenden Reim: »Hwe-nama-hwe-nama, gukama-gukama-tä«. Nach ein- oder mehrmaligem Absingen dieses Versleins wechseln sie die Hand und winken sich nun mit der anderen zu. Die Kinder sehen sich dabei lächelnd an und legen auch oft den Kopf seitlich zur Schulter, um ihn ebenfalls mit dem Wechsel der Hand auf die andere Seite zu legen. Dieses Spiel kann eine Zeitlang dauern, danach können die Spielpartner wechseln, und die anderen schauen zu. Nie sah ich mehr als zwei Paare das Spiel gleichzeitig ausführen.

Der Singsang: »Hwe-nama... gukama-tä« wird auch zu einem anderen Spiel benutzt.

Zwei Kinder hocken einander gegenüber und halten sich an der Hand. Ohne sich auszulassen, wippen sie in den Knien zum Takt des Versleins, schütteln die Hände leicht auf und ab und singen lachend den Reim. Sobald sie das betonte »tä« singen, hüpfen sie mit hochgerissenen Armen auf, ohne sich zu verlieren. Danach senken sie die Arme, sitzen in der Hocke und singen erneut das Liedchen, das übrigens eine sinnlose Silbenfolge darstellt.

Das »Lindwurm«-Spiel

Gesungen wird auch bei einem Gruppenspiel, das wir von unseren Kindern als das »Lindwurm«-Spiel kennen.

Die !Ko-Kinder reihen sich hintereinander auf den Knien sitzend auf. Das erste Kind des »Wurmes« führt nun die Kinder an, indem es auf den Knien rutscht und dabei eine Spur im Sand hinterläßt, aus der die

Abb. 21 *Das »Gukama-tä«-*
Singspiel der Kinder.
H. Sbrzesny, 16-mm-Film,
32 B/sec.

anderen nicht herausrutschen dürfen. Ich habe mehrere Abwandlungen dieses Spieles gesehen. Die Kinder rutschen einfach hintereinander her. Nach einer gewissen Strecke drehen sich alle um. Der »Wurm« rutscht in seiner Spur zurück, und das zuerst anführende Kind ist nun der Schluß. Ein Kind, das den Anfang der Gruppe bildet, kann auch die anderen, rutschend und immer neue Richtungen einschlagend, umherführen, und wenn das Spiel beendet ist, schauen sich alle lachend die Spur bzw. die dabei entstandene Figur im Sand an. Die Kinder fertigen keine bestimmten Spurbilder an, meist sind es Phantasiegebilde, gelegentlich haben sie die Form einer Spirale.

Eine Bewegungsvariante nehmen die Kinder noch gerne in ihr Spiel auf. Je nach Anzahl der teilnehmenden Kinder müssen sich der erste, der dritte und der fünfte im Takt des Singsangs beim Vorwärtsrutschen zur gleichen Seite neigen, der zweite, vierte und der sechste usw. auf die andere Seite. So entsteht durch die wechselnden Seitbewegungen bei gleichzeitiger Vorwärtsbewegung optisch tatsächlich das Bild eines sich schlängelnden Wurmes. Ob nun in der Tat ein Wurm bei diesem Spiel dargestellt werden soll, konnte nicht geklärt werden.

»Schäfchen-Fang« (= ǂa ǂa gu/ua)

Ich habe schon erwähnt (siehe S. 55), daß erwachsene Frauen dieses Reigenspiel mit den Kindern zusammen spielten. Die Mädchen und Jungen spielten es 1971, in der schon beschriebenen Art auch in ihren Spielgruppen.

Der »Piti-piti-pamure«-Singsang

Oft hört man die Kinder den Singsang »Piti-piti-pamure« singen, wenn sie beisammensitzen oder auch kleine Arbeiten verrichten und sich etwas zum Essen kochen. Kaum hat ein Kind dieses Liedchen intoniert, stimmen andere darin ein. Dieses Liedchen hat neben der Stimmfühlungnahme (siehe auch I. Eibl-Eibesfeldt 1973) noch eine andere Funktion[2]. Es dient auch als Auszählreim. Dabei sitzen die Kinder in einem Kreis zusammen, und alle singen das Liedchen. Einer deutet bei jedem Takt auf ein Kind und zählt die Gruppe so nacheinander ab, wobei er sich beim Zählen einbezieht. Das Kind, auf welches der letzte Takt und die

[2] Auf das Kontaktsingen werde ich in der Funktionsanalyse noch genauer eingehen.

Abb. 22 Das »Lindwurm«-Spiel der Kinder. H. Sbrzesny, 1972, 16-mm-Film.
25 B/sec.

Die Aufnahmen a, b, c, d zeigen die Gruppenformation der Kinder.

letzte Silbe fällt, ist dann ausgezählt. Der Auszählende sagt dann: »outside«. Ob sie nur dieses Wort übernahmen oder auch das ganze Auszählen, bleibt offen. Der »Text«, den die !Ko-Kinder bei diesem Auszählen singen, hat nach den bisherigen Ermittlungen keine Wortbedeutung. Die Melodie des »Piti-piti-pamure« wird auch von den G/wi-Kindern gesungen, die dazu nicht auszählen.

Abb. 23   *Darstellung des Singsangs in Notenschrift.*
Für die freundliche Unterstützung danke ich Frau L. Budack.

II. Die Bewegungsspiele

Bei diesen Spielen werden die verschiedensten Bewegungsweisen ohne Bindung an einen bestimmten Rhythmus durchprobiert. Neue Bewegungen werden eingeübt, die Geschicklichkeit des eigenen Körpers wird auf die Probe gestellt und die Fähigkeit eigenen Bewegungskönnens getestet.

Ich will bei der Besprechung diese Spiele nach verschiedenen Bewegungsabläufen, wie z.B. Klettern, Springen, Hüpfen, Laufen, Gehen, Drehen, Rollen usw., zusammenfassen.

In der Entwicklung eines Kindes spielt die Erforschung des eigenen Körpers und die Erprobung seiner Fähigkeiten eine bedeutende Rolle.

Bewegungsspiele sind für das !Ko-Kind typisch. Erwachsene probieren weniger oft ihre Bewegungsmöglichkeiten durch, es sei denn, sie geben damit den Kindern Anweisungen und neue Ideen. Das heißt nicht, daß Erwachsene keine Spiele ausüben, bei denen es auf körperliches Geschick ankommt. Es fehlt jedoch das variationsreiche Durchprobieren von immer neuen Bewegungskoordinationen. Die !Ko-Kinder erfinden im Spiel eine Vielfalt von neuen Bewegungskoordinationen, die sie meist in Gruppen unter viel Gelächter und Albereien erproben. Die Einfälle von einzelnen werden sofort von anderen nachgemacht.

Variationen der Fortbewegung:

a) *Hüpfen:* Die Kinder hüpfen auf einem Bein herum; sie hüpfen auf einem Bein über Büsche oder andere kleinere Hindernisse. Sie hüpfen in der Hocke vorwärts und rückwärts. Sie hüpfen vom gestreckten Körper in die Hocke und umgekehrt. Sie hüpfen auf ihren Knien, und sie hüpfen übereinander hinweg. Ferner praktizieren sie eine Art Froschhüpfen. Dazu haben sie in der Hockstellung die Arme unter den Knien durchgeschlagen und hüpfen vor- und rückwärts.

b) *Laufen:* Sie laufen auf den Zehenspitzen, auf den Fersen, auf den Innen- und Außenfußkanten.

Sie laufen im »Türkensitz« vorwärts, d. h. sie bewegen sich auf ihren Handflächen vorwärts, während sie ihre Beine in Türkensitzart vor dem Leib überkreuzt haben. Dabei laufen sie vor- und rückwärts.

Sie laufen auf ihren Handflächen, mit über die Schultern geschlagenen Beinen vor- und rückwärts.

Sie laufen und rennen im »Sausewahn« umher und lassen sich plötzlich in den Sand fallen.

c) *Rutschen:* Sie rutschen auf den Knien im Sand umher. Sie benützen die glatten, quergelegten Wasser- und Benzintonnen, die wir einführten, als Rutschbahnen, wobei eine ganze Kinderriege, einer nach dem anderen, hinaufturnt und dann auf dem Gesäß wieder hinabrutscht.

d) *Herumrollen im Sand:* Sie kugeln und rollen sich im Sand herum, wobei sie sich mehrmals um die eigene Körperachse drehen.

e) *Drehen:* Die Kinder drehen sich im Stand so lange mit vom Körper gestreckten Armen, wie ein Kreisel um die Längsachse, bis sie umfallen.

f) *Turnerische Übungen:* Sie schlagen Rad, machen Purzelbäume, Kopfstände und schlagen Brücken. Zu letzterer Übung graben sie sich auch manchmal in den Sand bis zu ihren Knien ein. Dann lehnen sie ihren Körper zurück und formen mit Körper und Armen eine Brücke.

g) *Springen:* Die Kinder springen mit Vorliebe von erhöhten Punkten, wie Bäumen und Astgabeln oder Gerätschaften von Dr. Heinz (Benzin-

Abb. 24 *Das Froschhüpfen. Die Kinder werden von einer erwachsenen Frau unterwiesen. I. Eibl-Eibesfeldt. Photo.*

tonnen, Eselkarren und dgl.) herab. Oft sah ich sie vor dem Sprung ein paarmal in die Hände klatschen und sich gegenseitig zum Springen anschubsen.

h) *Schaukeln:* Die Kinder hängen sich an die Äste von Schattenbäumen und schaukeln hin und her. Gelegentlich machen sie regelrechte Klimmzüge. Sie bauen sich auch richtige Schaukeln, auf denen sie auf und ab wippen. Dazu suchen sie sich einen dicken Ast, der an einem Ende gegabelt ist. Sie rammen ihn mit dem anderen Ende in den Boden fest und legen einen anderen, langen Ast quer in die Gabel. Je ein Kind setzt sich an das Ende dieses Astes, und so können beide schaukeln.

i) *Spielerisches Umwerfen:* Gelegentlich werfen die Kinder einander spielerisch um. Dabei rempeln sie sich leicht an, oder sie hüpfen, Gesicht zu Gesicht, aufeinander zu, recken ihren Bauch vor und prallen so aufeinander.

Manchmal beteiligen sich auch Erwachsene an den Bewegungsspielen der Kinder. Wir konnten filmen, wie eine Frau die Kinder im Froschhüpfen unterwies. Sie übte mit ihnen, aus der Hockstellung hochzuhüpfen und wieder in die Hocke zurückzuhüpfen, ohne dabei das Gleichgewicht zu verlieren.

Ich habe am Anfang des Kapitels auf solches Zusammenspiel hingewiesen.

III. Die Spiele mit Materialien

In diesem Kapitel will ich Spiele und spielerische Betätigungen aufführen, bei denen das Experimentieren mit Materialien bzw. der Umgang mit Objekten den Schwerpunkt bildet. Unter den bisher besprochenen Spielen, wie Tanz- und Bewegungsspielen, waren zwar mehrere, bei denen Gegenstände, z. B. die Melone (Dam), verwendet wurden. Da jedoch, wie schon erwähnt, bei diesen Spielen nicht das Experimentieren mit dem Gegenstand das hervorstechendste Merkmal war, wurden sie anders kategorisiert.

Ich werde die einzelnen Spiele nach den Materialien geordnet zusammenfassen, wie etwa Spiele mit dem Sand, mit der Melone, mit dem Stock usw., und unterscheide wieder Erwachsenenspiele von Kinderspielen.

Den Konstruktionsspielen, bei denen auch mit Materialien experimentiert wird, widme ich ein eigenes Kapitel, ebenso den Spielen mit Objekten zum Zwecke des Musizierens.

III. 1 Das Spiel mit der Melone

III. 1.A Das Melonenspiel der Frauen

Die !Ko-Frauen üben sich gerne allein im Werfen und Auffangen von Melonen, wobei sie die verschiedensten Variationen durchprobieren. Solche Übungen sind meist von kurzer Dauer. Ich sah nie, daß die Frauen, außer bei den schon beschriebenen Melonenballtänzen, gemeinsam mit der Melone Ball gespielt hätten. Gelegentlich regt aber das Ballspiel einer einzelnen zu einem Melonenspiel-Tanz an.

Die Melone wird bei diesem Einzelspiel in der einfachsten Variante bloß in die Luft geworfen und wieder aufgefangen. Eine andere Abwechslung besteht darin, die Melone aus der Höhe fallen zu lassen, ihr mit der Hand zu folgen und sie zu fangen, bevor sie den Boden erreicht.

Wir beobachteten eine Frau, die eine Melone aus der Hand auf den

Oberarmmuskel warf, diese dort abprallen ließ und wieder auffing. Sie variierte später das Spiel, indem sie die Frucht auf den Armmuskel warf und sie am gestreckten Arm in die greifende Hand hineinrollen ließ.

Bei einem anderen Spiel warf die Frau die Melone hoch, ließ sie beim Herabfallen einmal auf dem Handrücken, beim nächsten Mal auf der flachen Innenhand abprallen. Nach einiger Zeit fing sie die Frucht. Sie wiederholte das einige Male. Die Frauen spielten so meist im Sitzen. Manchmal sah ich eine Frau eine Melone im Sand hin- und herrollen.

III.1.B Das Melonenspiel der Männer

Im Gegensatz zu den Frauen spielten die !Ko-Männer immer zu zweit mit Melonen. Jeder hatte eine, die er im Sand auf den Partner zurollen ließ oder ihm zuwarf. Der Gegenspieler machte das gleiche. Ziel war es, daß sich die Melonen treffen sollten. Selten versuchte einer, durch einen kraftvolleren Wurf, die Melone seines Partners abzuschießen. Dann lachten beide. Die meiste Zeit des Spieles konzentrierten sich die Männer aber auf die Wurftechnik, so daß sich die Melonen im gleichen Bogen in der Mitte trafen. Es hatte den Anschein, als übten sie im Spiel das Zielen. Durch ihr Bemühen, die Aufgabe richtig zu erfüllen, waren die Männer zwar leistungsmotiviert, eine Wetteifermotivation war jedoch im allgemeinen nicht gegeben. Sie schienen dementsprechend emotionell unbeteiligt; mimische und verbale Äußerungen beim Gelingen oder Mißlingen ihrer Versuche fehlten. Das Interesse war sachlich. So spielten sie oft längere Zeit.

Anders verhält es sich bei folgendem Spiel: Es sitzen sich dabei wieder zwei Männer im Sand gegenüber. Einer wirft dem anderen eine Melone zu, dieser wehrt sie aber mit seinen beiden Handflächen ab. Hier gilt es richtig zu parieren. Der abweisende Spieler ist mit besonderem Eifer bei der Sache, denn er darf keinen Fehler machen.

III.1.C Das Melonenspiel der Kinder

Die Kinder spielen mit der Melone viele Varianten durch. Neben dem einfachen Hochwerfen und dem Fangen der Frucht im Stehen oder Sitzen praktizieren die Kinder Spielformen, die vor allem das Fangen der Melone erschweren. Sie tun dies, indem sie zwischen das Werfen und Fangen eine andere Tätigkeit einschieben. So klatschen sie z. B. vor dem Fangen der Melone ein- oder ein paarmal in die Hände, oder sie drehen sich nach dem Hochwerfen der Dam einmal um die eigene Achse, bevor sie sie fangen. Oft klatschen sie in die Hände, werfen dazu gleichzeitig ein Bein hoch und knien sich zum Fangen hin. Sie können sich das Fangen der Melone auch erschweren, indem sie auf einem Bein stehen und kurz vor dem Fangen der herabfallenden Frucht das Knie des anderen Beines gegen die Brust halten und es umfassen. Die Kinder können auch mit zwei Melonen jonglieren. Während die rechte Hand eine Melone in die linke Hand wirft, gibt diese ihre Melone an die rechte Hand weiter.

Ebenso wie die erwachsenen Frauen kennen die Kinder jenes Spiel, bei dem die Melone hochgeworfen wird und ihr im Fall eine Hand folgt, um sie kurz vor dem Boden zu fangen. Da die Kinder häufig den Frauen bei ihren Spielen mit der Frucht zusehen, ist es nicht verwunderlich, daß sie diese Spiele nachahmen. Sie fanden sich oft zu einer Ballspielgruppe zusammen. Jeder spielte dabei gerne für sich, übernahm aber die Spielvariationen der anderen. Gelegentlich entwickelte sich daraus ein Zusammenspiel. So beobachtete ich vier Kinder, die sich im Kreis aufgestellt hatten. Sie warfen einander in verschiedener Weise den Melonenball zu. Entweder warf jeder die Frucht immer seinem nächstfolgenden Partner zu, so daß die Melone im Uhrzeigersinn wanderte. Dann wechselten sie, und jeder warf die Melone einem beliebigen Partner im Kreis zu, ohne daß ein Spielpartner bevorzugt wurde. Jeder kam etwa gleich oft an die Reihe.

Bei einer anderen Spielart sitzen vier Mädchen im Kreis beisammen, je zwei sitzen sich gegenüber. Beide Paare werfen sich nun jeweils eine Melone zu, wobei sich die Flugbahnen der Melonen in der Mitte des Kreises überkreuzen, ohne daß sich die Früchte berühren. Diejenigen Mädchen, die gerade ihre Melone abgeworfen haben, klatschen danach einmal in die Hände, bevor sie die Früchte wieder auffangen. Bei einem anderen Spiel sitzen bis zu fünf Mädchen im Kreis und werfen sich die Melone zu. Dabei lassen sie bis zu drei Früchte kreisen und klatschen wieder nach jeder Abgabe der Melone in die Hände. Da nun jedes Mädchen häufig angespielt wird, ist dieses Spiel entsprechend schneller, als wenn nur eine Frucht kreisen würde. Die Melonenübergaben erfolgen im Uhrzeigersinn an den Nachbarn.

Weit häufiger spielten nur zwei Kinder miteinander das Zuwerfen und Fangen. Auch hierbei konnte ich sehen, daß die Kinder oft vor dem Fangen in die Hände klatschten. Wenn zwei Mädchen miteinander spielten, erschöpfte sich das einfache Zuwerfen und Fangen des Melonenballs sehr rasch, und sie begannen sich die Frucht so zuzuwerfen, wie es beim Melonenspiel-Tanz (siehe S. 36) üblich ist.

Ein Mädchen stellte sich immer wieder mit dem Rücken zu ihrer Spiel-

Abb. 25 *Das Spiel eines Mädchens mit der Melone. I. Eibl-Eibesfeldt, 16-mm-Film, 50 B/sec.*
Die Aufnahmen a, b, c zeigen den Ablauf dieses Spielmodus.

partnerin und warf ihr die Dam nach rückwärts zu. Die andere fing sie, wandte ihrerseits der Spielkameradin den Rücken zu und gab die Frucht ab. Dabei machten die Mädchen keine Tanzschritte, und sie sangen auch nicht. Der Umgang mit der Melone und das Einüben des Werfens stand bei dieser Beschäftigung im Vordergrund. Solche Spiele können einen richtigen Tanz einleiten. Dies geschah meist dann, wenn sich mehrere

89

andere Mädchen zu den Spielenden gesellten und zu singen und klatschen begannen. Ich möchte jedoch betonen, daß nicht jedes Spiel mit der Melone zum Tanz führt.

Oft gibt es zwischen den Kindern Streit um den Besitz einer Melone. Dieser wird immer dann ausgelöst, wenn ein Kind dem anderen die Frucht wegnimmt. Die Melone wird sowohl als Spielobjekt als auch als Nahrungsmittel verteidigt.

Ich ging öfter mit den Kindern in den Busch Feldfrüchte sammeln. Bei diesen Gelegenheiten konnte ich auch mehrere Auseinandersetzungen zwischen Mädchen verfolgen, die sich darum stritten, wer nun die Frucht zuerst gefunden hätte und wem sie demnach gehöre.

Die Kinder verwenden Melonen gerne, um sich zu schmücken. Dazu teilen sie die Frucht, essen das Fruchtfleisch heraus und setzen sich die Melonenschalen als Kappen auf den Kopf. Diese Hütchen werden besonders heftig verteidigt. So nahm z. B. ein Junge einem Mädchen sein Käppchen fort, worauf das älteste Mädchen in der Spielgruppe (die Spielleiterin) ihm das Hütchen wieder entriß, ihn zweimal ohrfeigte und es der schmollenden Eigentümerin wieder aufsetzte.

Bei dem folgenden Spiel verwenden die Mädchen neben der Melone zusätzlich einige Steinchen.

Das Melone-Steinchen-Spiel

Dazu sitzen die Mädchen am Boden. Sie graben neben sich ein kleines Loch in den Sand. Neben das Loch legen sie etwa 10 bis 12 kleine Steine. Die Mädchen werfen zum Spiel erst die Melone in die Luft, und bevor sie die Frucht wieder fangen, schieben sie schnell mit einer Hand einen oder zwei Steine in das Loch hinein. Dann fangen sie die Melone auf. Sind alle Steine im Loch, dann unterbrechen die Mädchen ihr Spiel. Sie schieben mit einer Hand alle Steine wieder aus dem Loch heraus und beginnen das Spiel von neuem. Bei einer anderen Variante fahren sie mit dem Spiel fort, indem sie die Melone wie üblich hochwerfen und während ihres Fluges mit der flachen Wurfhand auf alle Steine schlagen, die sich im Loch befinden. Beim nächsten Wurf schieben sie nun einen oder zwei Steine aus dem Loch heraus. Sie fahren mit diesem Modus fort, bis schließlich alle Steine wieder neben dem Loch liegen. Beim nächsten Spieldurchgang schieben sie wieder alle Steine nacheinander in das Loch hinein usw.

Bei einer anderen Spielvariante werden zunächst alle Steinchen aus der Grube genommen, als Beispiel nehmen wir 10 Steine an. Beim nächsten Wurf schiebt die Spielende mit der anderen Hand nur mehr 9 Steine in die Grube. Sie wirft die Melone erneut und schiebt die 9 Steine wieder aus der Grube heraus. Beim folgenden Wurf der Melone schiebt sie nur 8 Steinchen in die Grube und nach dem Melonenwurf wieder heraus. Nach demselben Modus schiebt sie bei jedem Durchgang immer ein Steinchen weniger in die Grube, also 7, 6, 5 usw. Auf diese Weise kommen immer weniger Steinchen in die Grube hinein, und immer mehr Steinchen bleiben draußen. Meist ist dieses Spiel ein Einzelspiel. Oft sitzt ein anderes Mädchen neben der Spielerin und schaut ihr zu. Gelegentlich sah ich jedoch eine Art Zusammenspiel. Dabei saßen zwei oder drei Mädchen beisammen. Eine spielte mit der Melone und den Steinchen auf die beschriebene Weise. Wenn sie aber die Steine nicht schnell genug aus dem Loch herausschob oder wenn ihr ein Stein entglitt und wieder in das Loch zurückfiel, galt dies als Fehler. Dann mußte sie ihr Spiel beenden, und eine ihrer Kameradinnen setzte sich an ihren Platz und spielte. Sobald sie einen Fehler machte, war wiederum eine andere an der Reihe.

Ein sehr ähnliches Spiel haben A. Schweger-Hefel und W. Staude (1972) bei den Kurumba (Larum) beobachten können. Wahrscheinlich sind die beiden Spiele gleichen Ursprungs. Allerdings spielen es die Kurumba mit differenzierteren Regeln. Sie beginnen das Spiel, indem sie alle Steinchen in die Grube legen und dreimal darüber auszählen. Alsdann werden drei Steinchen herausgenommen und in der hohlen Hand so lange geschüttelt, bis eines herausfällt. Dieses Steinchen ist der »Vater«. Man schlägt nun eine Anzahl aus der Grube und wirft den »Vater« in die Luft und muß nun die restlichen Steinchen aus der Grube herausholen, während der »Vater« in der Luft ist.

Der »Vater« wäre also bei dem !Ko-Spiel mit der Melone identisch. Gelingt es dem Spieler, alle Steinchen herauszuholen, müssen ihm seine Mitspieler je eines geben. Mißlingt es ihm aber, so muß er den Mitspielern je eines seiner Steinchen überlassen.

Die Kurumba belegen das Spiel mit weiteren Regeln, die die !Ko nicht befolgen.

Hat nämlich eines der Kinder alle Steinchen erspielt, so wird das letzte Steinchen mit zwei anderen in die Höhe geworfen, und das Kind muß versuchen, eines dieser drei mit drei Atemzügen in die Grube zu blasen. Gelingt ihm dies, wird eines der drei Steinchen von einem Mitspieler mit dem Daumen festgehalten, und während der Spieler seinen »Vater« in die Luft wirft, muß er versuchen, das Steinchen unterhalb des Daumens herauszubekommen, aber das in die Luft geworfene Steinchen doch noch aufzufangen. Gelingt ihm dies, ist er der Sieger, ansonsten spielt ein anderer weiter.

Bei meinen letzten Besuchen fiel mir auf, daß die Mädchen immer mehr dazu übergingen, statt der Melone ein Steinchen in die Luft zu werfen. Doch das Spielprinzip blieb das gleiche.

III.2 Spiele mit dem Seil

III.2.A Das Seilspringen der Frauen und Männer

Erwachsene beiderlei Geschlechts spielen gerne Seilspringen. Manchmal spielen sie es auch zusammen. Da Frauen- und Männerspiel gleich sind, will ich hier beide zusammenfassen.

Zwei Personen schwingen ein derbes, aus Lederstreifen geknotetes Seil, während eine dritte das Seil im Takt des Schwingens überspringen muß. Sie kann dazu in das bereits schwingende Seil einspringen und dann weiterhüpfen. Dabei muß sie achtgeben, daß das Seil nicht die Beine berührt. Wenn dieses Mißgeschick passiert, kommt eine andere Person an die Reihe.

Mitunter springen zwei Frauen gleichzeitig, was ich bei den Männern nicht beobachten konnte.

Bei den Männern tritt der sportliche Charakter des Spieles viel stärker in den Vordergrund. Sie betonen dies durch besonders kraftvolles Springen. So springen sie nicht nur höher als die Frauen, sie springen auch noch bestimmte Figuren. Sie können z. B. auf nur einem Bein springen und nach jedem Sprung auf das andere umwechseln; dabei halten sie die Arme angewinkelt oder auf dem Rücken verschränkt.

Bei diesem Spiel gibt es meist viele Zuschauer: sowohl Kinder als auch Erwachsene, die sich nicht am Spiel beteiligen, und solche, die warten, bis sie an der Reihe sind. Die Zuschauer lachen, wenn die seilspringende Person einen Fehler macht und ihr Spiel auf diese Weise beendet. Ferner geben sie freundliche Kommentare, oder sie üben Kritik. So kommt dem Spiel eine spannungslösende Funktion zu, indem man über den Versager lacht und ihn hänselt, wenn er Fehler macht.

Wenn die Frauen und Männer sich zum gemeinsamen Seilspringen zusammenfinden, nimmt das Spiel schnell den Charakter einer öffentlichen Schaustellung an. Meist findet sich das ganze Dorf zusammen. Zuschauer und Spieler vergnügen sich dabei sehr und lachen sehr viel.

Wenn die Frauen alleine spielen und ihre Spielfreudigkeit nachgelassen hat, dürfen sich die Mädchen und die Jungen am Spiel beteiligen. Sie werden dann regelrecht unterrichtet und üben quasi unter Aufsicht, was sie den Erwachsenen abgeschaut haben. Die Kinder probieren die Sprungfolgen erst am Rande des Geschehens ohne Seil. Wenn ihr Springen nicht recht klappen will, führen die Frauen nochmals die Sprünge vor, und die Kinder üben aufs neue.

Springen Männer Seil, sammeln sich vor allem die älteren Jungen um sie, die sich später auch mit beteiligen dürfen. Niemals nimmt ein Mädchen daran teil. Die Männer unterweisen die Jungen nicht nach Art der Frauen. Vielmehr versuchen die Jungen, mit ihnen mitzuhalten und zu konkurrieren. Wenn die Jungen dann einen Fehler machen, lachen die Männer sie herzlich aus. Nicht selten ärgerte sich ein Junge darüber so sehr, daß er den Mann, der ihn besonders neckte, angriff.

Die Männer gehen darauf stets lachend ein, und es entwickelt sich daraufhin eine harmlose Balgerei, bei der sich alle vergnügen.

III.2.B.a Das Seilspringen der Kinder

Das Seilspringen ist bei den !Ko kein typisches Mädchen- oder Jungenspiel. Darum finden sich in den Kindergruppen meist beide Geschlechter zu diesem Spiel ein. Dennoch konnte ich beobachten, daß reine Mädchengruppen Jungen, die sich daran beteiligen wollten, gelegentlich nicht mitspielen ließen. Doch war dies nicht die Regel. Wenn Kinder mit dem Seilspringen beginnen, eilen alsbald andere hinzu, um daran teilzunehmen, so daß beim Seilspringen meist eine große Gruppe beisammen ist. Die Kinder stellen sich weniger als die Erwachsenen zur Schau. Jeder bemüht sich, gut und ausdauernd zu springen. Zwei Kinder, meist größere, die das Seil gut schwingen können, lassen die anderen Teilnehmer im Seil springen. Oft sah ich bis zu fünf Kinder auf einmal im Seil hüpfen. Wer dabei einen Fehler macht und auf diese Weise das Spiel unterbricht, wird beschimpft und bei wiederholten Fehlern sogar vom weiteren Spiel ausgeschlossen. Die Kinder springen gerne nacheinander in das bereits schwingende Seil ein. Bei meinem letzten Besuch konnte ich neue Spielarten filmen. Die Kinder sangen zum Seilspringen verschiedene Gesänge, nach deren Rhythmus das Seil geschwungen wurde. Zugleich hatten sie neben dem einfachen Seilschwingen und -springen mehrere, mit Sprungregeln belegte Spielmuster erfunden, die sich im Rhythmus und Aussehen von einander unterschieden.

Als Beispiel sei eine Spielvariante beschrieben: Zwei Kinder stehen zum Schwingen bereit. Die anderen stehen in der Mitte, und alle singen.

Im Rhythmus dazu pendelt das Seil zweimal und schlägt sanft an die Beine der Kinder. Dann wird es zweimal im Uhrzeigersinn durchgeschwungen, die Kinder müssen es überspringen und beim dritten Schwung stoppt das Seil vor den Füßen der anderen. Nun wird in der entgegengesetzten Schwungrichtung das Seil erneut angependelt, schlägt leicht gegen die Beine der Springer und wird dann im Gegensinn des Uhrzeigers durchgeschwungen. Die Kinder überspringen das Seil wieder zweimal, der dritte Schwung stoppt erneut vor ihren Füßen. Nochmals wird im Uhrzeigersinn angependelt und daraufhin in schnellen Schwüngen das Seil bewegt, das schnell übersprungen werden muß. Oft hörte ich, daß beide seilschwingenden Kinder die Sprünge ihrer Mitspieler zählten.

Es ist verständlich, daß die leistungsmotivierte Gruppe ärgerlich auf einen Mitspieler reagiert, der durch einen Fehler die Gesamtleistung der Gruppe herabsetzt.

Ich möchte, um möglichen Mißverständnissen vorzubeugen, kurz erwähnen, daß natürlich die Richtungsangaben des schwingenden Seils vom jeweiligen Standort meiner Beobachtung und meiner Aufnahmen abhängig sind. Dennoch glaube ich, daß das Prinzip dem Leser verständlich ist.

III.2.B.b Das Schaukeln der Kinder im Seil

Die Kinder werfen das Seil über einen Ast, knoten die freien Enden zusammen und setzen sich in die Seilschlaufe hinein. Sie helfen einander beim Anschaukeln. Sie geben einander einen leichten Schubs in den Rücken und wiederholen dies, wenn der Schwung nachläßt.

Gelegentlich wird ein Kind von ein paar anderen hin und her geschaukelt. Dabei können sich je zwei Kinder gegenüberstehen, eine Partei schaukelt das Kind im Seil zu der anderen hinüber, und diese schaukelt es mit einem Schubs zurück. Die Kinder experimentieren beim Seilschaukeln die verschiedensten Stellungen und Bewegungen durch. Sie setzen sich mit dem Gesäß in die Schlinge, schaukeln auf den Knien, oder sie stellen sich aufrecht hinein. Ab und zu schaukeln zwei Kinder zusammen. Dabei stellt sich eines mit gegrätschten Beinen in das Seil hinein, und ein anderes sitzt dazwischen; oder beide Kinder knien in der Schlaufe, wobei sie sich mit einer Hand am Seil festhalten und sich mit dem anderen Arm umfassen.

III.3 Das Fadenspiel (= !xum !xuni)

Das Wort !xum bedeutet in der !Ko-Sprache: Faden. Die Bedeutung des
Wortes !xuni konnte nicht geklärt werden.

III.3.A Das Fadenspiel der Kinder

Ich fand dieses weltweit verbreitete Spiel auch bei den !Ko. H. Hedenus
(1933) folgert aus dem Phänomen, daß diverse Spiele in mehreren Kulturen gleichzeitig vorkommen, daß »sie ihren Ursprung nicht allein in
der Befriedigung des spielenden Betätigungsdranges der Kinder haben
können«. Ich werde das Problem in der kulturenvergleichenden Diskussion näher erörtern. Hier sei nur gesagt, daß es denkbar wäre, daß das
Fadenspiel seinen Ursprung in der Südsee hat und über Madagaskar
nach Afrika eingeführt wurde. Spiele werden nicht nur von Generation
zu Generation weitergegeben, sondern auch von Kultur zu Kultur. P. Raymund (1911) liefert eine detaillierte Beschreibung der Fadenspiele der
Palauer (Karolinen/Südsee) und weist darauf hin, daß auch Inselnach-
barn, wie Bur, Yap, Marianen, Ponape usw., dieses Spiel kennen.

Die Palauer führen den Ursprung dieser Spiele auf die »chalid« zurück, Geister oder höhere Wesen dieser Inseln, die den Bewohnern unter
anderem auch dieses Spiel geschenkt hätten. Daher bedeutet der Name
der Fadenspiele »chalidebóal« soviel wie Gabe, Geschenk der chalid.
»Die Gegenstände, die durch das Fadenspiel der Palauer dargestellt
werden, sind z. T. der Natur entnommen, indem sie die Formen einer
Welle, von Früchten, Fischen usw. wiedergeben, meistens aber beziehen
sie sich auf die Geschichte oder Sage Palaus. Sehr oft ist die Rede von
Ortschaften, deren ehemalige Lage man heute gar nicht mehr kennt.
Ebenso sind die meisten Personennamen, die beim Spiel vorkommen,
dem heutigen Palauer sagenhaft« (P. Raymund).

Die von Raymund beobachteten »chalidebóal« ordnen sich in zwei
Gruppen: die Abnehmespiele und die einfachen Fadenspiele. Während
die ersteren stets eine Mehrzahl von Spielern erfordern, brauchen die
letzteren für gewöhnlich keine Gesellschaftsspiele zu sein. Man behilft
sich bei schwierigen Figuren durch Zuhilfenahme von Hals und Füßen.

Bei den !Ko konnte ich das Fadenspiel sowohl als Gemeinschaftsspiel
als auch als Solitärspiel beobachten.

Zu einem Partnerspiel lädt ein Kind ein, indem es einen Faden zu einer
einfachen Ausgangsfigur schlingt und diese dem Spielkameraden zum
Abheben anbietet. Die Zusammenspiele mit dem Faden beschränken sich
bei den !Ko immer nur auf zwei Spieler, die sich gegenseitig ihre Figuren

Abb. 26 *Das Fadenspiel der Kinder (= !xum !xuni). H. Sbrzesny, 16-mm-Film, 32 B/sec.*

a Chara hält die fertige Figur in seinen Händen.

b Cum greift in die Fäden und beginnt seine Figur abzuheben.

c Cum hat beinahe die Fäden von Chara für die eigene Figur abgehoben.

Die folgenden Aufnahmen zeigen fertige Fadenfiguren, wie sie von den !Ko-Kindern hergestellt und benannt werden. Alle Aufnahmen H. Sbrzesny. Photo.

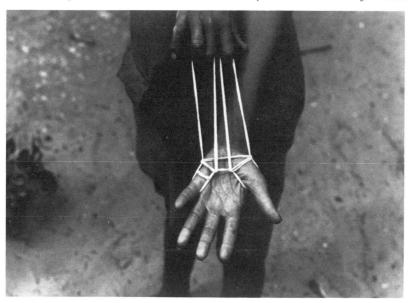

1. Der Hahnensterz (= koko /abate).

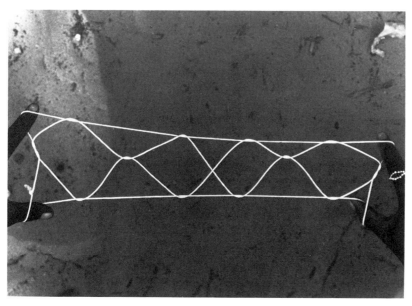

2. Die Hängematte (= !xa !xo). Die Kinder spannen gelegentlich Lederumhänge hängemattenartig zwischen Bäumen und Sträuchern auf (siehe S. 115).

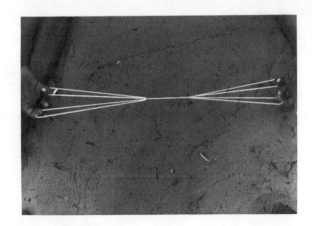

3. Der Ohrring
(= //a/ui).

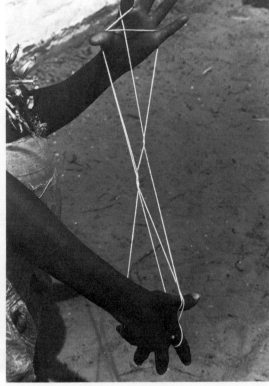

5. Das Jagdnetz (= /xu).

4. Die Wühlmaus (= /xuigu)

abheben. Dabei schauen ihnen andere Kinder zu. Ein drittes Kind mischt sich nur dann ein, wenn einer der Spieler mit dem Abheben zögert und unschlüssig ist, wie er weiterspielen soll. Dieses Kind zeigt ihm dann, wie man die Finger zur nächsten Figur ansetzt, wird aber in der Regel von diesem weggestoßen oder verbal aufgefordert, es alleine spielen zu lassen. Ich konnte nie beobachten, daß mehr als zwei Kinder sich gleichzeitig an einem Fadenspiel versuchten, wohl aber, daß in einer Kindergruppe mehrere Zweiergruppen das Fadenspiel ausübten. Spielten zwei Kinder, fingen meist auch zwei andere an, und oft fanden sich auf diese Weise zahlreiche Zweiergruppen zum Fadenspiel ein. Kleinere Kinder gesellten sich als Zuschauer dazu und paßten auf, wie man die verschiedenen Figuren durch entsprechendes Abnehmen der Fäden darstellt.

Beim Solitärspiel verändert das Kind die von ihm dargestellte Figur, indem es bestimmte Fäden wieder fallen läßt und andere aufnimmt. Sehr oft sah ich, wie die Kinder ihre Zähne zu Hilfe nahmen, um bestimmte Fäden festzuhalten; gelegentlich benutzten sie dazu sogar ihr Kinn.

Die Kleineren lernen von den Größeren, indem sie ihnen zusehen. Manchmal werden sie auch in den Regeln des Abhebens und Figurenbildens unterwiesen.

Ich sah nie, daß Erwachsene miteinander oder mit Kindern das Fadenspiel spielten. P. Raymund sagt, daß sich die Fadenspiele als alte Palauerspiele von Mutter auf Kind, von Generation zu Generation vererbt haben. Ferner schreibt er: »Allerdings ist heute die Zahl jener Eingeborenen, die das Spiel verstehen, eine sehr kleine. Nur mit viel Mühe, nach vielem Suchen und Nachfragen in den verschiedensten Ortschaften, konnte ich diese Anzahl zusammenbringen. Was die Kinder in der Spielsaison treiben, sind fast stets dieselben Spiele, die allereinfachsten, die sogenannten Abnehmespiele. Die feineren Formen, die mannigfaltigen Abwechslungen, sind nur noch diesem oder jenem alten Häuptling oder vielleicht dessen Frau und Kindern bekannt. In einzelnen Bezirken scheint das Spiel schon ausgestorben zu sein. Wie lange es überhaupt noch dauern wird — gewiß nicht lange —, bis in ganz Palau diese schöne Unterhaltung ganz verschwunden ist!«

Dr. Heinz erzählte mir, daß er die !Ko-Frauen vor gut 10 Jahren das Fadenspiel spielen sah. Auf mein Befragen hin gaben einige Frauen zu, daß sie das Spiel kannten. Jedoch wußten sie offensichtlich nicht mehr die Regeln des Abnehmens und Figurenschlingens.

Auch bei uns fragte ich viele Erwachsene, ob ihnen das Fadenspiel bekannt sei, was die meisten bejahten. Sie behaupteten jedoch, es nicht mehr spielen zu können.

P. Raymund berichtet in seiner Arbeit, daß viele Fadenspiele den dar-

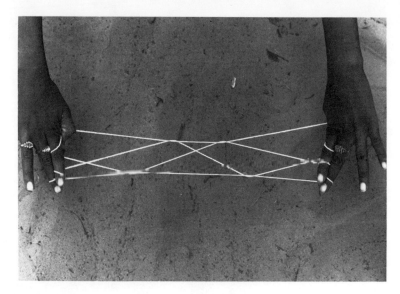

6. Der Regenbogen
(= !aba/id/uli).

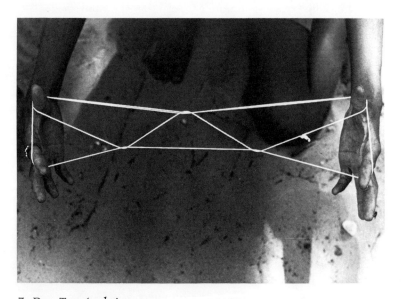

7. Das Tor (= kein
eigener !Ko-Name,
sondern nach dem
englischen Ausdruck:
»gate-i« genannt).

8. Die Säge (= kein eigener !Ko-Name, sondern in Anlehnung an den Tswana-Ausdruck »se(ä)chi« genannt).

Der Spieler hält den oberen Faden stets mit den Zähnen fest, während ein Partner den unteren Faden festhält. Abwechselnd ziehen die beiden ihren Faden in die Breite oder Länge, womit man einen Sägevorgang nachahmt. Diese Figur kann nur mit Hilfe eines Partners hergestellt und betätigt werden.

gestellten Gegenstand nur einmal zeigen, und zwar fertig. Andere Spiele bringen den Gegenstand in seinem Werden, in verschiedenen Phasen und Positionen zum Ausdruck.

»Während die Hände den Faden schlingen, nennt der Spielende den Namen des betreffenden chalidebóal. Hat das Spiel einen eigenen Text, so wird jedesmal jener Teil des Sprüchleins hergesagt, der sich gerade auf die entstehende Figur bezieht.« Bei den !Ko bringt das Fadenspiel nur fertige Figuren. Ich konnte nie so komplizierte, mehrere Abnehmgänge beanspruchende Darstellungen beobachten und filmen, wie sie P. Raymund photographiert und beschrieben hat. Es scheinen nur die einfachsten Formen des Fadenspiels vorzukommen.

III.4 Spiele mit dem Sand

III.4.A Die Sandspiele der Kinder

Die !Ko-Kinder, besonders die kleineren von ihnen, spielen und experimentieren viel mit Sand. Sie nehmen ihn mit den Händen auf und lassen ihn durch die gespreizten Finger laufen. Dabei sehen sie interessiert zu. Sie schütteln Sand abwechselnd von einer Hand in die andere oder lassen ihn aus der nicht ganz geschlossenen Faust mit einem kleinen Strahl in die andere offene Hand rinnen.

Sie füllen auch Sand in eine leere Melonenschale und üben das Umschütten in eine andere Schale.

Bei aggressiven Auseinandersetzungen bewerfen die Kinder einander mit Sand. Außerdem üben sie das spielerische Sandwerfen. Dabei wirft ein Kind mit beiden Händen Sand in die Luft, und seine Spielkameraden beobachten interessiert, wie er verfliegt.

Die !Ko-Kinder graben auch spielerisch im Sand. Einmal beobachteten wir ein Konstruktionsspiel. Jedes Kind in einer Spielgruppe hob im Sand eine kleine Mulde aus und formte sich eine Sandburg. Am Schluß setzte sich jedes in seine Burg, und alle lachten.

Daß Sandhügel für andere Spiele gebaut werden, erwähnte ich bereits.

Bei den Spielen mit dem Sand erwirbt ein Kind Materialkenntnis. Der Boden der Kalahari besteht fast ausnahmslos aus Sand, und aus den Spielen der Kinder ist ersichtlich, daß sie Sand, der zu ihrer unmittelbaren Umwelt gehört, untersuchen und mit ihm experimentieren.

Wenn eine Frauengruppe beisammen sitzt, sieht man immer wieder die eine oder andere nebenbei mit einer Hand im Sand herumfahren oder ein wenig Sand von einer Stelle zur anderen schieben. Gelegentlich schöpfen sie ihn mit einer Hand auf und lassen ihn durch die gespreizten Finger zu Boden rieseln.

Ich beobachtete nie, daß irgendwer spielerisch im Sand gezeichnet hätte. H. Reuning berichtete mir jedoch, daß !Ko-Buschleute auf Aufforderung, Tiere – z. T. außerordentlich künstlerisch – in den Sand zeichnen können.

III.5 Die Planschspiele mit Wasser

Im April 1972 erlebte die Kalahari eine außerordentlich starke Regenperiode. Herr D. Heunemann hielt sich nach meiner Abreise aus Bere noch einige Zeit bei der !Ko-Gruppe auf. In dieser Zeit regnete es so heftig, daß sich am Boden riesige Wasserpfützen bildeten.

Herr Heunemann konnte die Kinder beim Wasserplanschen beobachten und filmen.

Das Wasser in den Pfützen war für die Kinder etwa wadenhoch. Sie hatten sichtbar Spaß, zu zweit oder zu mehreren schnell durch das Wasser zu laufen. Sie nahmen auch gerne regelrechte Vollbäder, wozu sie sich der Länge nach in die Pfützen fallen ließen, stießen sich außerdem gegenseitig hinein und bespritzten einander mit Wasser. Dabei griffen oft mehrere Kinder eines der Spielgruppe an und bespritzten es so lange, bis es quietschend und schreiend aus der Pfütze flüchtete. Danach lachten alle herzlich darüber.

Die Kinder schlitterten im matschigen Sand, der sich am Rand der Pfützen gebildet hatte. Oft tanzten sie darin einige Schritte, bis sie im Wasser standen, und liefen dann schnell durch die Pfütze hindurch zum anderen Ende. Die Kinder quietschten und lachten laut bei ihren Spielen. Da es an solchen Regentagen immer sehr kalt ist, beendeten die Kinder nach einer Weile ihr Planschen und saßen frierend und zitternd eng beieinander, um sich wieder aufzuwärmen. War dies geschehen, begannen sie ihre Wasserspiele von neuem.

Seit die sanitären Anlagen des »settlement schemes« errichtet sind, spielen die kleineren Kinder gerne an den Wasserhähnen. Sie drehen den Hahn auf und halten einen Finger an die Öffnung, so daß das Wasser seitlich davonspritzt, oder sie lassen sich das Wasser durch die gespreizten Finger laufen usw. Die Erwachsenen sehen diese Spiele am Wasserhahn jedoch nicht gerne, da sie gewohnt sind, kein Wasser zu verschwenden, und fordern die Kinder auf, die Planschereien zu unterlassen.

III.6 Spiele mit Buschmannspielzeugen

Das Hxana- oder dsanni-Spiel

Der Federstab Hxana besteht aus einem ca. 30 cm langen Hölzchen, an dessen freiem Ende eine kleine Feder mit Sehnen festgebunden ist. Etwa 10 cm darunter ist am Stab ebenfalls mit einem Stück Sehne eine große

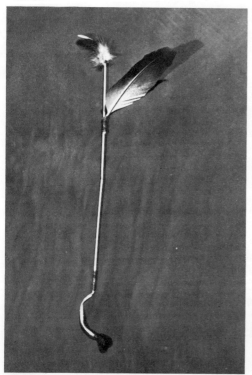 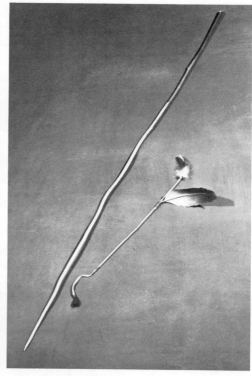

Abb. 27   *Der Federstab Hxanna.*

a Der Federstab.

b Der Federstab mit dem dazugehörigen Schlagstock.

Feder befestigt. Das andere Ende des Stabes ist mit einer Saite umwickelt, die nach einem kurzen Stück in einer Harzkugel endet.

Bei diesem Spiel kommt es darauf an, den Federstab durch von unten geführte Schläge mit einem Stock in der Luft zu halten. Man wirft den Federstab in die Luft und schlägt ihn, wenn er von der Feder getragen herabschwebt, mit einem gezielten Schlag gegen die Saite wieder hoch.

Dieses Spiel kann einzeln gespielt werden, es können sich aber auch mehrere Personen daran beteiligen, indem sie den Federstab abwechselnd hochschlagen.

Ich konnte nicht beobachten, daß sich die Spieler den Federstab gegenseitig zugeschlagen hätten.

Das Hxana-Spiel spielen nur die Männer und die Kinder. Die Jungen spielen es bevorzugt. Das Spiel erfordert großes Geschick.

Das Federstabspiel ist auch bei den !Kung-Buschleuten bekannt. Allerdings verwenden die !Kung keine Harzkugel, sondern hängen an das Ende des etwa 5 cm langen Fadens eine kleine Tsama-Melone. Ansonsten trägt das andere Ende des Stäbchens auch bei ihnen eine kleine Feder. Wie die !Ko schlagen die !Kung den Federstab ebenfalls mit einer Rute in die Luft.

Einen ähnlichen Zweck wie dieses Spielzeug erfüllen bei den !Kung mit Taubenfedern besteckte walnußgroße Tsamafrüchte (siehe J. H. Wilhelm 1953).

Das !nonsi-Spiel

Das !nonsi ist ein Steckenpferdchen. Es kann aus Stöcken und einem Schweif aus Gras oder ganz aus Gras bestehen.

Das aus Stöcken gefertigte hat ein kleines Stöckchen als Kopf, einen zweiten langen Stock als Leib und ein Grasbüschel als Schwanz. Alle drei Teile sind mit Sehnen oder Gras miteinander verbunden.

Besteht das Steckenpferdchen ganz aus Gras, dann sind die Halme der Figur entsprechend gebogen und mit Sehnen verstärkt. Die Rispen der Gräser bilden den Schwanz. Manchmal ist noch ein Grasbüschel zur Vergrößerung des Schweifes darangebunden.

Die !Ko-Horde ist seit 1971 im Besitz von einigen Eseln und Pferden, die Dr. Heinz für sie kaufte. Die erwachsenen Männer reiten die Pferde. Die Kinder benützen die Esel zur Bewachung und zur Einholung der weidenden Kühe und Ziegen. Das Pferdchenspiel !nonsi wird durch die Pferdehaltung angeregt. Wie wir auch bei anderen Gelegenheiten beobachten konnten, setzen sich die Kinder mit Veränderungen in ihrer

Abb. 28 *Das !nonsi-Spiel (Steckenpferdchen).*
H. Sbrzesny, 16-mm-Film, 25 B/sec.

a Photo eines !nonsis aus Gras.

b Ein Junge reitet das !nonsi.

gewohnten Umwelt, hier den Einflüssen der Akkulturierung, sofort spielerisch auseinander. Sie verarbeiten das Neue im Spiel.

Da die Buschleute für ihre Pferde auch Sattel und Zaumzeug haben, verwundert es nicht, daß die Kinder den !nonsis auch manchmal Zügel basteln. Zu beiden Seiten des »Kopfes« fertigen sie aus Gras Schlingen, die sie dann wie Zügel halten. Sie klemmen das Steckenpferd zwischen ihre Schenkel. Meist hält eine Hand die »Zügel« fest, während die andere das eigentliche Pferdchen zwischen den Beinen festhält. Dann »reiten« sie los, springen mit beiden Beinen in die Luft, galoppieren umher und jagen in den Busch hinaus. Da mehrere Jungen im Besitz eines solchen !nonsis sind, bilden sich gelegentlich richtige »Reitergruppen«, die auch ihre Pferdchen anfeuern. Einige Male sah ich sogar, daß sie ihre !nonsis »grasen« ließen. Sie hielten den Kopf des Pferdchens in das Gras und warteten eine zeitlang geduldig, bis ihr !nonsi »geweidet« hatte.

Wenn Kleinkinder ältere Jungen beim !nonsi-Spiel sehen, suchen sie sich auch einen Stock, klemmen ihn zwischen die Beine und laufen dann damit herum.

Ich filmte, wie ein Junge seinen zuschauenden, etwa 3jährigen Bruder hochhob, ihn vor sich auf sein !nonsi setzte und mit einer Hand das Kind festhielt. Mit der anderen Hand hielt er sein Pferdchen und machte mit ihm einige Galoppsprünge.

Das Surrhölzchen-Spiel (= ∥a:an)

Dieses einfache Spielzeug besteht aus einem dünnen, rechteckigen Holzbrettchen von circa 10 cm Länge und 2 cm Breite. In seiner Mitte sind zwei Löcher gebohrt, durch die eine Lederschnur gezogen ist. Die Enden der Schnur sind verknotet. Die Kinder spannen die Lederschnur zwischen ihren Händen, indem sie zwei Finger in die Lederschlingen stecken, so daß das Hölzchen in der Mitte frei beweglich ist. Dann verdrillen sie die Lederschnur und versetzen das Hölzchen in eine rotierende Bewegung, indem sie die Spannung der Lederschnur lockern und wieder straffen. Das Hölzchen surrt dann in großer Geschwindigkeit um die eigene Achse, und das Ganze erzeugt einen Brummton.

Das Spiel mit dem Kreisel (= !galli)

Das Spielzeug fertigen sich die Jungen aus einer Scheibe der nicht eßbaren Wurzel !galli. Letztere schneiden sie im unteren Drittel, an der die Wurzel am dicksten ist, einmal quer durch. Die abgeschnittene Scheibe ist einen halben Zentimeter dick und hat einen Durchmesser von etwa drei Zentimetern. Die Scheibe wird mit einem dünnen, circa zehn Zentimeter langen Holzstäbchen durchbohrt, und das Spielzeug ist fertig.

Auf ebenem, festem Boden versetzen die Jungen den Kreisel in rotierende Bewegungen, indem sie das herausragende Holzstäbchen zwi-

Abb. 29   *Das Surrhölzchen-Spiel (= //a:an) eines Jungen. H. Sbrzesny, 16-mm-Film, 32 B/sec.*

Die Aufnahme zeigt das rotierende Holzbrettchen zwischen den gespannten und verdrillten Lederschnüren.

schen ihren inneren Handflächen drillen. Eine andere Möglichkeit, den Kreisel auf einer glatten Fläche zu drehen, finden sie, indem sie eine größere Blechschüssel mit einem Tuch prall bespannen.

Dieses Spiel spielen nur die Jungen. Dabei kann jeder seinen Kreisel drehen, ohne daß sich ein Zusammenspiel entwickelt. Als Beispiel für die Spielphantasie der !Ko-Kinder kann ich jedoch berichten, wie sich in einer Gruppe, in der zunächst jeder für sich spielte, ein Wetteiferspiel entwickelte. Diese Beobachtung verdanke ich dem derzeitigen Lehrer in Bere, Mr. John Fella. Er stand eines Tages abseits von einer Jungengruppe, in der jeder für sich seinen Kreisel drehte und völlig mit sich selbst beschäftigt war. Auf einmal kam einer auf die Idee, auf höchst originelle Weise zu messen, wie lange sich sein Kreisel drehe. Er drillte den Kreisel, stand auf und lief um einen in der Nähe stehenden Busch. Als er diesen umlaufen hatte, sah er nach seinem Kreisel, der sich immer noch drehte. Daraufhin umlief er nochmals den Busch, um danach festzustellen, daß sein Kreisel aufgehört hatte, sich zu drehen. Die anderen Jungen wurden aufmerksam, und nun wollte jeder sein Kreiselspiel auf

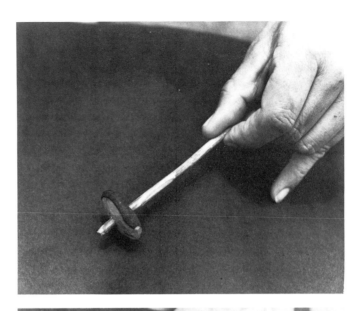

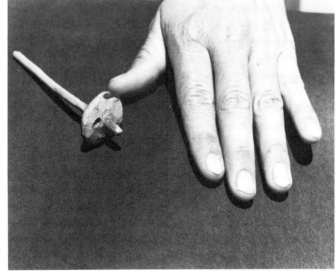

Abb. 30 *Der Kreisel*
(= !galli). H. Sbrzesny,
Photos.

a Der Kreisel.
b Der Größenvergleich zu
einer Frauenhand.

diese Weise prüfen. Alsbald umlief einer das Zementhäuschen des Leh-
rers, während sich sein Kreisel drehte; ein anderer umlief zwei Büsche,
und ein weiterer fand ein anderes Objekt zur Zeitmessung. Damit war
der Grundstein zu einem Wettbewerbsspiel gelegt. Nun verglichen sie
mittels Zeitmarkierung die eigene Leistung mit der der anderen. Eine
höchst interessante Nuancierung dieses Spiels ergab sich daraus, daß die

findigen Spieler bald ein neues Mittel fanden, die Leistung zu verbessern. Die Jungen kamen nämlich darauf, daß man mit einer Leistung einen Mangel auf andere Weise ausgleichen konnte. So konnte ein schneller Läufer, der nicht so gut und so geschickt den Kreisel drillte, dennoch ein gutes Gesamtergebnis — gemessen am x-maligen Umlaufen des Busches — erreichen, wenn er um so schneller lief. Andererseits konnte ein guter und geschickter Kreiseldriller seine schwächere Laufleistung durch eine bessere Drehung des Kreisels wettmachen.

Natürlich stachen dann diejenigen Spieler hervor, die schnell liefen, aber auch perfekt den Kreisel drehen konnten. Das Nette an der Sache war, daß sich die jüngeren Jungen, die natürlich den älteren im Laufen unterlegen waren, auffallend bemühten, ihren Kreisel perfekt und lange zu drehen, um dann doch in der Gesamtleistung mit den anderen konkurrieren zu können.

So wetteifert man um eine gute Leistung innerhalb eines mit Regeln belegten Rahmens.

Eine Art Kampfspiel, wie es z.B. A. Schachtzabel (1933) von der Bevölkerung im Hochland von Angola beschreibt, konnten weder ich noch der Lehrer bei den !Ko finden. In Angola spielen die Kinder in zwei Parteien, die versuchen, sich gegenseitig mit ihrem Kreisel eine vor jedem Spieler liegende, erbsengroße Frucht abzuschießen.

Das Maultrommel-Spiel

Dazu nehmen die Kinder einen Grashalm in den Mund. Ein Ende des Grases wird unmittelbar neben dem Mundwinkel festgehalten, das andere Ende hängt ein Stückchen zum anderen Mundwinkel heraus. Die Kinder blasen auf dem Grashalm und schlagen mit einer Hand auf das Ende des Grases. So und durch Erweitern und Verengen der Mundhöhle variieren sie den erzeugten Brummton. Manchmal nehmen die Kinder auch zwei Gräser gleichzeitig zum Spiel.

Weder die !Ko noch die G/wi spielen jedoch die Maultrommel als Musikinstrument.

Das Bastring-Spiel

Die Kinder fertigen sich aus Bast kleine Ringe, die sie in die Luft werfen und dann mit Stöcken wieder auffangen. Frau M. Reuning erzählte mir, daß sie dieses Spiel vor einigen Jahren bei den !Ko gesehen habe und daß es die Kinder damals oft spielten.

Abb. 31 *Das Maultrommel-Spiel eines Mädchens. I. Eibl-Eibesfeldt, 16-mm-Film, 50 B/sec.*

Das Kind verwendet zu diesem Spiel zwei Grashalme.

III.7 Spiele mit Gerätschaften

Nur die Kinder spielten mit den von uns eingeführten Gegenständen. Dabei zeigten sie großen Erfindungsreichtum.

Das Spiel mit den Tonnen

Das Rutschen über die Tonnen erwähnte ich bereits bei den Bewegungsspielen. Gelegentlich benutzten die Kinder die Tonnen, um auf ihnen zu trommeln. Das ist deshalb bemerkenswert, weil es bei den !Ko-Buschleuten keine Trommeln gibt.

1970 diente uns in Takatswane eine halbierte Benzintonne als Badewanne. Die Kinder hatten schnell herausgefunden, daß man sich darin auch schaukeln kann. Sie setzten sich in die hingelegte Tonnenhälfte, hielten sich an den beiden Seitenrändern fest und schaukelten durch entsprechendes Gewichtsverlagern nach beiden Seiten hin und her. Oft spielten dieses Schaukelspiel gerade so viele Kinder miteinander, als in der Tonne Platz hatten. Dabei saßen sie hintereinander in der Beingrätsche des anderen und schaukelten sich im Gleichtakt.

Oft schaukelten zwei Kinder, indem sie sich einander gegenüber quer in die Tonne setzten. Wenn sich der eine nach rückwärts lehnte, ging die Tonne auf der Seite des anderen in die Höhe und umgekehrt. Die Kinder stemmten sich dabei mit den Beinen gegen die gegenüberliegende Tonnenwand ab.

Das Spiel mit Plastiksäcken

Den Einfallsreichtum der !Ko-Kinder im Durchprobieren und Erfinden von vielen Spielvariationen konnte man besonders schön beim Spiel mit unseren Plastiksäcken beobachten. Diese Plastiksäcke hatten die ungefähre Länge von 1,20 m und die Breite von 0,60 m.

In einem Fall spielte eine Kindergruppe zusammen. Jedes Kind hatte einen eigenen Sack, da genügend zur Verfügung standen. Die Einfälle eines einzelnen wurden sofort von den anderen übernommen.

Zuerst warfen die Kinder die Säcke in die Luft und fingen sie wieder. Dann warfen sie den Sack hoch und klatschten vor dem Fangen in die Hände. Sie stülpten ferner den Sack über den Kopf und liefen umher, ohne etwas zu sehen. Dann stülpten sie den Sack über die Beine und machten Purzelbäume. Weiter wickelten sie sich den Sack wie ein Röck-

chen um den Leib, hielten ihn mit den Unterarmen zusammen, klatschten in die Hände und machten Tanzschritte. Dabei machten sie auch
ruckartige Beckenbewegungen, so daß der Sack über dem Gesäß hoch-
flog.

Danach wurde der Sack zum Sackhüpfen verwendet. Die Kinder stellten sich in den Sack hinein, hielten ihn in Brusthöhe mit beiden Händen
fest und hüpften umher, allerdings nicht um die Wette. Dann fiel es
ihnen ein, sich in den Sack hineinzustellen, ihn loszulassen, sich schnell
um die eigene Achse zu drehen und den Sack am Ausgangspunkt der
Drehung wieder zu greifen. Schließlich legten sie sich in den Sand und
deckten sich ganz mit dem Sack zu.

Das Spiel mit Bierdosen

Die Kinder fädelten mit einigen Stückchen Seil unsere leeren Bierdosen
hintereinander auf und zogen sie hinter sich im Sande. Ferner banden sie
vier bis fünf Dosen zusammen, setzten sich das Gebilde auf den Kopf
und liefen herum, wobei sie die Dosen balancierten. Manchmal behielten
sie diesen Kopfschmuck auch im Sitzen auf. Bei Streit bewarfen sie sich
mit den Dosen oder schleuderten sie dem Gegner hinterher.

Das Spiel mit dem Schubkarren

Sehr häufig benützten die Kinder den Schubkarren von Dr. Heinz, um
sich gegenseitig umherzufahren. Gelegentlich vergruben sie ihn im Sand.

Das Spiel mit den Flaschenhüllen

Die Pappröhren, die unsere Getränkeflaschen auf dem Transport vor
Bruch schützten, wurden auch verschiedentlich als Spielzeug benützt.
Die Kinder schlüpften z. B. mit den Beinen in die Röhren und trugen sie
als Wadenschmuck. Ein anderes Mal halbierten sie die Röhren und setzten sich die Hälften wie eine Maske vor das Gesicht.

Dabei konnte ich ein nettes Guck-Guck-Spiel eines älteren Kindes mit
einem Kleinkind beobachten. Das Kleinkind saß vor dem älteren, das
ihm immer wieder die Hülle vor das Gesicht setzte, sie dann wieder weg-
zog und das Kind anlachte. Schließlich kam ein drittes Kind, entriß

Abb. 32 *Kinder spielen mit dem Schubkarren. H. Sbrzesny, Photo.*

dem Kleinkind die Pappmaske und lief mit ihr davon. Der Spielpartner des Kleinkindes lief ihm sofort nach, schlug ihn und setzte dem Kleinkind das Pappstück wieder auf.

Einmal äfften die Kinder Prof. I. Eibl-Eibesfeldt beim Filmen nach, indem sie sich wie er hinkauerten, die Kurbelbewegungen, mit denen er die Kamera aufzog, nachahmten und die Pappröhrchen vor ihr Auge hielten. Dabei kamen sie vorsichtig immer näher an ihn heran und liefen lachend wieder weg. Prof. Eibl filmte sie mit einem Spiegelobjektiv (HF1).

Das Spiel mit Planen und Decken

Dr. Heinz deckt mit Plastikplanen seine Gerätschaften ab. Auf diesen Planen ziehen die Kinder einander im Sand herum. Oft bedeckte sich eine Kindergruppe mit einer Plane. Sie saßen und spielten darunter, als wäre sie ein Zelt. Mit Wolldecken und den Lederumhängen ihrer Mütter spielten sie bisweilen ebenso.

114

Die Spiele mit Lederumhängen

Die Kinder verwenden gerne das lederne Schultertuch ihrer Mütter zum Spielen, z. B. zum Schaukeln. Sie knoten die Karosse hängemattenartig zwischen die Äste eines Strauches, um sich darin zu schaukeln. Meist setzt sich ein Kind, manchmal setzen sich auch zwei hinein, und die anderen Spielkameraden schaukeln es eine Zeitlang hin und her. Dieses Spiel fand meist dann ein Ende, wenn die Mutter ihren Lederumhang suchte. Sah sie, wozu er verwendet wurde, mußten ihn die Kinder zurückgeben.

Ein anderes Spiel mit der Karosse erzählte mir ein Bekannter, der die !Ko 1968 besucht hatte. Die Kinder benützten das Ledertuch zum »Schlittenfahren« im Sand. Dazu setzten sich ein oder zwei Kinder auf die Karosse, hielten sich an einem Zipfel fest, und andere Kinder zogen sie kreuz und quer durch den Sand.

Das Spiel mit Stöcken

Manchmal verwenden die Kinder zwei lange, dicke Stöcke, um ein anderes Kind zu tragen. Dazu nehmen zwei die Stöcke in je eine Hand, eines geht voraus, das andere hinterher, und ein drittes darf sich auf die Stöcke stellen. Dabei hält es sich am Vordermann fest, um nicht herunterzufallen.

IV. Spiele mit Musikinstrumenten

Das Dongo-Spiel

Die musikwissenschaftliche Bezeichnung für das Dongo ist Lamellophon. Es ist das am meisten gespielte Musikinstrument der !Ko (siehe EC 2126).

Das Dongo besteht aus einem etwa 20 cm² großen, 2 cm dicken Holzbrett. Zwischen zwei quergespannten Metallbügeln sind der Reihe nach mehrere dünne Eisenzungen gesteckt, die verschieden lang und unterschiedlich gebogen sind. Man hält das Brettchen in den Handflächen und zupft mit den Daumen die Eisenzungen. Auf diese Weise ergeben sich zarte Melodien, da jede Zunge anders tönt. Zur Resonanz haben die meisten Dongos an ihrer Breitseite einen kleinen Metallbügel, auf dem kleine Kupferringe aufgereiht sind, die bei Erschütterung rasseln. Manchmal legen die Buschleute die Dongos auf eine Blechdose, deren Rand mit einem Tuch umwickelt ist. So schaffen sie für das Spiel einen zusätzlichen Resonanzkörper. Das Dongo ist ursprünglich ein Bantu-Instrument; es ist in Afrika weit verbreitet.

Ich konnte die Buschleute nie dabei beobachten, daß sie zu ihrem Spiel sangen. ∥rale erzählte uns aber, daß er früher zum Dongospiel Spottgesänge gesungen habe.

Verliebte Buschleute spielen ihrem Partner oft stundenlang auf dem Dongo vor. Dies gilt als zärtlicher Liebesbeweis. Bei meinem letzten Besuch konnte ich zwei Männer beobachten, die auf ihren Dongos im Duett spielten. Sie versuchten auch vierhändig auf einem Dongo zu spielen.

Das Musikbogen-Spiel (= !gumma)

Der Musikbogen !gumma besteht in seiner ursprünglichen Form aus einem Holzbogen, zwischen dem eine Tiersehne als Saite gespannt ist. Diese Saite ist nochmals an dem Bogen befestigt und etwa im Verhältnis $\frac{1}{3} : \frac{2}{3}$ (oder $\frac{1}{2} : \frac{1}{2}$) unterteilt. Der Spieler nimmt zum Spiel ein Ende des Bogens zwischen die geöffneten Lippen. Außerdem hält er den

Abb. 33 *Das Dongo. H. Sbrzesny,*
Photo.
Die sichtbaren Lederschlaufen dien-
ten lediglich zur Befestigung des In-
strumentes für die Sammlung der
Autorin.

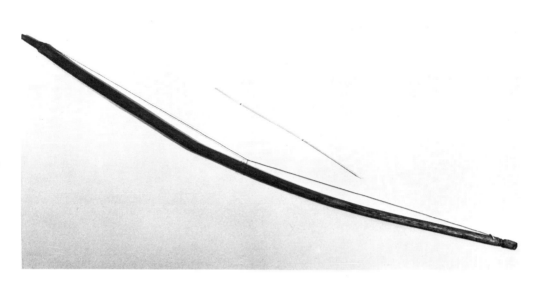

Abb. 34 *Der Musikbogen. H. Sbrzesny, Photo.*

Die Aufnahme zeigt das Instrument mit dem Schlagstöckchen.   117

Bogen so in seiner Hand, daß der Mittelfinger frei ist, um an eine Saitenhälfte zu schlagen. In der anderen Hand hält er ein kleines Stäbchen, mit dem er abwechselnd auf beide Saitenhälften schlägt. Die kürzere Saite ergibt einen helleren Ton als die längere Saite. Zur Dämpfung der Schwingung schlägt der Spieler mit dem Mittelfinger auf die kürzere Saite, bevor er mit dem Stäbchen darauf schlägt. Die Mundhöhle bildet bei dem Spiel den Resonanzboden. Durch Erweitern und Verengen der Mundhöhle variierten Lautstärke und Tonhöhe der erzeugten, sehr zarten Töne des !gumma. Ich sah jedoch auch Musikbogen, die statt einer Sehne mit einer Metallsaite bespannt waren. Diese waren stets im Verhältnis $\frac{1}{2} : \frac{1}{2}$ unterteilt. Nur die Männer spielen auf dem Musikbogen, weniger oft auch größere Jungen.

Wir konnten wiederholt beobachten, wie ein Buschmannvater den Musikbogen spielte und sein kleiner Sohn ihm dabei zusah. Nach einer Weile wollte das Kind den Bogen wie sein Vater an den Mund nehmen, was dieser gewährte. Er selbst spielte für den Sohn weiter. So wurde der Sohn bereits im Kleinkindalter mit dem !gumma vertraut gemacht und unterwiesen, wie es gespielt wird (HF 33).

Das Handolo-Spiel

Das Handolo ist eine Buschmanngeige; die musikwissenschaftliche Bezeichnung dafür ist Monochord.

Abb. 35   *Das Handolo. H. Sbrzesny, Photo.*

Die Aufnahme zeigt das Instrument mit Straußenei und Bogen.

Das Handolo besteht aus einem etwa 70 cm langem Holzbrett, das an einem Ende 10 cm breit ist und sich allmählich bis zum anderen Ende hin auf 5 cm verschmälert. Es ist der Länge nach mit einer, gelegentlich zwei bis drei Saiten aus Tiersehnen bespannt, die über einen kleinen Holzsteg laufen. Dieser Steg ist ungefähr 20 cm nach dem breiten Ende des Brettes befestigt und steht senkrecht zu diesem. Das schmalere Ende des Brettes steckt in der Öffnung eines leeren Straußeneies, das als Resonanzkörper dient.

Den Bogen zur Buschmanngeige fertigen die Männer aus einem gebogenen dünnen Ast. Die Saite des Bogens besteht aus dem Schwanzhaar eines Gnus (Antilope).

Beim Spielen halten die Buschleute das Handolo senkrecht in einer Hand. Das Ende, dem das Straußenei aufsitzt, lehnen sie gegen die Schulter. Mit dem Bogen streichen sie die Saiten an.

Das djumma-Spiel

Die Bogenlaute djumma besteht aus einem etwa 30 cm langen und 15 cm breiten ausgehöhlten Baumstumpf. Er hat vergleichsweise die Form eines kleinen Fasses, von dem man mit einem Längsschnitt ein Drittel seiner Rundung weggeschnitten hat. In eine der beiden gegenüberliegenden Rundflächen werden 6 bis 8 Löcher gebohrt, die über der ganzen Breite nebeneinander liegen. In diese Löcher werden von außen kleine Ästchen gesteckt und nach oben gebogen. An jedes freie Ende eines solchen Ästchens wird eine Saite aus Sehne befestigt und an der gegenüberliegenden Kante der anderen Rundfläche festgebunden. So laufen die Saiten parallel über die Höhlung des Klangkörpers. Die Buschleute bespielen die Saiten des djummas mit einem kleinen Bogen aus Holz, der mit einer Sehnensaite bespannt ist. Oder sie zupfen mit den Fingern an den Saiten der Bogenlaute.

Das Gitarrenspiel

1970 existierte bei den !Ko eine einzige, mit einfachen Mitteln gebaute Buschmann-Gitarre.

Dr. Heinz fährt regelmäßig nach Ghanzi und Maun, wo weiße Farmer und Bantu wohnen, sowie in andere Bantugebiete. Gelegentlich nimmt er auf diesen Fahrten zwei bis drei Buschmänner als Begleiter mit. Dabei haben die Buschmänner sicher zum ersten Mal dieses Instrument gesehen. Eines Tages brachten auch Bantu von den Farmen eine Gitarre zu den !Ko mit.

Es ist erstaunlich, bis in welche Einzelheiten die Buschleute ihre Gitarre einer echten nachgebaut haben, und ich möchte dieses Instrument doch näher beschreiben.

Den Resonanzkörper stellte ein kleiner Blechkanister dar. In seiner Öffnung steckte ein längerer Holzhals. An seinem Ende war er verbreitert und von sechs »Stimmschrauben« aus Holz in zwei Dreierreihen durchbohrt. Der Kanister wurde auf der Vorderseite eingedellt. Auf ihm wurde ein Holzsteg montiert, an dem die Metallsaiten (etwas dickerer Draht) befestigt waren. Diese waren vom Steg aus über den Kanister und den Hals gespannt und jede um eine Holz»schraube« gewickelt. Bei einer echten Gitarre sind die Bünde durch einen Sattel gegen den Gitarrenkopf bzw. das Wirbelbrett abgegrenzt. Auch bei der Buschmanngitarre wurde dieses Detail durch eine kleine Holzleiste am Gitarrenhals nachgebaut, ohne hier allerdings eine Funktion zu erfüllen, da keine Bünde existierten. Die gespannten Saiten liefen durch kleine Löcher in dieser Leiste zum Gitarrenkopf und somit zu den »Stimmschrauben« hin.

Bei unserem ersten Besuch spielte ein Buschmann bevorzugt auf dieser Gitarre. Er konnte sich stundenlang damit unterhalten, die Saiten zu zupfen, und lauschte mit geschlossenen Augen den Tönen, die er dem Instrument entlockte.

1972 existierten schon zwei Buschmanngitarren, wobei die zweite nicht mehr so detailliert nachgebaut war und nur vier Saiten aufwies.

Ohne Zweifel wurde die Gitarre von einer anderen Kultur übernommen. Sie hat sich jedoch bei den von mir studierten !Ko-Buschleuten eingebürgert.

Es spielten vor allem die Männer und die Kinder. Manchmal konnte ich beobachten, daß ein Kind spielte und andere dazu tanzten und klatschten. Ich sah nur ganz selten, daß Frauen auf der Gitarre spielten, und dies meist nur im Vorübergehen. Sahen sie die Gitarre irgendwo herumliegen, dann hoben sie sie auf und zupften ein wenig an ihr herum.

Das Surrfederholz-Spiel (= ǁeǀum)

Dieses Spielzeug besteht aus einem circa 50 cm langen, festen Stock, der über ein Stück Sehne mit einem dünneren, ungefähr 30 cm langen, flexibleren Stäbchen verbunden ist. Am Ende dieses Stäbchens ist eine

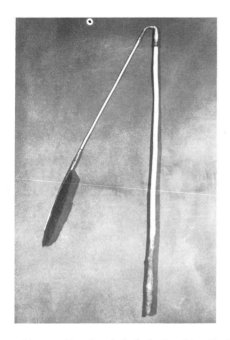

Abb. 36   *Das Surrfederholz-Spiel (= //ei/um) eines Mannes. I. Eibl-Eibesfeldt,*
Photos.

a Das Musikspielzeug.
b Ein erwachsener !Ko-Mann spielt mit dem Surrfederholz.

große Feder mit Sehnen befestigt. Der Spieler hält den dickeren Stock
fest in seiner Faust, und durch kreisende Handbewegungen versetzt er
das Stäbchen mit der Feder in schwirrende Bewegung. Dabei entsteht ein
surrendes Geräusch. Der Spieler streicht mit der anderen Hand seine
Kehle auf und ab und macht dazu: »hu-u-hu-u«. Auf diese Weise untermalt er das surrende Geräusch dieses Spielzeugs mit einem richtigen
Heulen.

Bei den !Ko spielten nur die Männer mit diesem Spielzeug. Bei einem
Besuch bei den G/wi sah ich auch Kinder damit spielen. Sie benutzten es
sogar zur rhythmischen Untermalung und Begleitung ihrer improvisier-
ten Tänze. Während die anderen sangen, klatschten und tanzten, spielte
ein Kind das Surrfederholz-Spiel. Die Tonhöhe des Surrens wurde durch
Änderungen der Drehgeschwindigkeit rhythmisch moduliert.

121

Ich möchte herausstellen, daß die !Ko-Buschleute keine Trommeln haben. Die Makoukou-Buschleute, die im Norden des Landes leben, haben allerdings Trommeln von den Bantu übernommen. Ursprünglich wurden sie zum Verjagen von Elefanten verwendet, dienen aber heute auch dem Tanz und der Unterhaltung. Bemerkenswerterweise trommeln aber die Kinder der !Ko-Buschleute auf Tonnen und metallenen Waschschüsseln.

V. Rollen- und Subsistenzspiele der Mädchen

Die Kinder ahmen in ihren Spielen oft die Verhaltensweisen von Erwachsenen nach, und zwar Tätigkeiten, die mit deren Rolle als Sammler und Mutter zusammenhängen. Hier seien Spiele beschrieben, die die Sozialrollen und Erwerbsstrategien von Frauen nachahmen. Daß Rituale im Spiel nachgeahmt werden, erwähnte ich bereits.

In diesem Kapitel sollen ferner auch diejenigen Kinderspiele angeführt werden, die die neuen Errungenschaften des Ansiedlungsprojektes zur Vorlage haben.

Das Mutter-und-Kind-Spiel

Zu diesem Spiel machen sich die !Ko-Mädchen ein »Baby«, indem sie eine größere und eine kleinere Melone mit einem kleinen Verbindungshölzchen zusammenstecken.

In die kleine Melone, den Kopf, ritzen sie nach dem »Punkt-Komma-Strich«-Schema ein Gesicht. Das »Kind« bekommt gelegentlich ein »Kopftuch« aufgesetzt, und meist wird es mit Perlenketten um den »Hals« geschmückt. Die Mädchen belegten ihr »Kind« oft mit dem Namen ihrer besten Freundin. Dem Vorbild der Mütter folgend, tragen sie ihr »Kind« in einem Schultertuch ständig mit sich herum. Wenn ihr »Baby« bei irgendeiner Tätigkeit, z. B. bei einem Tanz, stört, legen sie es nach dem Vorbild der Frauen, im Schultertuch geschützt, im Sand ab.

Das eigentliche Mutter-und-Kind-Spiel der Mädchen besteht aus einer Reihe nachgeahmter Fürsorgehandlungen. Meist spielt dabei eine Mädchengruppe zusammen. Jedes Mädchen errichtet sich zuerst eine kleine Spielhütte, in der es gerade sitzen kann. Die Hütten stellen sie so auf, daß sie der Anordnung eines Dorfes entsprechen. Sie geben vor, die einzelnen seien Hütten ihrer Nachbarinnen. Vor ihrer Hütte entfachen sie bisweilen ein Feuer, auf dem sie etwas Maismehl kochen. Sie essen davon und geben ihren Nachbarinnen Essen ab. Einige Mädchen geben dann vor, ihr »Kind« zu füttern, andere »stillen« es.

Ms. E. Wily stieß einmal auf eine solche Spielgruppe und fragte die Mädchen, wo denn ihre Männer wären. Diese antworteten, jene wären auf der Jagd.

Abb. 37   !Ko-Mädchen mit Melonenpuppen. H. Sbrzesny, Photos.

a Ein !Ko-Mädchen zeigt ihre Melonenpuppe. Man beachte das in den Melo-
   nenkopf eingeritzte Gesicht.

b Ein !Ko-Mädchen trägt ihr »Baby« in ihrem Kleid nach Art der Frauen, die
   so ihre Kinder im Lederumhang tragen.

c Abgelegte Melonenpuppen.

Abb. 38 *Ein G/wi-Mädchen mit Melonen-*
puppe. H. Sbrzesny, Photos.

a und b Das Mädchen herzt und küßt seine
Melonenpuppe.
c Sie spielt mit ihr.

Ferner konnte Ms. Wily Mutter-Vater-Kind-Spiele beobachten. Das spielte sich im schon beschriebenen Rahmen ab. Nur saßen dann auch die Jungen nach Männerart um die Feuer vor den Hütten. Bei einem solchen Spiel verhalf der Zufall den Jungen, ihrer Männerrolle ganz zu entsprechen. Auf jenem »Dorfplatz« tauchte nämlich eine Maus auf, die sofort von den Jungen entdeckt wurde. Sie wurde sogleich von allen Jungen gejagt. Die Mädchen machten nicht mit. Über der Jagd vergaßen die Jungen ihre Vaterrollen. Sie spielten danach nicht mehr mit den Mädchen weiter.

Bei den G/wi konnte ich das Mutter-Kind-Spiel der Mädchen ebenfalls beobachten und photographieren. Auch sie stecken zwei Melonen zusammen und spielen mit ihren »Babies«. Sie geben ihren »Kindern« Phantasienamen, wie z. B.: xorei/ei (= Perlen einer Frau) oder dalama/ei (= Knopf einer Frau). Auch herzen und küssen sie ihre »Babies«, wie es die Abbildungen zeigen. Der Ablauf eines solchen Spieles erheiterte mich: Zuerst beschäftigten sich die Mädchen zärtlich mit ihren Puppen, dann aßen sie sie auf.

Abb. 39 *Das spielerische Wurzelgraben der !Ko-Mädchen.*

Durch J. H. Wilhelm (1953) ist belegt, daß sich auch die !Kung-Buschmädchen in der beschriebenen Weise Melonenbabies fertigen. Er schreibt: »Die Puppen werden wie kleine Kinder auf dem Rücken getragen und oft mit Tüchern und Perlenketten geschmückt.« Detailliertere Angaben fehlen.

Das spielerische Wurzelgraben

Das Ausgraben der im Boden sitzenden Wurzelknollen ist eine Tätigkeit der Frauen, die viel Geschick und Ausdauer erfordert. Manche Knollen liegen 1,5 m tief im Boden. Von einer kleinen Blattrosette führt zunächst eine dünne Pfahlwurzel in den Sandboden. Will man zur Knolle gelangen, dann kommt es darauf an, daß der Sand die Grube nicht immer wieder zuschüttet und daß man die dünne Wurzel nicht vorzeitig abreißt, damit man sie bis zur Knolle verfolgen kann.

Die Mädchen spielen diese Tätigkeit. Sie üben die spezielle Grabtechnik mit dem Grabstock und graben, alleine oder zu zweit auf dem Boden sitzend, mit Ausdauer und Geschick. Dabei geben sie nur vor, nach einer Wurzel zu graben. Im Felde praktizieren sie am Objekt. Ich habe die Kinder oft in den Busch begleitet und ihr Geschick bewundert. Die Techniken des Sammelns werden so spielerisch nach dem Vorbild der Mütter geübt.

VI. Die spielerische Imitation von Tieren

Ich filmte, wie zwei Jungen trinkende Hunde nachahmten, indem sie sich auf allen vieren in den Sand legten, etwas Milch aus ihren Gefäßen in Topfdeckel schütteten und diese nach Hundeart tranken. Dazwischen lachten sie und setzten dann ihre Tätigkeit fort.

In den letzten Jahren nahm die Zahl der Hunde sehr zu, obwohl die Buschleute nicht alle ernähren können. Sie bringen es jedoch nicht übers Herz, die jungen Welpen zu töten. Die Jungtiere wirken auf sie, nach dem Lorenzschen Kindchenschema, lieb und herzig (K. Lorenz 1943). Damit folgen die Buschleute einem Empfindungsmuster, das über alle Kulturen verbreitet ist (I. Eibl-Eibesfeldt 1972).

So wachsen die Jungtiere heran, und später kümmert sich, bis auf wenige Ausnahmen, niemand um sie. Die Hunde streunen herum und

Abb. 40 *Das Reiter-Pferd-Spiel zweier Jungen. H. Sbrzesny, 16-mm-Film, 32 B/sec.*

sind unentwegt Zielscheibe aggressiver Akte von Erwachsenen und Kindern.

Einmal filmte ich Kinder, die auf allen vieren gingen und Gras aßen. Dabei wurde allerdings nicht deutlich, ob sie weidende Pferde, Esel, Kühe oder Ziegen darstellen wollten.

Das Reiter-Pferd-Spiel

Während beim !nonsi-Spiel der Reiter auf einem Spielzeug reitet, imitieren die Kinder bei diesem Spiel Pferde und Reiter. Jedes Pferd bekommt von seinem Reiter ein Stück Seil um den Hals gebunden, und es muß auf allen vieren gehen, während sich ein anderes Kind mit gegrätschten Beinen darüberstellt. Das »Pferd« wird sogar auf die Weide geführt. Die Kinder kopieren das Pferdeverhalten möglichst genau. Sie wiehern und geben vor, Gras zu essen, und manchmal tun sie dies tatsächlich. Anschließend galoppieren sie mit ihren Reitern davon. Es finden sich oft größere Pferde- und Reitergruppen zum Spiel zusammen.

Dieses Reiter-Pferd-Spiel konnte ich ebenfalls bei den G/wi-Jungen filmen.

Auch J. H. Wilhelm (1953) berichtet von diesem Spiel der !Kung-Buschleute: »Hieran beteiligen sich drei Knaben. Zwei stellen das Pferd dar, indem einer von ihnen dem größeren, der den Vorderkörper des Pferdes darstellt, mit beiden Armen um die Hüften faßt, wobei er Kopf und Rücken vorwärts beugt. Der dritte Spieler fungiert als Reiter. Sind nur zwei Spieler vorhanden, so muß ein Baum den Vordermann ersetzen.«

VII. Die Konstruktionsspiele

In dieser Kategorie fasse ich die Spiele zusammen, bei denen die Kinder etwas konstruieren.

Der spielerische Hüttenbau

Daß die Kinder gerne Hütten bauen, erwähnte ich bereits bei der Besprechung des Eland-Tanzes und des Mutter-und-Kind-Spiels. Sie tun es auch sonst zum Selbstzweck. Sie stecken Äste und Zweige in den Boden, bis ein hüttenartiges Gebilde entsteht, in das sie sich dann hineinsetzen.

Das Errichten von Feuerstellen

In der Regel essen die Kinder im Kreise ihrer Familie an der häuslichen Kochstelle, die vor jeder Hütte zu finden ist. Gelegentlich sieht man jedoch Kinder, die abseits der elterlichen Hütten eigene Kochstellen er-

Abb. 41 *Ein !Ko-Mädchen mit einer Blätterkrone.*

Ein anderes Mädchen trägt ein Käppchen aus einer Melonenschale.

richten. Sie suchen Gräser und Zweige zusammen, entzünden sie und kochen oder braten etwas, das sie dann gemeinsam verzehren. Manchmal kocht auch ein Kind für sich alleine. Dabei können andere Kinder zusehen, ohne sich am Spiel zu beteiligen.

Körbchen-Bauen

Die Kinder schneiden eine leere Melonenschalenhälfte bis auf etwa 2 cm zum Rand hin in Streifen. Sie verfestigen den Boden mit kleinen Hölz-

Abb. 42 *Das Sandburgen-Bauen der !Ko-Kinder.
I. Eibl-Eibesfeldt, Photo.*

a *Die Kinder sind mit dem Bau ihrer Sandburgen beschäftigt.*

b *Am Schluß setzen sich alle lachend in ihre Burgen hinein.*

chen und setzen ein Ästchen quer als Henkel ein. Mit dem fertigen Körbchen gehen sie anschließend spazieren.

Kronen-Flechten

Die Kinder flechten sich auch Kronen aus großen Blättern, die sie voller Stolz tragen.
Dazu durchbohren sie mit dem Stiel eines Blattes jeweils ein anderes Blatt und verknoten den Stiel. Auf diese Weise entsteht eine Blattgirlande, die sie nach einer bestimmten Länge zum Kronenkranz zusammenbinden. Das fertige Gebilde setzen sie sich auf den Kopf.

Abb. 43   *G/wi-Kinder modellieren im Sand.*
H. Sbrzesny, Photos.

a Bau einer Hütte aus Sand.

b Die fertiggestellte Sandhütte.

c Ein fertig errichteter »Kraal« aus Sand und Hölzchen.

Ich erwähnte bereits, daß die Kinder Sandburgen bauen, in die sie sich dann hineinsetzen.

Bei den G/wi-Buschleuten filmte ich Kinder, die mit feuchtem Sand kleine Hütten und Kraale modellierten. Ich filmte auch Frauen bei diesem Konstruktionsspiel. Sie bauten winzige Hütten aus kurzen Strohhalmen, die sie in den Sand steckten.

Abb. 44   *Die Spielhütten der !Ko-Kinder.*

Die Hüttlein sind etwa 60 cm hoch. Für die freundliche Überlassung dieser Photos danke ich Ms. E. Wily.

G/wi-Buschfrau bei der Konstruktion einer Hütte. Die junge Frau konstruiert ein kleines Hüttchen aus kleinen Hölzchen und Strohhalmen. H. Sbrzesny, Photo.

VIII. Wetteifer- und Kampfspiele

In dieser Kategorie sind sicher zwei, nach Motivation wahrscheinlich verwandte Typen von Spielen zusammengefaßt. In beiden Fällen bemüht man sich darum, als Sieger hervorzugehen, sei es, daß man im direkten Kampf einen Partner besiegt, sei es, daß man wetteifernd bessere Leistungen zeigt und so Sieger wird. Spiele dieser Art sind meist durch strenge Spielregeln reglementiert.

Zur Frage der Motivation und Funktion dieser theoretisch sehr interessanten Spiele werde ich mich später äußern.

Das Stockschnell-Spiel (= //ebi)

Das //ebi spielen sowohl die erwachsenen Männer als auch die Jungen. Gelegentlich spielen es beide zusammen. An diesem Spiel können beliebig viele Personen teilnehmen.

Zum Spiel schütten einige Personen zuerst einen flachen Sandhügel auf, den sie feststampfen. Dieser dient als eine Art Abschnellschanze für die Stöcke, die die Spieler dagegenschleudern. Diese stellen sich etwa 15 m von der Schanze entfernt auf. Jeder Teilnehmer läuft der Reihe nach auf den Hügel zu. In einer Hand hält er einen dünnen, etwa 0,7 m langen Stock aus leichtem Holz. Während des Anlaufens holt er mit dem Arm aus. Vor dem Sandhügel stoppt er und schleudert seinen Stock mit aller Kraft in einem bestimmten Winkel dagegen. Bei richtiger Wurftechnik prallt der Stock von der Schanze ab und fliegt eine beträchtliche Strecke weiter. Bei einem falschen Abwurf bohrt sich der Stock in den Sand und die Aktion ist mißlungen. Je kräftiger der Stock im richtigen Winkel abgeschleudert wird, desto weiter schnellt er davon. Jeder Spieler bemüht sich, seinen Stock so weit wie möglich zu schnellen. Männer wie Jungen strengen sich bei diesem Spiel sehr an. Sie konzentrieren sich auf den Abwurf. Gespannt verfolgen der Ausführende und seine Mitspieler den Flug des Stockes. Nach einem Durchgang holt sich jeder Spieler seinen Stock, und das Ganze beginnt von neuem. Während des Anlaufens feuert sich jeder Spieler selbst an. Er schreit: »sa, sa, sa, sasasa« und steigert die Schnelligkeit der Worte synchron zu seinen Laufschritten (sa = geh, lauf).

Abb. 45
Das Stockschnell-Spiel
(= //ebi). H. Sbrzesny,
16-mm-Film, 50 B/sec.

a und b
Eine Jungengruppe
beim Spiel.

c, d, e, f, g   Ein !Ko-
Junge beim Wurf.

Abb. 46 *Wurfstudie eines pfeilschnellenden Jungen. H. Sbrzesny, 16-mm-Film, 50 B/sec.*

Der Junge Cum bespuckte seinen Stock vor jedem Anlauf. Dies belegen die obigen drei Aufnahmen deutlich.

Die Filme zeigen deutlich die Ausdrücke der Spannung. Die Spieler lächeln, wenn ihr Wurf besonders gut gelang, und zeigen Verärgerung und Enttäuschung, wenn er mißlang oder wenn der Stock nicht weit genug wegschnellte.

Während des Laufes und des Abwurfes züngeln sie, beißen sich auf die eingezogene Unterlippe und krausen die Stirn. Oft ziehen sie vor dem Abwurf des Stockes die Augenbrauen zusammen und reißen sie beim Abwurf deutlich hoch. Meist verfolgen sie ihren Wurf mit weit aufgerissenen Augen und verharren noch eine Weile in der gebückten Haltung, in der sie den Stock abwerfen. Erst wenn das Ergebnis vorliegt, entspannen sich Körper und Gesicht, sie gehen zu den anderen Spielern zurück und stellen sich wieder in der Reihe an.

Die Buschleute wetteifern hier um eine gute Leistung. Das Bewußtsein um die Leistung der anderen spornt den Kampfgeist des einzelnen Spielers an.

Dieses Spiel wird auch von J. H. Wilhelm (1953) in seiner Monographie über die !Kung-Buschleute beschrieben: »Die Jünglinge und größeren Jungen schneiden sich dünne, etwa dreiviertel Meter lange Ruten von Grevia- oder Gelbholzbüschen und werfen diese so schräg zur Erde, daß sie aufschlagend noch einmal weiter schnellen. Wessen Rute am weitesten geflogen ist, der darf als erster das Spiel von neuem beginnen. Mit größtem Eifer und vieler Ausdauer verweilt man bei diesem Zeitvertreib.«

Diese Wetteiferspiele werden nur von den Kindern geübt. Stets spielen Mädchen und Jungen zusammen. Sie bilden beispielsweise zwei gemischte Riegen, wobei sich alle Kinder in den Sand knien und jeder sich am Hinterkörper des anderen festhält. Meist kniet ein älteres Kind am Anfang der Riege. Dann rutschen alle, so schnell sie können, vorwärts, wobei jede Riege sich bemüht, als erste an einem gewählten Ziel anzukommen. Dieses Spiel ist immer von viel Geschrei und Gelächter begleitet. Oft bleiben die kleineren Kinder dabei auf der Strecke, und nur die größeren kommen am Ziel an. Dort strecken sich die Kinder im Sand aus und machen eine Erholungspause, um nach einer Weile in der entgegengesetzten Richtung zu rutschen. Bei einer anderen Variante dieses Riegenspieles knien je zwei bis drei ältere Kinder im Sand und halten sich eng aneinander fest. Sie spielen Pferd und werden mit einer Decke zugedeckt, so daß nur der Kopf des ersten Kindes herausschaut. Ein Reiter setzt sich auf den Rücken eines unter der Decke befindlichen Kindes. Auf diese Weise formieren sich mehrere Reiter- und Pferdegruppen, wobei jeder Reiter versucht, mit seinem Pferd so schnell wie möglich voranzukommen. Dies geschieht meist so stürmisch, daß entweder der Reiter vom Pferd fällt oder das Pferd sich »auflöst«. Die Kinder lachen dann herzlich. Sie formieren sich immer wieder von neuem zu diesem Spiel.

Bei einem anderen Spiel geht es darum, mit einem Spielgefährten, den man trägt, mit anderen wettzulaufen.

Je nach Anzahl der Kinder, die für das Spiel zur Verfügung stehen, bilden sich entsprechend viele Paare. Je ein Kind trägt dabei einen Kameraden auf dem Rücken. Entweder sitzt dieser Huckepack auf dem anderen, oder die beiden stellen sich zuerst Rücken gegen Rücken, haken sich an den Armen unter, eines bückt sich und hebt seinen Partner so vom Boden. Er liegt dann, die Beine in die Luft, rücklings auf dem Rücken des Trägers. Dann laufen alle Paare los. Sieger ist jenes Paar, das am weitesten und am schnellsten läuft.

Das Straußen-Spiel (= Goje)

Dieses Fangspiel praktizieren nur die erwachsenen Männer und die Jungen. Gelegentlich spielen sie zusammen. Wie viele Spiele der !Ko hat auch dieses seine Wurzel in der Jagdwelt. Dabei übernimmt ein Mann die Rolle des Straußes = Goje. Die anderen Mitspieler sind die Jäger. Die !Ko spielen dieses Spiel weiter vom Dorf entfernt im Busch, wo es hohe

Abb. 47 *Das Straußen-Spiel (= Goje). H. Sbrzesny, 16-mm-Film, 32 B/sec.*

Akazienbäume gibt. Neben einem Baum wird der Boden in einem Kreis von etwa 20 m Durchmesser gründlich von Pflanzen und Sträuchern gesäubert. In Bere war auf diese Weise ein richtiger Spielplatz angelegt, an dem man sich zu solchen Spielen traf.

Die Buschleute befestigen das aus Lederstreifen gefertigte Seil mit einem Ende an einem hohen Ast. Das andere Ende knoten sie zu einer größeren Schlaufe fest. Derjenige Spieler, der den Strauß imitiert, setzt sich in die Schlinge hinein, und zwar so, daß er das Seil zwischen den Beinen hat, also in der Schlaufe sitzt. Mit den Händen hält er sich fest. Die Schwierigkeit für ihn besteht darin, daß er den Boden gerade mit seinen Zehenspitzen erreichen kann, da die Schlinge so hoch geknüpft ist. Er muß also fast in dem Seil balancieren. Er stellt sich so auf, daß das Seil vollkommen gespannt ist, und läuft an. Er dreht einige Runden im Kreis, bis er eine beträchtliche Geschwindigkeit erreicht hat. Die anderen Spieler laufen nun nacheinander in den Kreis ein, laufen an der äußeren Kreislinie hinter dem Strauß her und versuchen ihn zu fangen. Dabei müssen die Jäger stets an der Außenlinie des Kreises bleiben, der Strauß darf bei Gefahr auch in die Kreismitte ausweichen. Oft macht es sich der Mann zum Spaß, im Seil schwingend an seinen Verfolgern vorbeizu-sausen, die ihn meist nicht schnell genug fassen können. Geschieht das doch, so darf der Mann, der den Strauß gefangen hat, nun dessen Rolle übernehmen.

Die Buschleute spielen das Goje auch mit umgekehrter Regel. Dann verfolgt der Strauß die Jäger. Diese Spielvariante ist besonders amüsant. Da sich der Mann im Seil festhalten muß, hat er große Schwierigkeiten, einen Mitspieler zu fangen, ohne aus dem Seil zu fallen. Nicht selten geschieht es, daß er auf einen Kameraden zusaust, schnell das Seil los-läßt, um ihn zu greifen und das Gleichgewicht verliert, wenn dieser ent-wischt. Dann schwingt er hilflos baumelnd im Seil, bis er sich wieder aufgerichtet hat. Nur wenn der Mann einen Mitspieler genau fixiert und seinen Schwung beim Fang richtig dosiert, kann er ihn greifen und fest-halten. Der Gefangene scheidet aus dem Spiel aus.

Das »Wilde Tier«-Spiel

Dieses Fangspiel wird ähnlich dem Goje gespielt, doch stellt der Mann im Seil ein anderes Tier dar. Ich konnte nicht herausfinden, um was für ein Tier es sich dabei handelt. Das Seil wird so weit zu Boden gelas-sen, daß ein Spieler, der das Tier mimt, sich auf dem Bauch in die Schlinge legen kann und mit Händen und Füßen knapp den Boden erreicht. Wieder laufen einige Spieler im Kreis, und der Mann im Seil verfolgt sie. Er versucht erst, auf allen vieren krabbelnd, mit seinem Seil in Schwung zu kommen. Dann schaukelt er zähnefletschend auf seine Kameraden los und stößt dabei wilde Laute aus. Die Mitspieler werden also nicht gefangen, sondern angegriffen. Dabei darf der Mann in der Tierrolle nicht seine Hände zu Hilfe nehmen, sondern muß gezielt auf einen anderen hinschaukeln und ihn beißen. Natürlich geschieht dies spielerisch, und er beißt nicht fest zu. Hat er auf diese Weise einen Mitspieler erwischt, so scheidet dieser aus dem Spiel aus.

Der Mann, der das Tier mimt, muß seine »Beute« fixieren und bei der Verfolgung seinen Schwung entsprechend dosieren. Oft läßt das vermeintliche »Opfer« seinen Verfolger dicht auf sich zukommen und weicht gerade in dem Augenblick geschickt zur Seite, wenn dieser zubeißen will. Durch die mit dem Zuschnappen verbundene Bewegung kommt der Mann stets aus dem Gleichgewicht, wenn er keinen Erfolg hat. Er kippt dann im Seil haltlos nach vorne oder nach hinten und schaukelt umher, bis er sich wieder zurechtfindet. Dabei wird er von den anderen ausgelacht und geneckt.

Meist zieht das Goje und dieses Spiel alle Dorfbewohner an. Diese stehen am Rande des Spielplatzes, lachen und amüsieren sich. Auch die !Ko-Jungen spielen dieses Spiel. Die Jungen praktizieren das Goje-Spiel und das »Wilde Tier«-Spiel ebenso, wie die erwachsenen Männer. Manchmal spielt ein erwachsener Mann die Rolle des Straußes oder des wilden Tieres, und die Jungen sind die Jäger bzw. die Verfolgten. Wenn die Kinder die Spiele für sich ausüben, sitzen die Alten am Rande des Geschehens dabei, geben Ratschläge, ermuntern oder üben Kritik und lachen einen ungeschickten Spieler aus.

Besonders die Mädchen benützen diese Gelegenheit, sich über die Jungen lustig zu machen. Dies führt entweder zu aggressiven Akten von seiten der Jungen, die dann das Spielfeld verlassen, die Mädchen scheuchen oder mit nesselnden Pflanzen schlagen bzw. verfolgen, oder der Junge in der Tierrolle versucht, die am Rande stehenden Mädchen zu erhaschen und nicht seine Spielgefährten.

Das Holzklötzchen-Spiel (= Patro)

Die !Ko nennen die doppelt korkenstückgroßen Holzklötzchen, die zu diesem Spiel verwendet werden, Patros. Danach ist das ganze Spiel benannt, das Patro wird nur von der männlichen Jugend gespielt.

Zwei Riegen mit bis zu vier Jungen sitzen sich Gesicht zu Gesicht im

Abstand von 2 bis 3 Metern gegenüber im Sand. Jeder Gruppe steht eine Anzahl von Patros zur Verfügung, die zu zwei bis drei Stück auf jeden Spieler aufgeteilt sind. Jedes Mitglied einer einzigen Riege stellt nun vor sich die Klötzchen im geebneten Sand auf: meist linker und rechter Hand und eines in der Mitte vor sich. Ziel der gegnerischen Gruppe ist es,

Abb. 48
Das Patro-Spiel der !Ko-Jungen. I.Eibl-Eibesfeldt, Photo.

a Die beiden gegenüber-sitzenden Parteien beim Spiel.

b und c Eine Partei, die bei a einen Wurf ausführt, bei b einen Wurf der an-deren Partei erwartet.

möglichst in einem Durchgang die Patros der anderen Gruppe umzuschießen. Sie verwenden dazu die eigenen Patros, die sie nicht aufgestellt haben, als Wurfgeschosse und wechseln sich bei den Würfen ab. Trifft der erste Spieler mit seinen Klötzchen die seines Gegners, darf sein mit ihm verbündeter Nachbar fortfahren, auf die Patros seines Gegners zu schießen usw. War ein Werfer dieser Gruppe nicht erfolgreich, bekommt er von der Gegenriege seine verschossenen Patros zurück: manchmal nur eines, manchmal alle drei, je nach Anzahl seiner mißlungenen Würfe. Er muß nun ebenfalls seine Patros vor sich aufstellen und dann darf sein Gegenüber versuchen, seine Klötzchen abzuschießen. Ist dieser Werfer erfolgreich, müssen die restlichen Gegner ihre Patros aufstellen und zum Abschuß anbieten. Sind alle Klötzchen einer Riege abgeschossen, verteilen die Jungen wieder ihre Klötzchen, und das Spiel beginnt von neuem. Sieger und Besiegte können gleichermaßen beginnen. Dies ist nicht durch eine Regel festgelegt. Die Jungen erregen sich bei diesen Spielen sehr. Sie diskutieren oft lautstark über einen Wurf und beschimpfen einander. Bei diesem Spiel konnte ich eine Reihe von interessanten Ausdrucksbewegungen filmen, die in einem gesonderten Kapitel beschrieben werden. Hier sei auf eine universelle Siegerpose der erfolgreichen Werfer hingewiesen, bei der die Arme hochgerissen werden. Ich sah ferner Verhöhnen mit phallischem Display, indem sich der betreffende Junge auf die Seite legte und wiederholt ein Bein anhob, so daß seine Geschlechtsregion deutlich dem Gegner gezeigt wurde. Erfolgreiche lachen den Gegner aus und stehen dem Spielkameraden der eigenen Riege bei. Das Interessante an diesem Spiel ist, daß die Spieler einer Seite eine Partei bilden. Die Jungen freuen sich dementsprechend über den Erfolg der Partner der eigenen Riege oder sind traurig über deren Mißerfolg, auch wenn sie selbst erfolgreich waren. Bei diesem Spiel konnte ich oft passive Mitspieler beobachten, die jeweils hinter einer Riege Platz nahmen, zuschauten, kritisierten oder Ratschläge gaben.

Das Figuren-Wettkampfspiel (Jäger–Tier)

Dieses höchst komplizierte Wettkampfspiel hat eine gewisse Ähnlichkeit mit dem bei uns bekannten Knobelspiel: »Stein, Schere, Papier«.

Die !Ko haben keinen eigenen Namen für dieses Spiel. Meine Befragung und der Vergleich ihres Spieles mit den Spielvarianten der G/wi-Buschleute ergaben, daß die !Ko das Spiel von den Sumpf-Buschleuten, den Makoukous übernommen haben. Auch die G/wi-Buschleute sagten mir, daß sie eine Variante dieses Spiels von den Makoukous gelernt haben. Diese gleicht nahezu der von den !Ko gespielten Variante. Daneben haben die G/wi jedoch noch zwei andere Abwandlungen dieses Wettkampfspiels (das/aro und das gei:i), von denen sie sagen, daß diese ihre eigenen Spiele seien. Alle drei Spielarten folgen den gleichen Regeln, nur die vorgegebene Lautsequenz ist von Spiel zu Spiel verschieden. Die mit den G/wi zusammenlebenden ≠ anakwe-Buschleute sagen, sie könnten keines dieser Spiele spielen. Ich werde im folgenden alle drei Spielvarianten, die ich beobachten und filmen konnte, beschreiben. Wir wenden uns zuerst dem Spiel der !Ko zu. Nur wenige der !Ko-Männer können das Figuren-Spiel richtig spielen, und auch die !Ko-Jungen spielen es nicht so gewandt wie die G/wi-Buschleute.

Bei dem Spiel sitzen sich zwei oder vier Männer gegenüber. Der zwischen ihnen liegende Abstand, der bis zu drei Metern betragen kann, ist das eigentliche Spielfeld. Sind an dem Spiel vier Männer beteiligt, so spielt jeder gegen seinen über Kreuz sitzenden Partner. Das Spiel ist völlig rhythmusgebunden und erfordert höchste Konzentration.

Das Figuren-Wettkampfspiel stellt einen ritualisierten Kampf zwischen Tier und Jäger dar. Bei den G/wi ist das Tier entweder ein Steenbok oder ein Strauß, bei den !Ko ist es dem Spieler überlassen, welche Tierrolle er übernehmen will. Doch stellt auch er meist eine Antilope oder Gazelle dar, gelegentlich aber einen Löwen. Der Jäger kämpft symbolisch mit Pfeil und Bogen, Speer oder Messer, das Tier mit seinen Hörnern oder Klauen. Um sich gewissermaßen »anzuheizen« und die Spannung zu erhöhen, klatschen zuerst beide Partner eine Weile in die Hände und sagen zu jedem Händeklatschen: »na, na, na, …«. Die symbolische Bedeutung dieses Klatschens ist, daß man sich gegenseitig bedeutet: »Wir werden miteinander kämpfen.« Darauf beginnen beide eine rhythmisch festgelegte, nicht vokalisierte Lautsequenz von Grunz-, Keuch-, Stöhn- und Japslauten. Das Spiel ist völlig von dieser Rhythmussequenz abhängig. Sie untermalen die Laute, indem sie sich mit der flachen Hand auf die Brust schlagen, wodurch die Laute vibrieren. Dann deuten sich die Gegner ihre Spielbereitschaft an. Der Jäger zeigt mit den Fingern seiner Hand das Zeichen seiner Waffe; es ist meist ein Messer. Der Spieler in der Tierrolle gibt durch Handzeichen an, welches Tier er spielt. Handelt es sich z. B. um eine Oryx-Antilope, dann ahmt der Spieler mit den Fingern einer Hand die beiden Hörner nach. Mit den gleichen Zeichen verständigen sich Buschleute lautlos bei der Jagd. Die Art und Weise, in der Spieler einander die Zeichen geben, indiziert den Grad ihrer Kampflaune. Indem der Jäger seine Hand vor sich schnell hin und her bewegt und dabei noch immer mit den Fingern seine Waffe zeigt, bedeutet er dem Tier: »Ich bin sehr aufgeregt.« Stößt er mit seiner Hand ruckartig in die Richtung seines Gegners, bedeutet dies: »Ich bin sehr böse.« Auch der Mann in der Tierrolle bedeutet dem Jäger durch kurze ruckartige Vorstöße mit seiner Hand: »Ich bin böse, ich werde dich töten.« Nach diesem Vorspiel treten beide in den Kampf ein. Jeder stößt abwechselnd mit der linken und der rechten Hand rasch und heftig in den Sand. Am Ende der Grunzsequenz kommt es zur eigentlichen Kampfentscheidung. Genau bei einem bestimmten Keuchlaut – dem Tötungslaut – wird die Stellung der Hände im Sand (dem Spielfeld) zueinander gewertet. Stecken zu diesem Zeitpunkt die linke Hand des Jägers und die linke Hand des Tieres, also in einer Kreuzstellung, zueinander im Sand, dann hat der Jäger das Tier getötet. Er hat dem Tier symbolisch den Speer (das Messer) in die Seite gerammt. Trifft andererseits die linke Hand des Jägers im Sand auf die rechte Hand des Tieres, also in einer geradlinigen Stellung zueinander, dann hat das Tier den Jäger getötet. Es hat dem Jäger symbolisch seine Hörner von vorne in den Leib gerammt[3].

Diese Entscheidung wird von den Spielern blitzschnell registriert. Der Sieger einer Kampfrunde richtet sich aus dem Sitz auf und reißt einen Arm als Zeichen des Treffers hoch, oder er schnalzt mit einer nach rückwärts wegwerfenden Handgebärde mit den Fingern und dreht sich dabei zur Seite. Der Getroffene legt seinen Kopf an die Brust, hält ihn mit beiden Händen oder streicht sich in einer Geste der Verzweiflung und des Schmerzes mit den Händen über den Kopf. (Man beachte die deutlichen Ausdrucksbewegungen für Sieg und Niederlage!) Danach wird sofort weitergespielt, und es reiht sich Kampf an Kampf, bis die Spieler von der ungeheuren physischen und emotionalen Anstrengung müde geworden sind und das Spiel beenden. Spielen sie nach einer Weile weiter, so können die Rollen des Jägers oder des Tieres nun vertauscht werden.

Die Treffer werden nicht zusammengezählt, und nach dem Spiel geht keiner als besserer oder schlechterer Spieler hervor. In diesem Sinne gibt es keine Konkurrenz. Es ist mehr oder weniger eine Zufallsentscheidung,

---

[3] Diese Interpretation gaben sowohl die G/wi- als auch die !Ko-Spieler an. Ich möchte noch deutlich machen, daß die beiden Gegner sich beim Spiel nicht körperlich bekämpfen. Der Kampf zwischen Jäger und Tier findet in dem Spielfeld zwischen ihnen im Sand statt, und ihre Hände spielen symbolhaft für die kämpfenden Figuren. Die Stelle der Grunzsequenz, an der die Kampfentscheidung fällt, habe ich als Tötungslaut bezeichnet. Dieser Ausdruck wird nun auch von Kollegen verwendet, die ein vorgeführtes Spiel der !Ko filmten (D. Heunemann und H. J. Heinz, 1974, E 2105 bis V 1630).

welche Hand des Spielers an dem entscheidenden Zeitpunkt auf die des anderen Spielers trifft.

Wie ich schon erwähnte, kann das Figuren-Spiel äußerst eindrucksvoll für den Zuschauer sein. Es bedarf sehr vieler Übung und völliger Hingabe an Rhythmus, Atemstärke und physischen Aufwand, um es perfekt spielen zu können. Sowohl die !Ko als auch die G/wi haben ihre auserwählten Spieler, die sie vorschieben, wenn man sich das Spiel vorführen lassen will. Für einen Europäer ist es nahezu unmöglich, das Spiel in dieser Ausgefeiltheit und mit diesem Kraftaufwand nachzuspielen.

Um die Beschreibung dieses Spieles abzurunden, seien noch die entsprechenden Spielausführungen der G/wi-Buschleute angeführt. Eine Spielvariante bezeichnen die G/wi als gei:i (= Steenbok). Sie gleicht fast ganz dem Figuren-Wettkampfspiel der !Ko. Die untermalende Rhythmussequenz besteht ebenfalls nur aus Keuch- und Grunzlauten, und die Regeln sind die gleichen. Die zwei anderen Spielvarianten dieses Kampfspiels kenne ich nur von den G/wi. Die erste wird nach dem dabei beteiligten Tier, dem Strauß = /aro benannt. Dabei sitzen sich die beiden Spieler in einem Abstand von etwa zwei Metern gegenüber. Bei dieser Spielvariante strecken sich die Spieler nicht die Hände oder Arme entgegen, sondern richten sie stets auf den Boden. Den Jäger erkennt man daran, daß er während der rhythmischen Lautsequenz immer beide Zeigefinger seiner Hände gleichzeitig zum Takt des gekeuchten Rhythmus in den Sand steckt. Der den Strauß spielende Mann steckt zum Takt immer abwechselnd einen Zeigefinger einer Hand vor sich in den Sand. Dies geht nach der Rhythmussequenz eine Weile (Kampfphase), bis die Männer den Tötungslaut ausstoßen. An dieser Stelle muß sich der Jäger entscheiden, ob er seinen linken oder rechten Zeigefinger vor sich in den Sand steckt. Da auch der Strauß an dieser Stelle entweder seinen linken oder rechten Zeigefinger in den Sand gesteckt hat, kann man die Entscheidung wieder an der Stellung der Hände zueinander ablesen. Hier gilt die schon beschriebene Regel. Befinden sich die Hände in einer gekreuzten Stellung zueinander, dann hat der Jäger den Strauß getötet. Stehen die Hände in einer parallelen, gegenüberliegenden Handstellung zueinander, dann hat der Strauß den Jäger getötet.

Ich habe versucht, die Lautsequenz, die bei diesem Spiel als Rhythmusvorlage dient, in Worte zu kleiden. Die Stöhn- und Keuchlaute konnte ich dabei nicht berücksichtigen. (Sie sind jedoch in dem tonsynchronen Film HF 81 enthalten.)

Die Lautsequenz:

Jäger-Strauß-Kampfspiel der G/wi-Buschleute
⁴/₄ oder ²/₄ Takt. Beide Spieler »singen« gleichzeitig.

»Arratate kche dadidididi ahou
kche tuk – ahe – e e – ahou – e e
arratate kche dadidididi ahou
kche tuk – ate – e dei – ahou – e dam
arratate kche dadidididi ahou
kch tuk tuk ate – kch !am – ahou – e !am
arratate kche dadidididi ahou
kche tak – hm ahou – kche dei
arratate kche dadidididi ahou
kche tak – ahou – kche dei
arratate kche dadidididi ahou
kche tuk – ate – kche/ui
arratate kche dadidididi ahou
kche tuk – ate – kche dei
arratate kche dadidididi ahou«

Das zweite Figuren-Kampfspiel (Jäger–Tier) ist nach dem dabei dargestellten Steenbok = !gei:i benannt. Die beiden Spieler sitzen einander wieder am Boden gegenüber. Die Spielregel ist die gleiche wie bereits beschrieben.

Die Lautsequenz:

Jäger-Steenbok-Kampfspiel der G/wi-Buschleute
⁴/₄ oder ²/₄ Takt. Beide Spieler »singen« gleichzeitig.

»amaha e tak	amaha e gij
amaha e !gei	amaha e !om
amaha e !om	amaha !om tati
amaha !om tati	amaha tati zipa
amaha tati zipa	amaha e chop
amaha e tak	amaha e !gei
amaha e !gei	amaha e !om
amaha e !om	amaha !om tati
amaha !om tati	amaha tati zipa«
amaha tati zipa	

Bei jedem »amaha« schlagen sich die Spieler im Takt mit beiden Händen abwechselnd oder gleichzeitig auf die Oberschenkel. Bei jedem dritten Wort einer Zeile, also nach unserem Beispiel entweder nach:

147

tak, !gei, !om, tati, usw. geben sie sich das entsprechende Handzeichen. Dabei wird entweder die linke oder die rechte Hand aus dem angewinkelten Arm dem Gegner entgegengeschnellt, und die Finger der Hand werden dabei gestreckt oder gespreizt.

Um dem Leser zu verdeutlichen, daß die Handzeichen tatsächlich nach Knobel-Art aufeinander treffen, habe ich die Stellungen der Hände der Spieler nach dem Film und dem Tonband während zehn aufeinanderfolgenden Kämpfen aufgeschrieben. Die Bezeichnungen für die linke Hand sind mit li abgekürzt, das gleiche gilt für die rechte Hand, also re. Links und rechts gelten für das eigene Körperbild der rechten und linken Hand. Das Kreuz x bedeutet, daß dieser Spieler getroffen wurde, also vom Gegner abgeschossen wird; das Ausrufezeichen ! bedeutet, daß dieser Spieler gewonnen hat.

Jäger	:	Tier	=	Kampf
li, li, li, re, li	x	re, re, re, re, re	!	1
re, re, li, li	!	re, re, re, li	x	2
re, li, re, li	x	re, re, re, re	!	3
re, re, li, re	x	re, re, re, li	!	4
li, li, li, li	x	re, re, re, re	!	5
re, li, li, li	!	re, re, re, li	x	6
re, li, re, li	x	re, re, re, re	!	7
re, re, li	x	re, re, re	!	8
re, li, re, re	x	re, re, re, li	!	9
re, re, li, li	x	re, re, re, re	!	10

Abb. 49 *!Ko-Männer beim Figuren-Wettkampfspiel (Jäger-Tier).*
H. Sbrzesny, 16-mm-Film, 50 B/sec.

a und b Die Spieler geben ihren Gegenspielern ihre Spielbereitschaft zum Ausdruck. Sie »heizen« sich an, klatschen.
c und d Der erste Spielzug und die rhythmusgegebene Ruhepause.
e und f Die nächsten beiden Spielzüge.

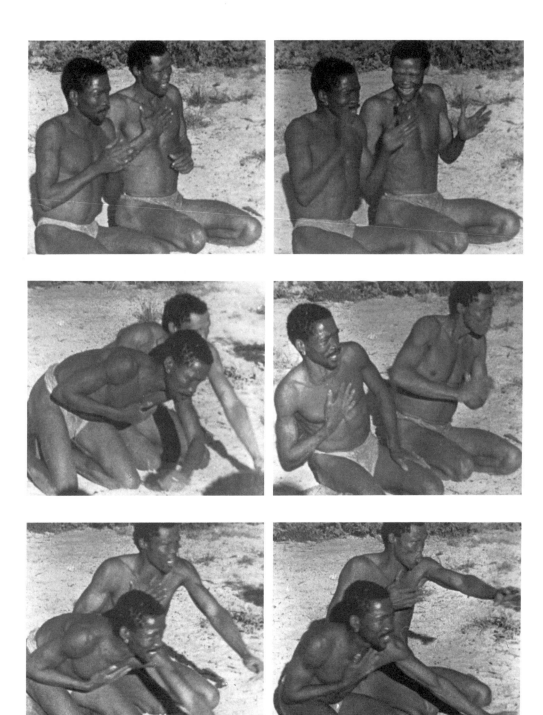

g und h Der linke Spieler ist dabei, seinen Gegner »abzuschießen«.
i Der linke Spieler hat seinen Gegner »abgeschossen«.
k Er tritt in eine neue Kampfphase ein, macht das erste Handzeichen.

Abb. 50 *Zwei !Ko-Jungenparteien beim Figuren-Wettkampfspiel (Jäger-Tier). H. Sbrzesny, 16-mm-Film, 32 B/sec.*

Jeder Spieler spielt gegen seinen gegenübersitzenden Gegner.
a Das im Vordergrund sitzende Paar ist mitten im Kampf, das Nebenpaar hat
  gerade seinen Kampf beendet, und der zweite Junge von rechts »schießt«
  gerade seinen Gegner ab.
b Das linke Paar ist mitten im Kampf; beim rechts sitzenden Paar ist der
  Kampf entschieden. Der Gegner im Vordergrund schießt seinen Partner ab.
  Dieser macht die Gebärde des Getroffenseins und hält seinen Kopf.

Abb. 51 *Figuren-Wett-kampfspiel (Jäger-Tier) H. Sbrzesny, 16-mm-Film, 50 B/sec.*

a Das »Tier« zeigt dem Jäger seine »Waffen«.

b Das »Tier« bekämpft den Jäger.

c Das »Tier« holt zum Schlag gegen den Jäger aus.

Abb. 52 Das Figuren-
Wettkampfspiel (Jäger-
Tier). H. Sbrzesny, Photos.

a Die entscheidende
Kampfphase.

b Der rechte Spieler ist
getroffen.

c Der Sieger macht das
Zeichen des Abschießens.

153

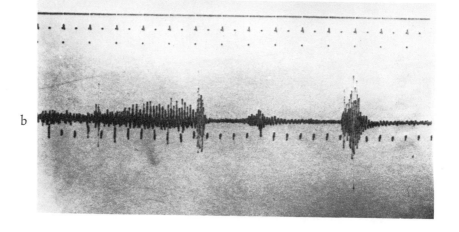

154

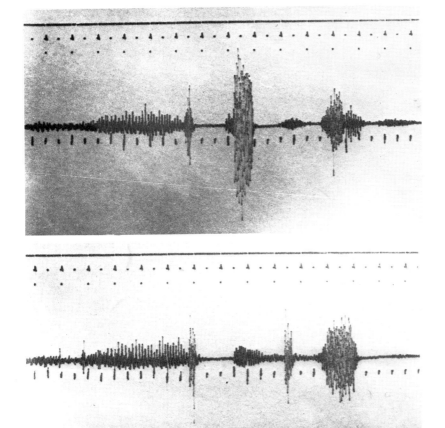

Abb. 53 *Darstellung der Lautsequenz des Jäger-Steenbok-Spieles der G/wi-Buschleute.*

Amplituden-Zeitdiagramm der Lautsequenz von Seite 147. Es werden ausschnittweise 5 Lautzeilen wiedergegeben. Die Amplitude wird linear aufgezeichnet. Die Zeit läuft in msec.

a »amaha – e – tak«
b »amaha – e – !gei«
c »amaha – e – !om«
d »amaha – !om – tati«
e »amaha – tati – zipa«

Für die freundliche Unterstützung bei der Herstellung der Diagramme danke ich sehr herzlich: Herrn Dr. Peetz, Max-Planck-Institut für Psychiatrie, München; Herrn Dr. Maurus, Leiter der Verhaltensforschungsabteilung, Biologie, desselben Institutes; Herrn Reinhard Felder danke ich ganz besonders für die photographische Herstellung der Diagramme.

155

Das – wie bereits erwähnt – vor jedem Handzeichen ausgeführte Schenkelklopfen wurde hier nicht extra angeführt. Von den zehn hier ausgewerteten Einzelkämpfen gewann der Jäger zwei, das Tier dagegen acht Spielrunden.

Das Steinrechen-Spiel (= /ui/ama/!ona)

Die !Ko-Bezeichnung für dieses Spiel heißt übersetzt: »Eins, zwei, drei«. Verschiedentlich habe ich es im deskriptiven Teil der Arbeit mit dem Namen »Kühe-Stehlen« belegt, da ich zu diesem Zeitpunkt den !Ko-Namen noch nicht erfragt hatte. Die !Ko-Kinder geben an, die Steinchen würden Kühe darstellen, die man dem Gegner wegzunehmen versucht.

Das Steinrechen-Spiel ist über ganz Afrika verbreitet, und ich fand in der Literatur viele Hinweise, verschiedene Spielvariationen und viele Namen für dieses Spiel. Leider ist in der Literatur die Beschreibung des Spielverlaufs ein wenig verwirrend dargestellt. Dies ist für mich verständlich, da es in der Tat sehr schwierig ist, einem Außenstehenden, der das Spiel noch nie selbst gesehen hat, dieses verständlich zu schildern. Wir betrachten zuerst die Anordnung bzw. die Aufstellung des Spieles, machen uns kurz mit den wichtigsten Regeln bekannt und spielen das Spiel mit einer Art »Schachbeschreibung« und zwei imaginären Spielpartnern an. So werden die Regeln praktisch durchgespielt, und der Leser kann das begonnene Spiel zu Ende spielen. Ich habe es nicht bis zum Ende angegeben, da es meiner Ansicht nach zu weit gehen würde, einem Nicht-Original-!Ko-Spiel so breiten Raum zu widmen. Anschließend beschäftige ich mich kurz mit der kulturellen Verbreitung dieses Spiels.

1. Die Spielanordnung

Jeder der zwei Spieler hat vor sich zwei Reihen von je acht Löchern; somit besteht das ganze Spielfeld aus 32 Löchern. Die vier Reihen sind von oben nach unten mit den Nummern 1 bis 4 gekennzeichnet (siehe Zeichnung). Von links nach rechts trägt nun jedes Loch einen Buchstaben, je Reihe von A bis H bzw. von a bis h.

Dem Spieler X gehören alle Löcher 1 A bis 1 H, sowie 2 a bis 2 h. Dem Spieler Y gehören alle Löcher 3 a bis 3 h, sowie 4 A bis 4 H.

Alle Löcher werden nun mit je zwei Steinchen gefüllt, mit Ausnahme der Löcher 2 e und 2 f des einen sowie 3 c und 3 d des anderen Spielers. Je zwei gegeneinander versetzt liegende Löcher der beiden mittleren Reihen bleiben also frei.

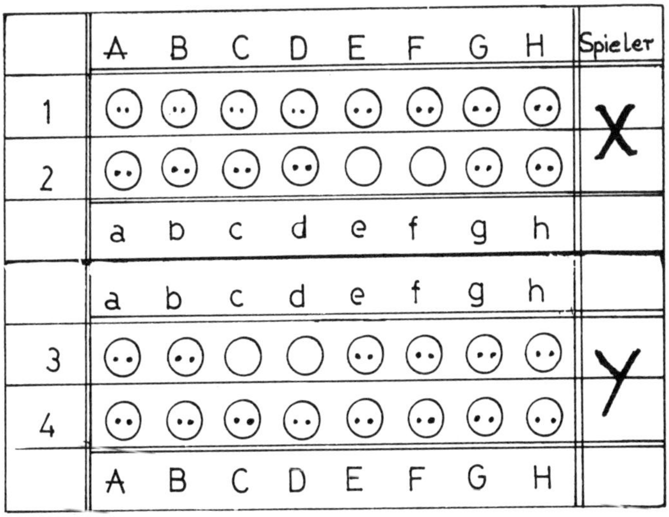

Abb. 54   *Das Steinrechen-Spiel (/ui /ama /!ona).*

Spielfeld-Anordnung:
Spielfeld des Spielers X
Spielfeld des Spielers Y

2. Die Spielregeln

In dem Spiel werden die Steinchen bewegt. Jeder Spieler spielt gegen den Sinn des Uhrzeigers.

Es wird immer nur ein Stein in jedes Loch hineingegeben. Der Spieler muß bei diesem Spiel rechnen.

Ein beliebiger Spieler beginnt das Spiel. Er spielt zunächst nur mit den Steinchen seiner eigenen beiden Reihen. Er beginnt mit einem Loch in seiner Reihe und verteilt die beiden darin befindlichen Steinchen auf die zwei folgend liegenden Löcher. Damit ist der erste Zug vorerst zu Ende. Nun vergleicht dieser Spieler die Anzahl der Steinchen des letzten Loches in seiner vordersten Reihe, welches er bespielt hat, mit dem gegenüberliegenden Loch seines Partners in dessen vorderster Reihe. Da der beginnende Spieler nun die Anzahl der Steinchen durch seinen Zug, in zwei Löchern, von 2 auf 3 erhöht hat, liegen nun im letzten bespielten Loch 3 Steine dem Loch seines Gegners mit nur 2 Steinen gegenüber. Die Regel besagt, daß er stets in diesem Fall *alle* Steine von den zwei Löchern des Gegners, die in dieser Vertikallinie liegen, herausnehmen und mit dieser Anzahl in seinem Spielfeld weiterziehen kann. Er schließt an das letzte von ihm bespielte Loch an und füllt in alle folgenden Löcher

157

je einen Stein hinzu, und zwar so lange gegen den Sinn des Uhrzeigers, bis sich in einem Loch nur noch ein Steinchen befindet. Während er die Runde macht, darf er stets die Steine seines Partners nehmen, wenn in einem Loch seiner vordersten Reihe mehr Steinchen liegen als in dem gegenüberliegenden seines Gegners.

Dieser Spieldurchlauf kann sehr lange dauern und endet, wie gesagt, wenn der Spieler am Ende nur noch ein Loch mit einem Stein besetzen kann.

Dann ist sein Gegenüber an der Reihe, der nach denselben Regeln verfährt.

Das Spiel verläuft also nach mathematischen Gesetzen, und jeder Spieler ist bemüht, die Steinchen in seinen Löchern zu vermehren.

Somit wählt er klugerweise ein Loch beim Spielzugbeginn, das ihm eine Summation seiner Steinchen gewährleistet. Das Spiel ist zu Ende, wenn ein Spieler nur mehr einen Stein in ein Loch legen und keine gegnerischen Steine mehr aufnehmen kann.

Ich möchte noch erwähnen, daß man mit einer geringeren Anzahl von Löchern spielen kann, so z. B. nur mit 4, 5 oder 6 Löchern pro Reihe, was allerdings das Spiel uninteressanter macht.

3. Der Spielverlauf

Das Spiel spielen die beiden mit X und Y bezeichneten Partner. Y beginnt z. B. das Spiel, indem er zwei Steine aus seinem Loch 3 e nimmt und je einen Stein in 3 d und 3 c legt. Dieser Zug ist nun beendet, da er beide Steine auf je ein Loch verteilt hat. X beginnt seinen Zug bei 2 b, nimmt dessen zwei Steine und legt je einen in 2 c und 2 d. Da nun in 2 d nach einem Zug von seinen Steinen nun drei Steine in einem Loch zusammengekommen sind, die dem gegnerischen Loch mit nur einem Stein gegenüberstehen, kann X nun die gegnerischen Steine aus 4D und 3d nehmen (insgesamt drei Steine) und spielt nun im eigenen Feld mit den Steinen des Gegners weiter. Er verteilt davon je einen Stein 2 e, 2 f und 2 g.

X nimmt den Inhalt aus seinem Loch 3 h (zwei Steine) und verteilt diese je auf 3 g und 3 f. Weil nun seinerseits drei Steine in 3 f dem gegnerischen Loch mit nur einem Stein gegenüberstehen, darf der Spieler nun den Inhalt von 2 f und 1 F des Partners an sich nehmen und weiterspielen. Er verteilt diesen Inhalt (insgesamt drei Steine) in seinen eigenen Reihen weiter, und zwar in 3 e, 3 d und 3 c. Wieder darf er die Steine aus 1 C und 2 c des Gegners nehmen, da in seinem Loch mehr Steine waren als im unmittelbar gegenüberliegenden des Gegners. Er verteilt den Gesamtinhalt von fünf Steinen in seinen eigenen Reihen auf die Löcher 3 b, 3 a, 4 A, 4 B und 4 C, nimmt den Gesamtinhalt von 4 C (drei

Steine) und verteilt sie weiter in 4D, 4E und 4F; nimmt wieder alle Steine aus 4F (das sind drei Steine) und verteilt sie weiter in 4G, 4H und 3h. Nun ist sein Spielzug beendet, weil sein letzter Stein des zu verteilenden Inhalts auf ein leeres Loch traf und somit nur mit einem Stein besetzt ist, was stets das Ende eines Spielzugs ist. Der Spieler X nimmt den Inhalt aus 2d (drei Steine) und verteilt ihn auf die Löcher 2e, 2f und 2g. Er nimmt den Inhalt von 4G und 3g des Gegners, da in seinem Loch 2g mehr Steine waren als in 4G. Er verteilt den Gesamtinhalt von sechs Steinen in seinen eigenen Reihen weiter, und zwar in die Löcher 2h, 1H, 1G, 1F, 1E und 1D. Nimmt den Inhalt von 1D (das sind drei Steine) und legt je einen in 1C, 1B und 1A. Nimmt den Inhalt von 1A (drei Steine) und verteilt sie auf 2a, 2b und 2c. Das letzte bespielte Loch war leer, und er füllt es nur mit einem Stein; so ist nun auch sein Spielzug zu Ende.

Y nimmt den Inhalt von 4H (das sind drei Steine) und legt je einen in 3h, 3g und 3f. Er darf den Inhalt der gegnerischen Löcher 1F und 2f mit je einem Stein an sich nehmen und verteilt diese weiter in seine eigenen Löcher 3e und 3d; nimmt den Inhalt von 3d (sind zwei Steine) und legt je einen in 3c und 3b. Wieder darf er die Steine von 2b und 1B des Gegners nehmen (insgesamt vier Steine) und verteilt sie auf die eigenen Löcher 3a, 4A, 4B und 4C. Sein Spielzug ist damit beendet.

X nimmt den Inhalt von 2e (zwei Steine) und legt je einen in 2f und 2g. Er nimmt den einen gegnerischen Stein aus 3g. Das dahinter liegende Loch 4G des Gegners ist unbesetzt. Er legt den einen Stein in sein Loch 2h. Wieder darf er den Inhalt des gegnerischen Lochs 3h nehmen (das sind zwei Steine) und verteilt diese auf die eigenen Löcher 1H und 1G. Nimmt den Inhalt aus 1G auf (das sind vier Steine) und verteilt sie weiter in 1F, 1E, 1D und 1C. Nimmt den Inhalt von 1C (zwei Steine) und verteilt diese weiter in 1B und 1A. Nun ist der Spielzug zu Ende, da das Loch mit dem letzten zur Verfügung stehenden Stein allein besetzt wurde.

Y nimmt Inhalt von 3e (zwei Steine) und legt je einen in 3d und 3c. Nimmt Inhalt von 3c (vier Steine) und legt je einen in 3b, 3a, 4A und 4B. Er nimmt den Inhalt von Loch 4B und verteilt die fünf Steine in die Löcher 4C, 4D, 4E, 4F und 4G. Damit ist sein Spielzug zu Ende.

Nun kann sich, so hoffe ich, der Leser ein Bild von dem Spielverlauf des Steinrechen-Spiels machen und dieses Spiel selbst spielen. Wie beim Schach kann man keinen Ausgang festsetzen, da dem einzelnen Spieler vorbehalten bleibt, an welchem Loch er weiterspielt.

4. Die kulturelle Verbreitung des Steinrechen-Spiels

Das /ui /ama !ona der !Ko ist ein übernommenes Rechenspiel, dessen Spuren sich anhand der Literatur relativ gut verfolgen lassen.

Nicht zuletzt brachte die ausgezeichnete Untersuchung von S. Culin (in: The Study of Games, 1971, S. 94–102) Klarheit in seine geschichtlichen und kulturellen Hintergründe. Hier sei nach ihm in Kürze das Wichtigste gesagt:

So ist *Mancala* »the National Game of Africa«. »Mancala is a game that is remarkable for its peculiar distribution, which seems to mark the limits of Arab culture, and which has just penetrated our own continent after having served for ages to divert the inhabitants of nearly half the inhabited area of the globe. The Syrian call it Mancala. Mancala, the name which the Syrians give to that game, is a common Arabic word and means in this connection the ›game of transferring‹. The implements are a board with two rows of cup-shaped depressions and a handful or so of pebbles or shells, which they transfer from one hole to another with much rapidity.«

Das Spiel ist u. a. bekannt in Ägypten (mit 12 Löchern); Ceylon (16 Löcher in zwei parallelen Reihen mit einem großen Loch an jedem Ende, Name: Naranj, oder mit 14 Löchern, Name: Chamka); in Indien (16 Löcher, Name: Chongkak); in Java; den Philippinen (16 Löcher, Name: Chungeajon); franz. Westküste Afrikas (12 Löcher in zwei Reihen, Name: Madji); in Nubia (16 Löcher, Name: Mungala); in Abessinien bekannt als Gabatta, dem Senegal und dem Tschad usw.

»The game is, in fact, distributed among the African tribes from the East to the West and from the North to the South.«

S. Culin teilt die Meinung von R. Andree (Ethnographische Parallelen, neue Folge, Leipzig 1889), »that he regards its progress from West to East, from Asia to the coast of the Atlantic«. Auf den Ursprung des Spiels eingehend, meint er: »... it is not unreasonable to suppose that its wide diffusions is due to its having been carried by the returning pilgrims to the various parts of the Mohammedan world. If we accept this theory of its distribution, we have yet the more difficult question of its origin. This, I fear, is not to be determined directly, and will only be surely known when we attain a greater knowledge of the rules and laws which underline the development of games as they do every other phase of the development of human culture.«

Auch F. Klepzig (1972, S. 518–519) beschreibt dieses Steinrechen-Spiel in seiner Monographie über die Spiele der Bantu. »Wie die europäische Jugend, so findet auch die afrikanische Jugend Freude und lehrreiche Unterhaltung bei den Setzspielen mit Steinen oder Samen, wo es

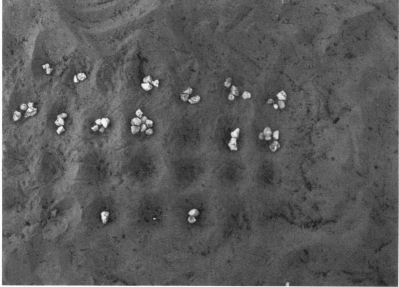

Abb. 55 *Das Steinrechen-Spiel (/ui /ama !ona). H. Sbrzesny, Photos.*

a Die Anordnung der Steine im Spielfeld vor dem Spiel. Die Jungen spielen hier mit vier freien, gegeneinander versetzten Löchern, was eine Variante des beschriebenen Spieles ist.

b Ein beendetes Spiel. Der Spieler der oberen Reihen hat gewonnen. Der Spieler der unteren Reihen kann nicht mehr ziehen.

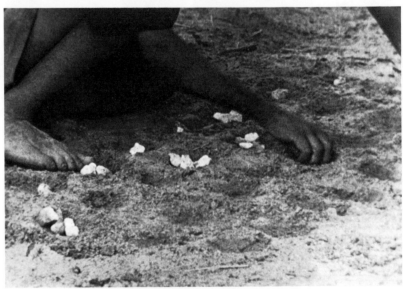

Abb. 56   *Das Steinrechen-Spiel (/ui /ama !ona). H. Sbrzesny, 16-mm-Film,*
32 B/sec.

a Der rechte Spieler bei seinem letzten Zug.
b Sein Gegenspieler nimmt ihm die letzten Steine und hat gewonnen.

auf Beachtung bestimmter Regeln und planvolles, durchdachtes Vorgehen ankommt.«

Er führt das Mankala-Spiel der Tschwanas an. Dieses entspricht dem Steinrechen-Spiel der !Ko, und von dieser Bevölkerung dürften sie es übernommen haben. Die Herero und die Zulu haben ähnliche Setzspiele, und die Sotho nennen ihr Steinrechen-Spiel, das nach etwas anderen Regeln verläuft, Raeo (sprich Rayo).

5. Abschließende Bemerkung

Die !Ko-Jungen spielen dieses Spiel sehr oft. Meist spielen es zwei Jungen gegeneinander, doch konnte ich auch beobachten, daß zwei Jungen eine Partei gegen einen einzelnen bildeten. Bei dem Spiel geht es häufig recht temperamentvoll zu, wenn einem Spieler ein sehr langer Spielzug gelingt und er dabei dem Gegner viele Steine (Kühe) wegnehmen kann. Jeder Griff nach den Steinen des anderen ist dann mit einem lauten Jubelschrei begleitet, während der andere lautstark protestiert, aber sich dann doch lachend den Regeln unterwirft. Man wetteifert darum, den anderen zu besiegen, und bemüht sich, kluge und erfolgbringende Spielzüge zu finden. Hierbei werden die Spieler oft von anderen Kameraden unterstützt, die dem Spiel der beiden beisitzen, diese beraten und auch gelegentlich Spielzüge für sie durchführen.

Das Stockziehen

Ich konnte beobachten, wie sich diese Art des Kämpfens und des Kräftemessens aus einem Explorationsspiel entwickelte. Ein Junge saß im Inneren einer Buschmannhütte, und ein anderer hatte sich im Freien dicht vor die Graswand gesetzt. Beide konnten sich nicht sehen. Der außen sitzende Junge hatte einen langen Stock, mit dem er versuchte, seinen Gefährten in der Hütte durch die Graswand hindurch, also quasi »blind« zu berühren. Immer wieder stocherte er durch die Wand, und der innen sitzende Junge wich ihm aus. Daraufhin steckte der andere den Stock ganz in die Hütte hinein und tastete damit durch entsprechende Handführung das Innere der Hütte nach seinem Kameraden ab. Schließlich hatte er ihn berührt und stocherte auf ihn ein. Da ergriff der Junge in der Hütte den Stock, und es begann ein heftiges Stockziehen der beiden. Sie lehnten sich nach rückwärts und versuchten einander den Stock wegzuziehen. Eine ganze Weile maßen sie auf diese Weise ihre Kräfte. Schließlich gewann der Junge in der Hütte als der Stärkere und entzog mit einem gewaltigen Ruck seinem Gefährten den Stock. Dieser hatte sich so kräftig ins Zeug gelegt, daß er nach rückwärts auf sein Gesäß fiel. Auch der Junge in der Hütte war durch den Ruck umgefallen. Beide lachten laut, krabbelten wieder auf und begegneten einander am Hütteneingang. Sie unterhielten sich eine Weile, um dann das Spiel erneut zu beginnen. Stockziehspiele konnte ich öfters beobachten.

Das Schotenschießen

Ich sah oft, daß streitende !Ko-Kinder einander mit leeren Schotenhülsen bewarfen. Sie tun dies auch im Spiel. Einmal konnte ich bei folgendem Spiel zuschauen:

Zwei Mädchen und ein Junge aßen Schoten. Ein Mädchen stand plötzlich auf, drückte den beiden anderen ihre Schoten in die Hand, hob einige leere Hülsen vom Boden auf und gab sie ihnen. Dann forderte das Mädchen sie auf, sie damit zu beschießen. Sie stellte sich im Abstand von einigen Metern vor ihnen auf, und die beiden bewarfen sie abwechselnd mit den Schoten. Bei Fehlschüssen lachte sie die Spielpartner aus und forderte diese durch aufreizende Bewegungen zum Wettkampf heraus. Immer wieder tänzelte sie auf ihre Kameraden zu, bot sich ihnen als leicht zu treffendes Ziel an, um dann geschickt ihren Würfen auszuweichen. Die beiden strengten sich mit zunehmendem Eifer an, sie zu treffen. Dabei waren sie voll auf den Spielkampf konzentriert. Sie knieten sich aufrecht hin, holten weit aus, um so scharf wie möglich zu werfen. Daß sie das Mädchen auch öfter trafen, entfachte ihre Spiellaune vollends. Sie lachten, schrien, gaben sich gegenseitig Anweisungen und kommentierten Treffer und Mißerfolge mit entsprechenden Lautäußerungen wie »eh-hé« (= Bejahung, positiver Wurf) und »ei-j« (= Ausdruck des Erstaunens, Äußerung der Mißbilligung, negativer Wurf). Als alle Schoten und Hülsen verschossen waren, sammelte das Mädchen, das sich zum Abschießen angeboten hatte, alle auf und gab sie den beiden zu einem neuen Spiel zurück. Sie freute sich und lachte, wenn sie einem Wurf erfolgreich ausgewichen war. Bei einem Treffer lächelte sie leicht verlegen. Ging ein Wurf daneben, lachte sie den Werfer aus.

Das Abschießen mit Melonen

Bei diesem Spiel stehen sich zwei Spieler im Abstand von einigen Metern gegenüber. In der Mitte zwischen ihnen steht ein Mitspieler, der von den beiden mit einer Melone beworfen wird. Ziel des Spiels ist es, den Mitspieler zu treffen, der den Schüssen auszuweichen sucht. Einer der beiden außenstehenden Spieler beginnt damit, das Kind in der Mitte mit einem Melonenball zu beschießen. Da die Schüsse sehr scharf sind, wird der Schießball mit Stoffetzen umwickelt, um die Wucht des Aufpralls zu dämpfen. Hat ein Spieler das Kind getroffen, dann holt er sich wieder den Ball. Geht der Schuß an dem Kind vorbei, nimmt der gegenüberstehende Spieler den Ball an sich und beschießt das Kind in der Mitte nun seinerseits.

Ich konnte nicht beobachten, daß der Beschossene etwa versucht hätte, den Ball zu fangen und dann auf die Randspieler zu werfen, wie wir es von einigen unserer Ballspiele her kennen. An dem Spiel beteiligten sich beide Geschlechter, wobei oft ein Mädchen in der Mitte stand und von zwei Jungen beschossen wurde.

Das Steinewerfen

Die !Ko-Jungen bewerfen sich gerne mit kleinen Steinen, wobei oft zwei Parteien gegeneinander stehen. So sah ich einmal, wie je drei Jungen sich mit Steinen bewaffneten. Eine Partei versteckte sich hinter den Gerätschaften von Dr. Heinz und einem kleinen Häuschen der Siedlung. Aus dieser Deckung schauten sie neugierig, aber vorsichtig nach ihren Gegnern aus, die sich mittlerweile an ihr Versteck heranschlichen. Sobald diese auch nur den Kopf eines Jungen entdeckten, prasselte ein ganzer Steinhagel auf das Versteck. Sofort kamen seine Kameraden dem Jungen zu Hilfe und bewarfen die Angreifer ihrerseits mit Steinen. Da sich die Jungen in ihrem Kampfeifer häufig ungeschützt aufrichteten, wurden sie oft von den Steinen des Gegners getroffen. Hatte die angreifende Partei ihre Steine verschossen, zog sie sich zurück. Im Schutze von Bäumen und Büschen rüsteten sie sich wieder mit Steinen aus. Diese Gelegenheit nützte die andere Partei. Wenn sie noch genügend Steine hatten, schlichen sie sich dann an die anderen heran und griffen ihrerseits an. Hatten sie aber beim vorausgegangenen Kampf ebenfalls ihre Steine verschossen, entstand eine Kampfpause, und jede Partei rüstete sich von neuem aus. Die Jungen spielten das Spiel etwa eine Stunde lang. Sie schrien laut beim Angriff, feuerten sich gegenseitig an und lachten. Wenn eine Partei von der anderen beschlichen wurde, war die Spannung der versteckten Jungen groß. Sie wisperten aufgeregt miteinander, berieten sich und hielten sich in einer Art Beistandsverhalten oft aneinander

fest. Bei diesem Spielkampf verwendeten die Jungen auch ein Schimpfwort. Die !Ko-Buschleute haben es aus der Tswana-Sprache übernommen. »Blacksam« heißt übersetzt »Donner«, und es hat sich in dieser
Horde als allgemeines Schimpfwort, besonders bei den Jungen, eingebürgert. So beschimpfte häufig ein Junge, der von einem Stein getroffen
wurde, seinen Gegner mit »Blacksam«. Allerdings lachten sie dabei stets,
und ich hatte den Eindruck, als sollte diese Beschimpfung den Gegner
persönlich herausfordern.

Bei ernsten, aggressiven Auseinandersetzungen ist das Schimpfwort
eine grobe Beleidigung. Der Schimpfende stößt es dann allerdings mit
zornigem Gesicht und verächtlich aus, was stets zu einem heftigen
Kampf zwischen Beleidiger und Beleidigtem führt.

Das Versteck-Spiel (= blok-ma-patile)

Die !Ko-Kinder haben das Spiel und dessen Namen von den Bantu übernommen. »blok-ma-patile« heißt »sehen und berühren«. Es wird nur
von den Kindern gespielt.

Sie schütten dazu einen Sandhügel auf. Ein Kind kniet davor und legt
seinen Kopf samt Oberkörper darauf. Es hält die Augen geschlossen und
schlingt die Arme um den Kopf. Die übrigen Teilnehmer am Spiel stehen
um dieses Kind herum und achten darauf, daß es nicht schaut. Ruft das
Kind »blok-ma-patile«, dürfen die anderen ausschwärmen und sich ein
Versteck suchen. Dabei antworten sie noch eine Zeitlang auf den Ruf
»blok-ma-patile« mit »no, no«. Immer wieder ruft das Kind am Sandhügel »blok-ma-patile«. Erst wenn es keine Antwort mehr erhält, zählt
es in englischer Sprache bis zehn. (1973 hatten die Kinder ein Jahr lang
Englischunterricht!) Dann richtet es sich auf und beginnt seine Kameraden zu suchen. Hat es einen entdeckt, läuft es schnell zum Sandhügel,
ruft laut den Namen des Entdeckten und klatscht ihn mit dem Ruf »blok«
am Sandhügel ab. Der Entdeckte ist dann aus dem Spiel ausgeschieden,
bleibt am Sandhügel stehen und verfolgt den weiteren Verlauf des Spiels.
Man kann sich auch selbst freischlagen, wenn man aus dem Versteck
vom Suchenden unentdeckt oder zu spät entdeckt, zum Hügel läuft und
sich mit dem Ruf »blok« freischlägt.

Oftmals gibt es ein Wettlaufen zwischen dem suchenden Kind und
einem Gesuchten. Dann hat das Kind gewonnen, das den Sandhügel
schneller erreicht.

Dieses Spiel wird von den Mädchen und Jungen im Alter von etwa
8 bis 15 Jahren gemeinsam ausgeführt. Bei den Jungen konnte ich dabei
interessantes Beistandsverhalten beobachten. Ein Junge, der bereits von

dem suchenden Mädchen abgeschlagen worden war, hinderte dieses, seinen gleichaltrigen Freund abzuschlagen, der aus seinem Versteck auf den Sandhügel zulief. Er hielt das Mädchen fest, das mit Sicherheit sonst den Kameraden abgeschlagen hätte. Das Mädchen wurde daraufhin sehr böse und schlug den Jungen, der sie behindert hatte. Dieser schlug zurück, schmiß das Mädchen zu Boden und schimpfte laut. Die Auseinandersetzung endete damit, daß alle anderen Kinder zum Sandhügel liefen, die beiden trennten und ein neues Spiel begannen. Dabei erbot sich ein anderes Kind, die anderen zu suchen. Allerdings konnte sich das so behandelte Mädchen noch lange nicht über den Vorfall beruhigen und beschimpfte den Jungen, so oft es mit ihm während des weiteren Spiels zusammentraf. Die anderen Kinder nahmen von der verbalen Auseinandersetzung der beiden keine Notiz.

Das Perlenrate-Spiel (= n!ali)

N!ali heißt in der !Ko-Sprache: herausnehmen. Dieses Spiel spielen sowohl die Erwachsenen als auch die Kinder beiderlei Geschlechts. Die Spieler sitzen am Boden. Sie haben vor sich eine Doppelreihe von je zwei kleinen Sandgruben ausgehoben. Ein Spieler, der zwischen seinen Fingern eine Glasperle (oder gelegentlich ein kleines Steinchen) versteckt hält, schöpft nun in beide Hände Sand und wirft diesen nacheinander in die vier kleinen Gruben. Er kann vor jedem Wurf neuen Sand aufnehmen oder aber den einmal aufgenommenen Sand auf die vier Gruben verteilen, was selten der Fall ist. Bei einem der vier Würfe läßt er, unbemerkt von den anderen, die Glasperle mit dem Sand in die Grube gleiten.

Es gibt noch eine andere Methode, die Perle zu verstecken: Der Spieler füllt jede Grube mit Sand, faßt dann die Perle zwischen Daumen und Zeigefinger und sticht mit diesen Fingern nacheinander in den lockeren Sand der Grube, wobei er möglichst unauffällig in eine die Perle hineinfallen läßt.

Aufgabe der Zuschauer ist es zu erraten, in welcher Grube die Glasperle versteckt ist. Dabei beraten und besprechen sie sich und überlegen und zweifeln. Wenn sie sich für eine bestimmte Grube entschieden haben, schaufelt einer von ihnen mit flinken Bewegungen seiner Finger den Sand aus der Grube und sucht die Perle. Findet er sie nicht, gräbt er in den anderen Gruben nach. Manchmal schwindelt derjenige, der die Perlen versteckt, und behält sie in seiner Hand.

Spielen die Zuschauenden gemeinsam gegen denjenigen, der die Perle versteckt hat, so wird er auch im nächsten Durchgang die Perle werfen,

Abb. 57   Das Perlenrate-
Spiel (n!ali). H. Sbrzesny,
16-mm-Film, 50 B/sec.

Die Aufnahmen a, b, c, d, e, f
zeigen in der Folge das Werfen des Sandes in die Grube;
das Verstecken der Perle; das
Graben der Zuschauerinnen
nach der Perle; schließlich findet das in der Bildmitte sitzende Mädchen N/asi in der
hintersten Grube die Perle
und zeigt sie den anderen.

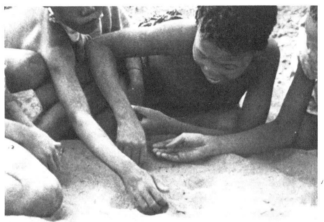

falls sie falsch rieten. Haben sie richtig geraten, so fährt derjenige mit dem Perlenwurf fort, der die Perle ausgrub. Spielt und rät jeder Zuschauer für sich alleine, so ist derjenige Sieger, der auf die richtige Grube getippt hat, und fährt mit dem Spiel fort.

IX. Jagdspiele

Elemente des Jagens und Verfolgens finden sich in vielen Spielen, die wir anderen Kategorien zuordneten (Bewegungsspiele, Kampf- und Wetteiferspiele). Beim Spießbock- und Honigdachs-Spiel übernimmt ein Mann die Rolle eines Tieres und wird von den anderen gejagt (siehe S. 46 f.). Beim Straußenspiel (siehe S. 138) versucht der Strauß seine Jäger zu fangen, oder diese jagen ihm nach. Beim Figurenspiel (siehe S. 143) kommt es zu einem Spielkampf zwischen Jäger und Jagdwild, wobei nach dem Muster des Knobelns entschieden wird, wer siegt. Bei allen diesen Spielen bildet die Jagd selbst nur ein Randelement. Es geht eigentlich um Wetteifer und Sieg. Bei jenen Spielen dagegen, die ich als Jagdspiele im engeren Sinne bezeichne, wird das Jagen auf Tiere unmittelbar geübt, indem die Kinder auf verschiedene Weise, z. B. mit Pfeil und Bogen oder Steinen, Ersatzobjekte oder auch richtige Beute zu jagen suchen. Der Ideenreichtum, den sie dabei zeigen, ist groß. Die Kinder üben jene Erwerbsstrategie, der auf der Kulturstufe des Jägers besondere Bedeutung zukommt.

Das Schmetterlings-Jagen

Ein beliebtes Spiel der Jungen und Mädchen ist es, im Sommer, wenn sich Schwärme von bunten Faltern an den Wasserstellen sammeln, die Tiere zu haschen und zu jagen.

Die Kinder schleichen sich an und schrecken die Schmetterlinge auf, indem sie plötzlich mit dem Fuß in den Boden stampfen oder in die Hände klatschen. Auch hüpfen sie in die Tieransammlungen hinein und lachen herzhaft, wenn die Tiere aufgescheucht auseinanderfliegen.

Wesentlich aggressiver gehen die Jungen vor. Sie beschießen die Schmetterlinge mit Steinschleudern oder bewerfen sie mit Steinchen, zerstampfen sie am Boden, erschlagen sie mit Stöcken, schlagen mit den Händen danach oder treten nach ihnen mit den Füßen. Sie nützen die Gelegenheit, wenn sich die Schmetterlinge bereits an einer Wasserstelle eingefunden haben. Die Kinder schütten aber auch vorsätzlich Wasser in den Sand und warten, bis die Insekten sich zum Trinken sammeln, um sie dann in der geschilderten Weise zu jagen.

Das Vögel-Abschießen

Die spielerische Jagd auf Vögel konnte ich nur von den Jungen beobachten. Hierbei geht es keinesfalls um eine zusätzliche Nahrungsquelle. Zur Nahrung nehmen die Jungen einfach kleine Vögel aus den Nestern, oder sie schießen einen Jungvogel ab und töten ihn schnell und zielstrebig.

Bei der spielerischen Jagd auf Vögel gehen die Jungen nach einem anderen Modus vor. Wenn sie einen Schwarm Witwenvögel sehen, der sich auf einem Busch oder kleinen Baum in der Siedlung niederließ, bewaffnen sie sich mit Steinschleudern. Wer keine besitzt, sammelt einige Steinchen. Dann stellt sich die Jungengruppe in etwa 10 Metern Entfernung von dem mit Vögeln besetzten Busch auf, und zwar genau an einer von ihnen im Sand markierten Stelle. Von dieser versuchen sie die Vögel abzuschießen. Da sich der Schwarm, wenn er aufgescheucht wird, interessanterweise immer wieder auf dem gleichen Busch niederläßt, können die Jungen über eine längere Zeit mit ihrem Spiel fortfahren, das ihnen großen Spaß macht. Dazu warten sie in Ruhe ab, bis sich der Schwarm wieder gesammelt hat, um ihn aufs neue zu beschießen.

Das Antilopenjagd-Spiel

Einmal konnte ich folgendes Spiel junger Männer und Buben filmen. Ein junger Mann imitierte eine Spießbock-Kuh, ein anderer Bursche deren Kitz, wobei er sogar nachahmte, wie ein Kitz bei seiner Mutter trinkt. Dazu beugte sich der Junge an das Geschlechtsteil seines Kameraden und machte mit seinem Kopf die ruckartigen Trinkbewegungen eines Kitzes nach. Dann galoppierte die »Mutter« in den Busch, während sich das »Kleine« unter einen Busch legte, um sich auszuruhen. Die anderen Spieler dieser Jungmännergruppe, die die »Jäger« waren, hatten sich inzwischen kleine Bogen gebastelt und kleine Halme als »Pfeile« gesammelt. Nun spielten sie Spurenlesen: Sie deuteten auf die Spuren, riefen und gestikulierten aufgeregt. Schließlich bückten sie sich und schlichen auf das »Kitz« zu. Als sie an dem Busch, in dem das Kitz versteckt war, angelangt waren, griffen sie das Kleine an. Sie schossen die Halme ab und gaben vor, auf das Tier einzuschlagen, das sich entsprechend wehrlos stellte. Plötzlich sah man die »Mutter« ihrem »Kleinen« zu Hilfe eilen. Die Jäger riefen: »Da kommt die Mutter!«, und griffen nun auch diese an. Die beiden »Tiere« ergriffen die Flucht und rasten wie wild in den Busch, und alle »Jäger« hinter ihnen her. Nach einer Weile kam der ganze Trupp lachend und schwatzend aus dem Busch zurück und ließ sich im Sand nieder, um von dem Spiel auszuruhen.

Abb. 58   Das Vögel-Abschießen mit Steinen. H. Sbrzesny, Photos.

a und b   Eine Jungengruppe beschießt einen Vogelschwarm.

Abb. 59   Das Vögel-Abschießen mit Steinschleudern. H. Sbrzesny, Photos.

a   Der Junge bereitet seine Schleuder zum Schuß vor.

b   Er zielt, während sein Freund ihm aufmerksam zusieht.

173

Das spielerische Jagen mit Holzspeeren

Jungens gehen manchmal mit Holzspeeren auf die Jagd und üben sich darin, auf dem Boden liegende Gegenstände zu speeren. Als beliebtes Ziel gelten die überall im Sand herumliegenden leeren Melonenschalen. Die Jungen fixieren diese aus einiger Entfernung an und schießen darauf. Zweifellos folgt dieses Spiel dem Vorbild der Männer. Ich sah stets nur kleine Jungen Gegenstände speeren. Die größeren praktizieren dieses Spiel vielleicht deshalb nicht, weil sie schon öfter auf Kleintierjagd gehen und damit bereits in einer ernsthaften Tätigkeit ihren Jagdeifer ausleben.

Das spielerische Werfen mit Holzspeeren

Die Jungen üben oft in der Gruppe das Weit- und Hochwerfen von Holzspeeren. Dabei versucht jeder für sich seine Wurftechnik zu verbessern. Gelegentlich warfen sie ihre Speere über eine von uns gespannte Wäscheleine. Sie nahmen vor dem Wurf Anlauf, machten kurz vor der Leine halt und schossen den Speer ab.

Ich möchte betonen, daß ich niemals bei diesem Spiel eine Kampfmotivation feststellen konnte. Die Kinder versuchten nicht, den Partner in der Leistung zu übertrumpfen. Jeder warf seinen Speer, so gut es ging, lief dann zu der Auftreffstelle und holte ihn sich wieder, ohne den Wurf der anderen besonders zu beachten.

Das spielerische Jagen mit Pfeil und Bogen

Wie beim spielerischen Jagen mit den Holzspeeren praktizieren die !Ko-Jungen auch die Jagd mit Pfeil und Bogen im Spiel. Dazu basteln sie sich kleine Bogen und Pfeile, mit denen sie auf am Boden liegende Gegenstände schießen. Das tun wieder nur die Kleinen, die noch nicht mit anderen im Busch Kleintiere jagen.

Nie sah ich, daß Kinder im gespielten oder ernsten Streit mit Pfeil und Bogen aufeinander geschossen hätten. Dr. Heinz, den ich daraufhin ansprach, sagte mir, daß die Erwachsenen das aufs schärfste untersagen würden, auch wenn sie sich sonst nicht in die Streitigkeiten der Kinder mischten. Die älteren Jungen werden im Gebrauch von Pfeil und Bogen gesondert unterwiesen, wenn der Vater sie mit auf die Jagd nimmt. Dabei lernen die Jungen, daß Pfeil und Bogen als Werkzeug dienen, den Lebensunterhalt zu sichern, jedoch keine Waffe für den Kampf sind.

Abb. 60 *Das spielerische Werfen mit Holzspeeren. H. Sbrzesny, 16-mm-Film, 32 B/sec.*

Abb. 61 *Das spielerische Schießen mit Pfeil und Bogen. H. Sbrzesny, Photo.*

Das Photo zeigt einen Jungen, der mit einem kleinen Pfeil und Bogen auf eine Melonenschale geschossen hat.

175

X. Die Phantasie-Spiele

Die ehemalige Lehrerin in Bere, Ms. Wily, erzählte mir folgendes Phantasie-Spiel der Kinder: Im südlichen Sommer, wenn in der Regenzeit Wolken über die Kalahari ziehen, beschäftigen sich die Kinder gerne damit, Wolken zu deuten. Sie beobachten die Wolkenbildungen und lassen dabei ihrer Phantasie freien Lauf. Wie es jeder von uns wohl schon einmal gemacht hat, so interpretieren auch die !Ko-Kinder die Wolkenformationen, geben ihnen Namen, vergleichen sie mit Tieren usw. Sie sitzen zusammen, unterhalten sich, regen ihre Phantasie gegenseitig an, diskutieren die Deutungen des einen oder des anderen, bestätigen oder korrigieren die Interpretationen. So sagen sie z. B.: »Die Wolke schaut wie ein Strauß aus« oder »Die Wolke schaut wie ein Vogel aus« oder »Die Wolke schaut aus wie die Haare von Liz« (Liz ist die Lehrerin).

Da meine Kenntnis der !Ko-Sprache nicht sehr gut ist, bleibt die Möglichkeit offen, daß es noch mehrere Spiele gibt, die sich allein verbal vollziehen. Da solche Spiele in unserem Kulturbereich nicht selten sind (Beispiele: »Schwarze Kunst« oder »Teekessel raten«), sollte es mich nicht wundern, wenn Buschleute ebenfalls über solche verbalen Denksportspiele verfügten.

XI. Kinderverbände und Spielgruppen

XI.1 Allgemeine Vorbemerkungen über die Kindergruppen

Die !Ko-Kinder halten sich bis kurz vor dem Eintritt ihrer Geschlechtsreife hauptsächlich in Kinderverbänden auf. Sie verbringen den ganzen Tag miteinander und kehren erst am Abend zu ihren Familien zurück. Nur die Kleinkinder bleiben bis zu ihrem 4. Lebensjahr den größten Teil des Tages bei der Mutter. Ab circa 3 Jahren »pendeln« sie zwischen der Mutter und den Kinderverbänden hin und her. Die Kinderverbände bilden sich nicht nur zum Spiel. Die Kinder sind auch beisammen, wenn sie nicht spielen.

Sie machen z. B. Ausflüge in den Busch. Die Mädchen gehen gemeinsam Feldfrüchte sammeln, und die Jungen gehen gemeinsam auf Kleintierjagd.

Ins Dorf zurückgekehrt, braten die Mädchen einen Teil ihrer gesammelten Wurzeln und Knollen im Feuer, teilen sie auf und essen sie gemeinsam. Auch die Jungen teilen ihre Beute und essen sie gemeinsam. In den heißen Stunden des Tages, wenn jede Spieltätigkeit erloschen ist, sitzen die Kinder beisammen, lausen einander oder unterhalten sich. Die Jungen kümmern sich um die Ziegen des Dorfes. Gemeinsam bringen sie die Tiere morgens zu den Weideplätzen und holen sie abends wieder ins Dorf zurück.

Die Kinderverbände zeichnen sich durch große Eigenständigkeit und Eigenverantwortlichkeit aus. Das Zusammenleben der Kinder wird von ihnen selbst geregelt. Die Erwachsenen mischen sich normalerweise nicht in ihr Tun ein, weder bei der Wahl ihrer Spiele noch bei etwaigen Auseinandersetzungen der Kinder.

XI.2 Die Spielgruppen der Kinder

Im April 1973 protokollierte ich zum ersten Mal an drei aufeinanderfolgenden, willkürlich festgesetzten Tagen, was und in welcher Gruppierung die !Ko-Kinder miteinander spielten.

Die Spielaktivität der Kinder fällt zu der Zeit hauptsächlich in die kühleren Vormittags- und Nachmittagsstunden. Sie halten sich beim

Spiel fast immer im gut zu überblickenden Dorfbereich auf und sind deshalb leicht zu beobachten. Im Abstand von einer halben bis zu einer Stunde wurden bei einem Rundgang jede Gruppierung und das jeweilige Spiel der Kindergruppe erfaßt. Mit diesem größeren Abstand sollte vermieden werden, daß immer die gleichen Gruppen und das gleiche Spiel protokolliert wurden. Die Spielgruppen wurden nach Jungengruppen, Mädchengruppen und gemischtgeschlechtlichen Gruppen eingeteilt. Die jeweilige Anzahl der miteinander spielenden Kinder wurde ebenso erfaßt wie das Alter jedes Teilnehmers. Zur Zeit der Datenerhebung standen 43 Kinder im Spielalter von 3 bis 15 Jahren zur Verfügung. Davon waren 23 Jungen und 20 Mädchen. Es zeigte sich, daß die !Ko-Kinder fast immer in Verbänden spielen. Die kleinste gebildete Gruppe bestand aus zwei, die größte gebildete Gruppe aus sieben Kindern. In den drei Tagen wurden insgesamt 126 Spielgruppen gezählt.

Ich will zuerst die Verhältnisse der Geschlechtergruppierungen betrachten. Dazu setze ich die 126 Gruppierungen gleich 100 %.

Davon entfallen auf die Jungen 60 Gruppierungen; d. h. 47,62 % aller Gruppen waren reine Jungengruppen. Bei den Mädchen waren es 48 Gruppierungen; d. h. 38,10 % aller Gesamtgruppierungen waren reine Mädchengruppen. Nur 18 Gruppierungen, d. h. 14,28 %, waren gemischtgeschlechtlich.

Von allen Kindern der Altersklasse 3 bis 15 Jahre spielten nur zwei Kinder alleine.

Wir sehen aus den vorhergegangenen Zahlenverhältnissen, daß sowohl die !Ko-Jungen als auch die !Ko-Mädchen eine deutliche Präferenz zeigen, sich mit gleichgeschlechtlichen Spielpartnern zusammenzutun. Dies bestätigte auch eine zweite Untersuchung.

Im Februar 1974 machte ich eine zweite Spielgruppenerhebung. Ich wählte dazu zwei willkürlich festgesetzte, aufeinanderfolgende Tage.

Ich zählte dabei insgesamt 68 Gruppierungen = 100 %. Davon entfallen auf die Jungen 33 Gruppierungen; d. h. 41,17 % aller Gruppen waren Jungengruppen. Bei den Mädchen waren es 28 Gruppierungen; d. h. 48,53 % aller Gesamtgruppierungen waren reine Mädchengruppen. Nur 7 Gruppierungen, d. h. 10,30 %, waren gemischtgeschlechtlich.

Die Durchsicht der Daten zeigte ferner, daß hinsichtlich der bevorzugten Gruppengröße Geschlechtsunterschiede vorliegen, wie die folgende Übersicht aus der Erhebung von 1973 zeigt: Von 60 Gruppierungen der Jungen, die als 100 % gesetzt wurden, fielen auf die verschiedenen Gruppen folgende Prozentzahlen:

Auf die Gruppe X entfielen X % aller Gruppenbildungen von Jungen:

Siebener-Gruppe	− 7	=	5,00 %
Sechser-Gruppe	− 6	=	5,00 %
Fünfer-Gruppe	− 5	=	13,30 %
Vierer-Gruppe	− 4	=	18,30 %
Dreier-Gruppe	− 3	=	15,00 %
Zweier-Gruppe	− 2	=	43,30 %

Von 48 Gruppierungen der Mädchen, die gleich 100 % gesetzt wurden, fielen auf die verschiedenen Gruppen folgende Prozentzahlen:

Auf die Gruppe X entfielen X % aller Gruppenbildungen von Mädchen:

Siebener-Gruppe	− 7	=	6,25 %
Sechser-Gruppe	− 6	=	8,32 %
Fünfer-Gruppe	− 5	=	22,90 %
Vierer-Gruppe	− 4	=	22,90 %
Dreier-Gruppe	− 3	=	25,00 %
Zweier-Gruppe	− 2	=	18,75 %

Von 18 gemischtgeschlechtlichen Gruppierungen, die gleich 100 % gesetzt wurden, fielen auf die verschiedenen Gruppen folgende Prozentzahlen:

Auf die Gruppe X entfielen X % aller Gruppenbildungen von Jungen und Mädchen:

Siebener-Gruppe	− 7	=	5,55 %
Sechser-Gruppe	− 6	=	——————
Fünfer-Gruppe	− 5	=	22,22 %
Vierer-Gruppe	− 4	=	33,33 %
Dreier-Gruppe	− 3	=	11,11 %
Zweier-Gruppe	− 2	=	27,22 %

Ich will zusammenfassen:

Die Jungen bevorzugten die Zweier-Gruppe. Als nächstes folgte die Vierer-Gruppe. An dritter Stelle lag die Dreier-Gruppe. Bei den Mädchen wurde die Dreier-Gruppe bevorzugt. Es folgten die Fünfer- und die Vierer-Gruppe gleichermaßen. An dritter Stelle lag die Zweier-Gruppe.

Bei den gemischtgeschlechtlichen Gruppen der Jungen und Mädchen wurde die Vierer-Gruppe bevorzugt. Als nächstes folgte die Zweier-Gruppe. An dritter Stelle lag die Fünfer-Gruppe.

1974 zeigte sich folgendes Bild der Gruppengrößen:

Von den 33 Gruppierungen der Jungen, die gleich 100 % gesetzt wurden, fielen auf die verschiedenen Gruppen folgende Prozentzahlen:

Elfer-Gruppe	− 11	=	3,03 %
Vierer-Gruppe	− 4	=	9,09 %
Dreier-Gruppe	− 3	=	33,33 %
Zweier-Gruppe	− 2	=	54,54 %

Von 28 Gruppierungen der Mädchen, die als 100 % gesetzt wurden, fielen auf die verschiedenen Gruppen folgende Prozentzahlen:

Achter-Gruppe	− 8	=	7,14 %
Siebener-Gruppe	− 7	=	10,71 %
Sechser-Gruppe	− 6	=	3,57 %
Fünfer-Gruppe	− 5	=	14,28 %
Vierer-Gruppe	− 4	=	21,42 %
Dreier-Gruppe	− 3	=	17,85 %
Zweier-Gruppe	− 2	=	25,00 %

Außerdem beobachtete ich sieben gemischtgeschlechtliche Gruppen, und zwar je einmal in einem Verband von 7, 6 und 4 Kindern sowie je zweimal in einer Fünfer- und Dreier-Gruppe. Gelegentlich geringfügige Abweichungen von genau 100 % ergaben sich durch Auf- oder Abrunden der einzelnen Summenten. Dies gilt auch für alle folgenden rechnerischen Erhebungen.

Zusammengefaßt läßt sich folgendes sagen:

Die Jungen bevorzugten 1974 wieder eindeutig die Zweier-Gruppe. Als nächstes folgte die Dreier-Gruppe. An dritter Stelle lag die Vierer-Gruppe. Nur einmal während der Erhebung bildeten die Jungen eine Elfer-Gruppe.

Die Mädchen fanden sich zwar diesmal am häufigsten in der Zweier-Gruppe zusammen, dennoch wird es auch hier deutlich, daß sie öfter als die Jungen in größeren Verbänden beisammen sind.

Ein relativ gleiches Ergebnis zeigen die gemischtgeschlechtlichen Gruppengrößen, wenn man die Verhältnisse der Prozentzahlen zueinander vergleicht.

Ich will nun näher auf die bemerkenswerte Tatsache eingehen, daß die Jungen und Mädchen bei den !Ko-Buschleuten in so auffälliger Weise gleichgeschlechtliche Spielgruppen bevorzugen. Über die männliche Vergesellschaftung wurde viel geschrieben. Viele Zoologen und Soziologen sehen in der Tatsache, daß männliche Individuen passenden Alters und gleicher Interessen bevorzugt »Cliquen« bilden, etwas Besonderes. Daß weibliche Individuen genauso die Bereitschaft zeigen und auch tatsächlich typische »Weiberverbände« bilden, scheint man übersehen zu haben.

L. Tiger (1969) ist z. B. auf die männliche Vergesellschaftung und die spezielle männliche Bindung, das sogenannte ›male bonding‹ ausführlich eingegangen. Mit sehr guten Querverweisen über Untersuchungen an Primatensozietäten und denen anderer Säuger beschreibt er das ›male bonding‹ des Menschen, wie es sich in vielen Bereichen, z. B. bei der Jagd und in der Politik, zeigt. Allgemein postuliert Tiger: »Alle gleichaltrigen Männchen einer Lebensgemeinschaft, seien es Schüler oder Bisons, schließen sich unvermeidlich innerhalb einfacher räumlicher Grenzen und womöglich auf mehr oder weniger komplizierte Art und Weise zusammen.«

Andere Autoren, die Tiger dabei zitiert, sprechen nicht von »gleichaltrig«, was viel zu eng gefaßt ist, sondern besser von »passendem Alter«. Zweifellos stellt Tiger ›male bonding‹, die Neigung, Männerverbände zu bilden, überzeugend dar. Betrachtet man eine egalitäre »Urgesellschaft«, wie die der auf der Kulturstufe von Jägern und Sammlern stehenden !Ko-Buschleute, dann fällt neben ›male bonding‹ ein ausgeprägtes ›female bonding‹ auf. Ich möchte sogar behaupten, daß ›female bonding‹ universell ist. Es würde hier zu weit führen, diesen Überlegungen nachzugehen. Dies soll in einer eigenen Arbeit geschehen. Die Tendenz zur gleichgeschlechtlichen Bindung der Frauen und Mädchen außerhalb des Familien- und Geschwisterverbandes ist jedenfalls im sozialen Leben und in den Spielgruppen der !Ko-Buschleute auffallend.

Die vielleicht sozial bedeutungsvollste Cliquenbildung stellt sich in den Tratsch- und Klatschverbänden der Frauen dar. Hier werden soziale Verfehlungen der Hordenmitglieder besprochen, hier wird über Liebesaffären geklatscht, und es wird über Außenseiter der Gesellschaft gelacht. Die Frauen sprechen immer wieder aufs neue alte Geschichten und Begebenheiten durch, die einst die Gemüter erregten. Daneben necken sie sich auch gegenseitig und erneuern und bestärken bestehende »joking relationships« zu den jeweiligen Scherzpartnern (zu »joking relationship« siehe I. Eibl-Eibesfeldt, 1972). Als besonderer Interessenverband der Frauen ist der Sammelverband anzusehen. Gemeinsam gehen die Frauen des Dorfes Feldfrüchte sammeln und suchen nach Feuerholz. Dieser Sammelverband erfüllt mehrere Funktionen. Zweifellos können die Frauen den ständigen Gefahren des Busches besser begegnen, wenn sie im Trupp ausschwärmen. Die Frauen sind oft bis zu 5 km vom Dorf entfernt. Bei einem Unglück können sie helfen und die Verletzte wieder in das Dorf zurückbringen. Außerdem lernen jüngere Frauen von den älteren. Die Pflanzenwelt der Kalahari ist so artenreich, daß Buschleute ihr ganzes Leben lang lernen. Die älteren Frauen zeigen jüngeren, welche Heilkräuter usw. zu verwenden sind. Aus dem Wissen der alten Frauen erklärt sich auch ihre besondere Machtstellung innerhalb der Gesellschaft.

Frauen stehen einander bei, wenn sie gebären. Die Gebärende wird von mehreren alten Frauen betreut. Nie nimmt ein !Ko-Mann daran teil. Ist eine stillende Mutter nicht in der Lage, ihr Kind zu ernähren, wird diese Aufgabe von anderen stillenden Müttern übernommen. Hier möchte ich auch noch einmal auf den schon beschriebenen Trance-Tanz zur Krankenheilung (siehe S. 54) hinweisen, bei dem sich Frauen aus der Nachbarschaft anteilnehmend einfanden. Oft sah ich die Frauen zusammen »Kosmetik machen«. Sie reinigen die Gesichtshaut mit dem Saft aus gestampften Melonenkernen. Häufig ist auch eine ganze Frauengesellschaft damit beschäftigt, sich die Haare zu pflegen. Sie fetten die Haare mit Talg oder Milchrahm ein und glätten sie ein wenig, indem sie alte Blechdosen im Feuer erhitzen und sich gegenseitig damit über die Haare streichen. Auf diese Weise wird das Pfefferkornhaar etwas entkraust. Anschließend wird das Haar mit kleinen Holzstäbchen langgezogen und aufgerichtet. Die Frauen schmücken sich gerne gegenseitig. Dazu fertigen sie zuerst kleine Triangelstückchen aus Schmuckperlen und befestigen sie in den Haaren oder sie knüpfen sich gegenseitig Melonenkerne in das Haar ein. Oft sitzen die Frauen beisammen, um sich zu lausen. Meist finden sich dazu auch die Kinder ein, die von den Frauen gelaust werden. Die Ohren werden mit kleinen Holzstäbchen gereinigt. Jemanden zu lausen gilt als ein freundliches soziales Zeichen. Die Frauen lausen einander, aber auch die Kinder ihrer Freundinnen. Verliebte Buschmädchen bekunden ihre Zuneigung, wenn sie den jungen Mann ihrer Wahl ausdauernd lausen (HF 17).

Die Neigung, mit Gleichgeschlechtlichen eine Gruppe zu bilden, zeigen auch die Kinder. Bei den !Ko-Kindern drückt sich die Geschlechtsrollendifferenzierung vor allem auch im klaren selektiven Spielinteresse aus.

Bei der schon erwähnten, über drei Tage durchgeführten Erhebung wurde auch erfaßt, in welche Spielkategorien sich die Spiele der Jungen und Mädchen aufteilen. Es sei nochmals auf die Tatsache hingewiesen, daß die !Ko-Kinder in ihrer Gesellschaft absolut freie Spielwahl haben.

Erhebung 1973:

Bei 60 Jungengruppen (= 100 % [4]) verteilen sich die 60 Spiele prozentual wie folgt auf die verschiedenen, während dieser Untersuchung beobachteten Spielformen:

Spielerisches Verfolgen, Balgen und Scherzen . . . . = 16,66 %
Experimentierspiele mit technischen Gerätschaften von
Dr. Heinz, wie Schubkarren, Trommel, Schlauch, Flaschen usw. . . . . = 45,00 %
Kampf- und Wetteiferspiele (wie »Kühestehlen«, ein
eingeführtes Rechenspiel mit Steinchen, Patro usw.). . = 15,00 %
Schaukeln und Klettern. . . . . = 5,00 %
Sandspiele. . . . . = 5,00 %
Tanz . . . . = 1,66 %
Ballspiele (mit Melonen) . . . . = 5,00 %
Imitationsspiele . . . . = 5,00 %
Spiel mit totem Getier . . . . = 1,66 %

Bei 48 Mädchengruppen (= 100 %) wurden folgende Verhältnisse gefunden:

Melonenspiel-Tanz (Dam) . . . . = 56,25 %
Melone-Stein-Spiel . . . . = 16,66 %
Spielerisches Verfolgen, Scherzen . . . . . . = 6,25 %
Mutter-und-Kind-Spiele mit Babies aus Melonen . . = 12,50 %
Sandspiele. . . . . = 4,16 %
Experimentierspiele mit Gerätschaften (siehe oben) . . = 4,16 %

Die zweite Erhebung 1974 zeigte erneut ein klares, geschlechtsspezifisches Spielinteresse der Jungen und Mädchen. Wieder wird deutlich, daß die Mädchen Tanz- und Ballspiele bevorzugen, während die Jungen am häufigsten mit (technischen) Experimentierspielen beschäftigt sind und sich im Gegensatz zu den Mädchen oft spielerisch balgen. Auch spielen die Mädchen fast um die Hälfte weniger Kampf- und Wetteiferspiele als die Jungen.

[4] Wie bereits S. 178 angegeben, handelt es sich um Jungen im Alter von 3 bis 15 Jahren.

Bei 33 Jungengruppen (= 100%) verteilen sich die 33 Spiele prozentual wie folgt auf die verschiedenen beobachteten Spielformen:

Tanz	=	3,03 %
Seilspringen	=	9,09 %
Hxanna-Spiel (Federstabspiel)	=	12,12 %
Spielerisches Balgen, Verfolgen, Scherzen etc.. . . .	=	21,21 %
Experimentier-Spiele	=	39,39 %

a) mit Gerätschaften wie Trommel, Schaufel, Dosen, Schubkarren etc.
b) mit anderen Materialien wie Wasser, Sand
c) mit der Peitsche
Kampf- und Wetteiferspiele wie Steinrechen-Spiel, Fußball, Wettschießen mit Steinen auf Ziel . . . . . = 15,15 %

Bei 28 Mädchengruppen (= 100%) verteilen sich die 28 Spiele prozentual wie folgt auf die verschiedenen beobachteten Spielformen:

Melonenspiel-Tanz (Dam) und Tanz auf einem Faß . .	=	42,86 %
Melone-Stein-Spiel	=	28,57 %
Ballspiel mit der Melone	=	7,14 %
Seilspringen	=	7,14 %
»Kühestehlen«, ein eingeführtes Rechenspiel	=	3,57 %
Experimentierspiele mit Gerätschaften	=	7,14 %
Sich schmücken = Kosmetik	=	3,57 %

XI.3 Das geschlechtsspezifische Interesse der !Ko-Kinder

Mit der Feststellung, daß Kinder sich bevorzugt mit Gleichgeschlechtlichen zu Spielverbänden zusammenfinden, erhebt sich die Frage, ob die
Kinder nach Geschlecht verschieden geartete Interessen an ihrer Umwelt
zeigen. Ein glücklicher Umstand erlaubte es mir, diese Frage zu prüfen.
   Bei meinem letzten Besuch der !Ko-Gruppe wurden die Kinder gerade ein Vierteljahr von der Lehrerin Ms. E. Wily unterrichtet. Seit Beginn ihrer Tätigkeit ließ sie die Kinder völlig unbeeinflußt Zeichnungen
anfertigen. Die sehr vorsichtige und einfühlsame Lehrerin setzte bewußt
auch hierbei keine Richtlinien. Sie half nicht bei den Zeichnungen und
korrigierte nichts daran. In der Motivwahl waren die Kinder völlig auf
sich gestellt. Sie hatte jede Zeichnung mit dem Namen des Kindes versehen. Freundlicherweise stellte mir Ms. E. Wily alle von ihr gesammel-

ten Zeichnungen der Kinder zur Verfügung, und ich untersuchte diese und wertete die Abbildungen aus.

Ich griff für die Untersuchung willkürlich die Zeichnungen von 7 Jungen und 7 Mädchen heraus, die gegenständlich gezeichnet hatten[5].

Von den Jungen hatte ich insgesamt 556 Zeichnungen, von den Mädchen 610, die ich den Abbildungen nach identifizieren konnte.

Zuerst hielt ich fest, was gezeichnet wurde; am Schluß fertigte ich danach entsprechende Themen-Kategorien an. Ich setzte die 556 bzw. 610 Zeichnungen jeweils gleich 100 %. Auf die einzelnen Kategorien entfielen X % aller Bilder.

Die folgende Tabelle zeigt ein interessantes Ergebnis:

Gegenstand		Jungen %	Mädchen %	Bemerkung:
Tiere ... der Horde	=	19,06	4,2	nicht spezifizierbar,
des Busches	=	10,70	3,1	welche Art Tier
insgesamt	=	29,76	7,3	Jungen: 0,3 Mädchen: 2,9
Blumen	=	8,0	23,7	
Wagen	=	11,8	0,9	
Flugzeug	=	7,7	0,3	
Technik, insgesamt	=	19,5	1,2	
Haus, Hütte	=	9,5	23,6	
Mann	=	15,4	4,9	mit Penis, Hose
Frau	=	3,5	21,8	mit Busen, Kleid
Mensch	=	5,0	3,7	
Mensch, insgesamt	=	23,9	30,4	
Haushaltsgegenstände	=	0,3	6,0	
Unterrichtsgegenstände	=	6,1	4,2	
Sonstiges	=	1,94	3,6	

[5] Das Alter der Jungen betrug 8 bis 15, das der Mädchen 8 bis 13 Jahre.

Wie die Aufstellung zeigt, zeichnen beide Geschlechter die gleichen Dinge, aber mit deutlich nach Geschlechtern verschiedener Bevorzugung. Darin drückt sich ein geschlechtsspezifisches selektives Interesse aus. Nehmen wir z. B. die erste Kategorie mit dem Thema »Tiere«. Bei »Tieren der Horde« sind Esel, Ziegen, Hühner, Pferde, Katzen und Hunde gemeint. Bei »Tieren des Busches« waren Löwen, Hyänen, Schlangen, viele Antilopenarten, Strauße usw. dargestellt. Faßt man alle diese Zeichnungen zusammen, so ergibt sich folgendes Bild:

Von den 556 Zeichnungen der Jungen, die gleich 100 % gesetzt wurden, zeigten 29,76 % Tierdarstellungen.

Bei den Mädchen waren es von 610 Zeichnungen, die gleich 100 % gesetzt wurden, nur 7,3 %.

Fast genau umgekehrt ist das Verhältnis bei der zweiten aufgestellten Kategorie mit dem Thema »Blumen«. Nur 8 % aller Jungen-Zeichnungen beschäftigten sich damit, während es bei den Mädchen 23,7 % waren.

In der nächsten Kategorie wurden die gezeichneten Lastwagen (von Dr. Heinz) und die gezeichneten Flugzeuge (Arzt) unter dem Thema »Technik« zusammengefaßt. Hier ist ein deutliches Interesse der Jungen offensichtlich. Insgesamt fielen 19,5 % ihrer Zeichnungen in diese Sparte. Bei den Mädchen waren es nur 1,2 %. »Häuser« (wie die des »settlements«) und Buschmann-»Hütten« wurden bevorzugt von den Mädchen gezeichnet. Von den Jungen-Zeichnungen waren es 9,5 %, bei den Mädchen waren es 23,6 %.

Etwa gleich oft zeichneten die Kinder »Menschen« (Jungen 23,9 %, Mädchen 30,4 %), wobei zwischen »Mann« und »Frau« klar unterschieden wurde. Kinder zeichneten Männer mit Hosen, Penis oder langen Beinen, während sie die Frauen mit Busen, Kleidern, Schürzen und sogar mit langen Haaren versahen[6].

Damit waren die Bilder eindeutig dem Geschlecht nach bestimmbar. Die gezeichneten Individuen, die keine Geschlechtermerkmale trugen, wurden unter »Mensch« zusammengezählt. Die Jungen-Zeichnungen stellten in 15,4 % der Fälle einen Mann dar. Dagegen zeigten nur 4,9 % aller Mädchen-Bilder eine männliche Gestalt. 3,5 % der Jungen-Zeichnungen zeigten eine Frau, bei den Mädchen waren es 21,8 %. Geschlechtslose Individuen wurden etwa gleich oft gemalt. Von allen Zeichnungen der Jungen entfielen darauf 5,0 % und bei den Mädchen 3,7 %.

---

[6] Obgleich Buschleute in beiden Geschlechtern kurzes Pfefferkornhaar tragen. Wieso werden also lange Haare dargestellt? Vielleicht nach dem Vorbild der Lehrerin oder europäischer Besucherinnen? Die !Ko-Frauen hatten mein langes Haar öfter bewundert, und die Kinder hatten es häufig betastet.

In der fünften Rubrik wurden alle abgebildeten Gegenstände des »Haushalts«, wie Besen, Eimer etc., zusammengezählt. Die Jungen zeigten mit 0,3 % aller ihrer Zeichnungen kaum ein Interesse daran. Bei den Mädchen waren es immerhin 6,0 % aller Zeichnungen.

In der sechsten Rubrik mit dem Thema »Unterrichtsgegenstände«, wie z. B. Lineal, Bleistift, Kreide etc., ergibt sich ein interessanter Vergleichswert. Da sich die Jungen und Mädchen in der Schule gleichermaßen mit diesen Dingen beschäftigen, zeigt sich auch bei den Zeichnungen ein fast gleiches Ergebnis. Bei den Jungen waren es 6,1 % aller Abbildungen, bei den Mädchen 4,2 %.

Zum Schluß wurde unter der Kategorie »Sonstiges« ganz individuell Gezeichnetes zusammengefaßt. Diese Motive der Kinder wurden wegen ihrer geringen Anzahl nicht eigens kategorisiert. Darauf entfielen von allen Zeichnungen der Jungen 1,94 %, bei den Mädchen 3,6 %.

Ich möchte nochmals betonen, daß von den Kindern keines dazu angehalten wurde, etwas Bestimmtes zu zeichnen, ebensowenig wie es daran gehindert wurde, etwas darzustellen, was es gerade mochte. Ms. Wily wußte in dem Zeitraum, da diese Zeichnungen von den Kindern gemacht wurden, nichts von meiner beabsichtigten Untersuchung. Sie hat umsichtig und von sich aus versucht, den Kindern keine speziellen Richtlinien zu geben und so das Maß pädagogischer Beeinflussung so gering wie möglich gehalten, um nicht in typische kulturelle Belange einzugreifen. Dies ist ihr in bewundernswerter Weise gelungen.

XI.4 Schlußfolgerungen aus den Untersuchungen über das geschlechtsspezifische Interesse

Verschiedentlich haben kulturelle Anthropologen (z. B. M. Mead 1935) die Ansicht geäußert, »die Geschlechterrollen würden dem Menschen kulturell aufgeprägt, so wie die Kleidung, die er trägt« — eine Ansicht, die auch extreme Vertreter der Frauenrechtsbewegung vertreten. Das selektive Spiel- und Umweltinteresse der !Ko-Buschmannjungen und -mädchen scheint jedoch für eine biologische Disposition zu sprechen. Die Kinder haben nämlich die freie Spielwahl. Sicher ahmen sie die Erwachsenen im Spiel nach, aber sie identifizieren sich aus eigenem Antrieb mit dem richtigen Geschlechtervorbild, ohne dazu irgendwie gedrängt zu werden.

Das größere technische Interesse der Jungen beruht sicher nicht auf eigens darauf abzielender Unterweisung. Eher ist dies bei bestimmten geschlechtsspezifischen Tanzspielen der Fall, wie z. B. bei den normalerweise nur von Frauen und Mädchen ausgeführten Melonenspiel-Tänzen. In solchen Fällen werden die Kinder von den gleichgeschlechtlichen Erwachsenen unterwiesen und die geschlechtsspezifische Spielform auf diese Weise tradiert.

Sicher ist das geschlechtsspezifische Interesse ein wesentlicher Faktor bei der Bildung der gleichgeschlechtlichen Gruppen. Daß die geschlechtsspezifischen Spiele nicht ausschließlich, sondern nur mit Präferenz von einem Geschlecht ausgeübt werden, ist den Tabellen zu entnehmen.

Jungen probieren Mädchenspiele und umgekehrt. Die deutliche freiwillige Bevorzugung bestimmter Spielarten scheint aber für eine angeborene Disposition zu sprechen. Bei den !Ko-Buschleuten werden die Geschlechterrollen keineswegs erst »aufgedrängt«.

Allerdings können sich die Buschmannkinder durchaus am Vorbild der Erwachsenen orientieren. Jungen sehen, wie Männer sich verhalten, Mädchen beobachten ihre Mütter und ahmen diese nach. Aber die Bereitschaft, sich ohne Zwang mit der geschlechtsspezifischen Rolle zu identifizieren, belegt eine bereits vorgegebene Disposition. Sie wird vollends in der Auswertung der Kinderzeichnungen deutlich. Das Interesse an dem bis dahin in ihrer Kultur unbekannten technischen Gerät, das die Jungen in so ausgeprägter Weise zeigen, ist ganz sicher nicht vom Vorbild der Erwachsenen geprägt.

XII. Explorierverhalten und Spiel

Durch eine Reihe von Untersuchungen kann es als erwiesen gelten, daß Organismen von einem Drang motiviert sind, ihre Umwelt aktiv zu erkunden und sich manipulatorisch mit den Umweltdingen auseinanderzusetzen. Ratten lernen z. B. ein Labyrinth zu durchlaufen, dessen Zielkammer bewegbare, neue Objekte enthält und die mit wechselnden Farben ausgemalt ist. Sie ziehen diese einer stets gleichen Kammer vor, die ebenfalls zur Wahl steht (Leckart und Bennet 1968).

B. R. Komisaruk und J. Olds (1968) fanden, daß bestimmte Regionen im lateralen Hypothalamus und in der präoptischen Region der Ratte elektrisch aktiv waren, wenn die Tiere explorierten. Elektrische Reizungen dieser Regionen bewirken Explorieren. Können Ratten durch Hebeldrücken sich selbst elektrisch in diesen Hirngebieten reizen, dann lernen sie das schnell; offenbar wird dies lustvoll erlebt.

In undurchsichtige Käfige eingesperrte Rhesus-Affen lernen es, bestimmte Aufgaben auszuführen, wenn sie dafür zur Belohnung durch eine sich öffnende Klappe hinaussehen können (R. A. Butler 1953). Nach St. E. Glickman und R. W. Sroges (1966) nimmt die mittlere Reaktionsbereitschaft gegenüber Testobjekten im Verlauf einer 6-Minuten-Periode bei allen daraufhin geprüften Wirbeltieren deutlich ab. Bekanntes löst weniger Erkundungsverhalten aus. Im Explorierverhalten der verschiedenen Arten gibt es ferner quantitative und qualitative artliche Unterschiede: Nager explorieren Objekte auf Benagbarkeit; Affen untersuchen viel mit ihren Händen. Kinder, die sich selbst Bilder projizieren konnten, wiederholten die Projektion eines Bildes um so eher, je fremdartiger es anmutete, vor allem dann, wenn verblüffende Unstimmigkeiten zu sehen waren, z. B. ein vierbeiniger Vogel (Smock und Holt 1968).

Aus diesen und vielen anderen Versuchen kann man folgern, daß es sich beim explorativen Verhalten um eine »eigenmotivierte« Aktivität handelt, der, anders als etwa bei Hunger und Durst, kein physiologisches Defizit zugrunde liegt. Die Tätigkeit des Explorierens und die dabei empfangenen wechselnden Sinneseindrücke befriedigen. Neue Situationen und Objekte lösen exploratives Verhalten aus (Berlyne 1950; Montgomery 1963; Carr und Brown 1959).

Zunehmende Bekanntheit führt zu einem Absinken der Antwortbereitschaft. Die Tiere verlieren das Interesse (Alderstein und Fehrer 1955; Inhelder 1955; Welker 1956; Glanzer 1961). Nach einer Periode der Nichtgegenüberstellung erholt sich die Antwortbereitschaft wieder (Montgomery 1963; Berlyne 1955).

Welche physiologischen Prozesse dieser Habituation (Gewöhnung) explorativen Verhaltens zugrunde liegen, ist unbekannt. Lerntheoretische Interpretationen liefern Berlyne (1950) und Danzinger und Mainland (1954).

Berlyne (1960) und Welker (1961) wiesen darauf hin, daß exploratives Verhalten und Spiel einige bemerkenswerte Übereinstimmungen zeigen.

1. Neue Spielobjekte lösen höhere Zuwendungsraten aus als bekannte Objekte. Kann ein Individuum nichts Neues mehr mit den Objekten anstellen, dann sinkt das Interesse. Dies gilt nach Mason (1967) auch für das Explorations- und Spielverhalten der Schimpansen.

2. Objekte, mit denen man besonders viel machen kann (Anfassen, Rollen, Werfen, Kneten), erregen anhaltendes Interesse.

Unter funktionellen Gesichtspunkten betrachtet, dienen Explorierverhalten und Spiel dem Informationserwerb; deshalb haben manche Autoren Exploration und Spiel gleichgesetzt. Diese Ansicht vertritt z. B. Berlyne (1960): »Much, possible most, play is exploratory behavior. We are, however, in no position to identify all plays as exploration, because exploration is best defined in terms of intrinsically rewarding or biologically neutral sensory consequences. While much playful behavior is apparently aimed at satisfying or entertaining sensory consequences« (Berlyne 1960).

Während Berlyne also im Erkunden ein die meisten oder sogar alle Spiele verbindendes Merkmal zu sehen glaubt, meint Welker (1956), es handele sich beim Spiel um eine recht buntscheckige Verhaltenskategorie, die nicht durch nur eine bestimmte Funktion zusammengehalten werde. (»Ludic behavior forms such a motley assortment that it is highly unlikely that all of it has just one function that binds them together.«)

Das trifft sicher zu. Andererseits besteht aber offensichtlich auch eine Verwandtschaft zwischen Exploration und sehr vielen Formen des Spielens, die es im einzelnen aufzuklären gilt.

C. Hutt (1966, 1971) hat sich um eine Klärung dieser Zusammenhänge bemüht. Sie unterscheidet in Anlehnung an Berlyne (1960) zwischen spezifischer und diversiver (in verschiedene Richtung gehender) Exploration.

Die spezifische Exploration wird von ganz bestimmten Umweltgegebenheiten ausgelöst und richtet sich auf bestimmte Objekte. Ziel solchen Erkundens ist es, die Eigenschaften von Umweltgegebenheiten kennenzulernen. Diese bestimmen auch die spezifische Art des Erkundungsverhaltens: »Investigative, inquisitive or specific exploration is directional, i. e., it is elicited by or oriented towards certain environmental changes. Its decay is a monotonic function of time, and any overall response measure would mask this. The goal is getting to know the properties, and the particular responses of investigation are determined by the nature of the object« (C. Hutt 1971).

Das Verhalten führt dazu, daß das Lebewesen mit der neuen Situation vertraut wird und daß damit auch die Erregung abklingt, die das neue Objekt oder die neue Situation bewirkte.

Die diversive Exploration ist nach Hutt (in Anlehnung an Hebb 1955) dadurch charakterisiert, daß durch sie Zustände der Monotonie oder eines niedrigen Erregungsniveaus vermieden werden. Das Tier sucht die Reizsituation von sich aus zu variieren und so einen Zustand der Aktivation zu erhalten (siehe auch Fiske und Maddi 1961; Berlyne 1960). Dem reaktiven spezifischen Explorieren, das erst von außen angestoßen wird, steht die diversive Exploration als mehr spontaner Explorationstyp zur Seite. Da auch das Spiel große Spontaneität zeigt, wird es von Hutt der diversiven Exploration zugeordnet: »Play in its morphology, determinants and functions often appears to be more similar to diversive exploration than specific exploration.«

Sie bemerkt ferner, daß im allgemeinen nur dann gespielt wird, wenn den Spielenden die Umgebung bekannt ist. Bereits Bally (1945) wies darauf hin, daß Spielen nur im entspannten Feld stattfindet. Angst spannt das Feld und unterdrückt Spielen, jedoch nicht das spezifische Explorieren, was die Unterscheidung rechtfertigt. »Play on the other hand, only occurs in a known environment, and when the animal or child feels he knows the properties of the object in that environment, this is apparent in the gradual relaxation of mood, evidenced not only by changes in facial expressions, but in a greater diversity and variability of activities« (C. Hutt 1971).

Beim spezifischen Explorieren stellt der Organismus im Dialog mit der Umwelt die Frage: »Was macht das Objekt? Was hat es für Qualitäten?« Auf diese Weise wird Objekt- und Materialkenntnis erworben. Beim Spielen dagegen steht die Frage im Vordergrund: »Was kann ich alles damit machen?« Dialogisch manipulierend werden Spielobjekte auf ihre Brauchbarkeit geprüft, und damit geht das Spiel über das eher noch rezeptive Explorieren hinaus. Das Spielobjekt wird zu wechselnden Zwecken und in wechselnder Weise eingesetzt. Ein Stock kann zum

Hebeln, Stochern, Schlagen oder Graben benützt werden. Das beobachtet man schon beim Schimpansen, viel ausgeprägter jedoch beim Menschenkind, das auf diese Weise Werkzeugerfahrungen sammelt. Bemerkenswert ist dabei die spontane Eigentätigkeit: die Appetenz, manipulatorisch etwas zu bewirken, durch die das Menschenkind als werkzeuggebrauchendes Wesen präadaptiert ist. Zwar unterweisen gelegentlich auch andere beim Spiel mit Objekten, meist jedoch probiert das Kind von sich aus und kommt so über das Experiment zu eigenen Entdeckungen. Im Deutschen spricht man deshalb sehr treffend vom »spielerischen Experimentieren«, und ich möchte die englische Bezeichnung »diversive exploration« so freier übersetzen.

Beim spielerischen Experimentieren werden einem Objekt sehr verschiedene Funktionen übertragen. Ein Brett kann zur Brücke werden, dann zum Sitz, zum Schiff, zum Schutzdach und vielem anderen mehr.

C. Hutt schreibt dazu: »All these activities, e. g. repetitive movements, ›games‹ and ›transposition-of-function‹ responses are those, which an observer would recognize and label as ›play‹.« Und sie verdeutlicht den Unterschied zwischen untersuchendem (spezifischem) Explorieren und Spiel noch durch die Feststellung: »During investigation all receptors were oriented towards the object, the general expression being one of ›concentration‹, at a later stage (intermediate between investigation and play) manipulation might occur with simultanious visual exploration of other stimuli, and the intent facial expression changed to a more relaxed one. Finally in play for much of the time, the receptors were desynchronized (i. g. vision and manipulation were no longer simultaneously directed toward the object) and the behavior towards the object might almost be described as ›nonchalant‹.«

Um die verschiedenen Formen des Spielens und Explorierens festzustellen, fertigte ich u. a. Tätigkeitsprotokolle von einem 2jährigen und einem 4jährigem Mädchen sowie von einem 4¼jährigem Jungen an. Auch wenn es sich dabei um Einzelbeispiele handelt, so zeigen sie doch eine Reihe von Gemeinsamkeiten und Unterschieden und illustrieren als Beispiele den hier dargestellten Sachverhalt, so daß sich ihre Wiedergabe lohnt. Insbesondere könnten sie zu weiterführenden Untersuchungen anregen. Die drei hier vorgeführten Kleinkinder wurden stellvertretend für Kinder dieser Altersgruppe ausgewählt. In diesem Alter sind Kinder noch nicht oder nur wenig aktiv als Teilnehmer in den Spielgruppen integriert. Sie pendeln noch zwischen Mutter und Spielgruppen älterer Kinder hin und her. Nehmen sie an Spielen der Spielgruppen älterer Kinder teil, dann stets als passive Mitläufer oder Randspieler.

· A. Flitner (1972) beschreibt diese »Spieler zweiten Ranges« als Nebenspieler. Er schreibt: »Es gibt eine Reihe von Spielen, die neben der Kern-gruppe einen Kreis von Spielern zweiten Ranges einbeziehen. Für diese sind die Rollen unschärfer definiert, aber auch der Regelzwang aufge-hoben.« Er zählt einige Spiele auf und meint: »Diese Spiele scheinen wie dafür erfunden, kleinere Kinder als Nebenspieler mit aufzunehmen und damit verschiedene Stufen sozialer Spielfähigkeit zusammenzu-führen.«... »Aber auch die Kleinen kommen auf ihre Rechnung. Sie sind dabei, sind selber auf Jagd, auch wenn sie nicht zu einem Problem-beschluß zugelassen werden.«

Auf dieses Thema werden wir in der Besprechung der sozialen Funk-tion der Spiele noch ausführlicher zu sprechen kommen.

Darstellung der Protokolle

In einem Stunden-Tätigkeits-Protokoll eines 2jährigen Mädchens möchte ich aufzeigen, welche Tätigkeiten ein Kleinkind in diesem Zeitraum ver-richtet. Anhand dieses Beispiels ist zu untersuchen, wo bei einem Kind dieses Alters das Spielinteresse liegt, was als Exploration und was als Spiel einzureihen ist.

Es folgt ein ebenfalls ungekürztes Tages-Tätigkeits-Protokoll eines 4jährigen Mädchens, danach ein Tages-Tätigkeits-Protokoll eines 4¼-jährigen Jungen.

1. Stunden-Tätigkeits-Protokoll: D/in/id/nawe, weiblich, Alter: 2 Jahre

Persönliche Daten und Familienverhältnisse: D/in/id/nawe wurde am 5. Juli 1972 in Bere geboren. Sie ist das zweitjüngste Kind von/rale und seiner Frau N!oasi (siehe Hütte 9 der Dorfanordnung von 1973, Takats-wane-Gruppe). Sie hat drei Geschwister, die ebenfalls bei den Eltern wohnen. Dies sind: das Baby N!onno, männlich, Alter: 2 Wochen; fer-ner der ältere Bruder N/allo, Alter: 4¼ Jahre; das älteste Kind der Familie ist das Mädchen/olo/oa, Alter: 7 Jahre.

Beobachtungstag:	Freitag, den 12. Juli 1974
Bemerkung:	Das Kind konnte sehr gut aufrecht laufen und wurde nicht mehr gestillt.
Beobachtungszeit:	9.30–10.30 Uhr

9.30 Uhr: Das Baby sitzt mit Mutter, Großmutter, Großvater, Schwester der Großmutter und einer zu Besuch weilenden, nicht verwandten Frau im Schutz eines Windschirmes im Kreis um ein Feuer. Die Mutter arbeitet an einer Straußenperlenkette.

Das Kind spielt mit einer leeren Blechdose, die einen Henkel hat. Es füllt Sand hinein. Setzt sich die Dose auf den Kopf. Schüttet den Sand aus, schaut in die Dose hinein. Entdeckt den ledernen Werkzeugbeutel des Großvaters, der in Reichweite hinter ihm im Sand liegt. Greift mit der Hand hinein und betrachtet den Inhalt. Der Großvater nimmt den Beutel weg. Das Kind wendet sich wieder der Dose zu. Schüttet mit einer Hand Sand in die Dose. Schüttet Sand aus. Füllt Sand ein. Schüttet Sand aus. Schaut in die Dose hinein. Füllt Sand ein, schüttet Sand wieder aus. Greift in die Dose hinein und entfernt mit der Hand den restlichen Sand. Füllt Sand ein, schüttet ihn aus. Gräbt mit der Dose selbst Sand hinein. Schüttet Sand aus. Wird vom Großvater geschneuzt. Nimmt Dose in den Mund. Gräbt Sand ein. Klopft mit dem Dosengrund auf den Boden.

9.35 Uhr: Der Großvater arbeitet mit einem Stück Sehne an einem Speer. Das Baby ergreift das Ende des Sehnenfadens und wickelt sich diesen um eine Hand. Führt die Hand zum Mund und lutscht an dem Sehnenfaden. Der Großvater zieht an der Sehne und nimmt sie zu sich. Das Kind wendet sich der Dose zu. Nimmt sie auf und stellt sie zur Seite. Spielt mit den Fingern und betrachtet das eigene Fingerspiel. Nimmt die Dose wieder auf und stellt sie auf die ausgestreckten Beine des Großvaters. Klopft mit der Dose auf den Beinen des Großvaters herum. Entdeckt eine am Boden liegende Wurzel. Nimmt diese auf. Klopft mit der Wurzel auf die Beine des Großvaters. Läßt Wurzel aus der Hand fallen. Nimmt Dose wieder auf. Hält sich die Dose vor das Gesicht. Schüttet den verbliebenen Sand aus der Dose aus. Gräbt mit einer Ferse im Sand. Füllt mit der Hand Sand in die Dose. Stellt Dose weg. Versucht mit dem Fuß die am Boden ausgestreckten Beine der Großmutter wegzustoßen. Diese reagiert nicht darauf.

9.40 Uhr: Das Kind nimmt die Wurzel auf und klopft auf die Beine der Großmutter. Es hält die Wurzel in der einen Hand, in die andere hat es ein Grasbüschel genommen. Nun umwickelt es die Wurzel mit dem Gras. Entfernt wieder das Gras und hält nur die Wurzel in der Hand. Es fährt mit der Wurzel im Sand hin und her, dann klopft es mit der Wurzel in den Sand. Versucht die Wurzel in den Sand wieder einzugraben. Wird von der Großmutter geschneuzt. Schaut das Wurzelende an. (Die Wurzel ist eine mit einer Pfahlwurzel versehene längliche Knolle.)

9.45 Uhr: Nimmt mit der Hand Sand auf und wirft ihn von sich. Nimmt Sand auf die Handfläche, mit der anderen Hand, die die Wurzel noch hält, fährt es mit dem Wurzelende darin umher. Legt die Wurzel beiseite. Ergreift wieder die Dose. Schüttet aus der Dose den Sand in eine Hand aus. Führt die Hand zum Mund und ißt Sand. Schaut in die Dose hinein. Stellt die Dose weg. Wendet sich der Decke der Großmutter zu, auf der diese sitzt. Zupft an der Decke. Entdeckt ein am Boden liegendes Hölzchen, nimmt es auf und gibt es abwechselnd von einer Hand in die andere. (Die Erwachsenen rauchen und der Großvater arbeitet wieder an seinem Speer.) Schaut den Erwachsenen beim Rauchen zu. Beobachtet die Arbeit des Großvaters.

9.50 Uhr: Spielt mit den Fingern in seinen Haaren. Ergreift wieder das Hölzchen. Stochert mit diesem im Sand. Gräbt mit dem Hölzchen im Sand (Ansätze zum richtigen Wurzelgraben). Großmutter schneuzt das Kind erneut, wobei etwas Nasensekret auf das Bein des Kindes tropft. Das Kind verreibt es mit seinen Fingern. Nimmt erneut das Hölzchen in die Hand und stochert wieder damit im Sand. Die Großmutter spricht mit dem Kind, das das Holz aus der Hand legt und zu seinem Großvater krabbelt, der gerade dabei ist, Pfeile zu ordnen. Das Kind spielt mit der Spitze des Speeres, den der Großvater beiseite gelegt hat. Umfährt mit seinen Fingern den Umriß der Speerspitze. Ergreift einen Pfeil des Groß-vaters. Dieser hat einen Schaft, aber keine Metallspitze. Alle Erwachse-nen beobachten das Kind, das den Pfeilschaft untersucht. Seine Finger tasten das spitze Ende ab. Es versucht die umwickelte Sehne abzulösen. Nimmt den Pfeilstab in beide Hände und gräbt so im Sand, wie es Frauen tun, wenn sie nach einer Wurzel graben. Der Großvater fordert es verbal auf, ihm den Pfeilstab wiederzugeben. Er streckt dann seine Hand auffordernd aus, das Kind wendet sich mit dem Pfeil zur Seite und verweigert. Großvater räumt seine restlichen Pfeile weg und überläßt einen Stab dem Kind.

9.55 Uhr: Es nimmt den Pfeil in den Mund. Gräbt erneut damit im Sand. Sieht ein Messer hinter sich liegen, welches der Großvater bei seinen Arbeiten verwendet hatte. Ergreift das Messer. Großvater nimmt dem Kind das Messer aus der Hand. Das Kind nimmt wieder den Pfeil-schaft und die Dose. Stochert mit dem Schaft in der Dose herum. Der Pfeilhalter löst sich dabei vom Pfeilstab. Der Großvater nimmt letzteren an sich. Das Kind beschäftigt sich nun mit dem Pfeilhalter. Die Dose liegt neben dem Kind. Es stochert mit dem Pfeilhalter im Sand. Der Groß-vater arbeitet nun an einem Tanzstock, der ein Punktemuster hat. Das Kind deutet mit dem Pfeilhalter auf die Punkte und fährt diese nach. Wendet sich wieder dem Halter zu.

10.00 Uhr: Untersucht und betrachtet das spitze Ende des Halters. Es gräbt damit im Sand. Klopft mit dem Halter auf den Tanzstock des

Großvaters. Wendet sich ab und nimmt die Dose wieder auf. Hängt die Dose an dem Henkel über den Halter. Nimmt darauf in eine Hand die Dose und in die andere den Halter. Das Kind steht auf. Der Halter fällt zu Boden. Es setzt sich wieder. Es nimmt erneut die Dose und den Halter in die Hand. Wirft den Halter in die Dose hinein. Fährt mit ihm in der Dose herum. Entdeckt wieder das am Boden liegende Grasbüschel und wirft es ebenfalls in die Dose hinein. Schaut die Großmutter an und hält die Hand über die Dosenöffnung. Schüttet den Halter und das Grasbüschel aus der Dose. Es klopft mit dem Halter auf die Dose. Hämmert mit dem Halter auf der Dose herum. Schaut der Großmutter zu, die die Hölzasche ordnet, und unterbricht dabei seine Tätigkeiten. Danach wendet es sich wieder den Objekten zu. Faßt die Dose wieder an. Schaut seine Finger an, nimmt wieder die Dose in die andere Hand und findet den Pfeilhalter wieder. Stochert mit ihm in der Asche herum. Die Großmutter zeigt mit ihrer Hand zur Seite. Das Kind steht auf, ergreift eine hinter dem Windschirm liegende Decke und kriecht darunter.

10.05 Uhr: Es steht auf und wickelt sich richtig in die Decke, geht zum Rand des Windschirmes und legt sich hin. Ist unter der Decke versteckt. Singt und spricht unter der Decke.

10.10 Uhr: Das Kind wälzt sich hin und her. Streckt eine Hand aus der Decke. Ergreift damit den Grabstock der Großmutter, der am Boden liegt. Läßt ihn wieder fallen und deckt sich wieder völlig mit der Decke zu. Hebt die Decke hoch und schaut mit dem Kopf heraus, zu den Erwachsenen. Wickelt sich wieder ein. Ruht für eine Minute völlig unter der Decke. Danach kommt es aus der Decke heraus und kehrt in den Kreis der Erwachsenen zurück. Es steht im Kreis der Alten, nimmt sein Schamschürzchen in die Hand und zupft an diesem. Schaut wieder auf die Erwachsenen und geht zu seiner Großmutter. Es setzt sich hinter diese. Ergreift eine zusammengefaltete Decke. Schaut auf eine Reitergruppe, die auf Eseln an der Hütte vorbeireitet. Das Kind steht auf und setzt sich in den Kreis zurück. Es legt sich hin, wickelt sich in die Decke ein und ruht am Boden.

10.15 Uhr: Das Kind brabbelt vor sich hin. Schaut aus der Decke heraus in die Runde. Sieht dabei ein kleines Wurzelstück. Ergreift es mit einer Hand und steckt es in den Mund. Es lutscht daran, knabbert daran und deckt sich wieder auf. (Die Mutter hat nun ihre Arbeit beendet, die Besucherfrau steht auf und geht weg.) Das Kind steht ebenfalls auf, fällt hin. Die Mutter geht in eine andere Hütte, das Kind folgt ihr sofort und hält das Wurzelstück in der Hand.

10.20 Uhr: Die anderen Erwachsenen bleiben zurück. Die Mutter legt in der anderen Hütte die Perlenkette ab und kehrt in den ursprünglichen

Kreis zurück. Das Kind bleibt in der anderen Hütte. Dort spielt es mit einem Topfdeckel. Geht daraufhin aus der Hütte und kehrt zu den Erwachsenen hinter dem Windschirm zurück. Auf dem Weg macht es Halt und ergreift einen Ast eines Busches. Neben den Erwachsenen findet es eine Blechtasse. Hebt sie auf und läßt sie wieder fallen.

10.25 Uhr: Das Kind legt sich auf den Bauch in den Sand. Es reibt sich die Augen. Es ergreift eine andere Blechdose, die herumliegt. Dreht die Dose um und patscht viermal mit der flachen Hand auf den Dosenboden. Läßt die Dose fallen. Das Kind legt sich auf den Rücken und rollt mit seinen beiden Füßen die betreffende Blechdose hin und her. Es krabbelt umher, findet den Lederbeutel des Großvaters und nimmt ein Schildkrötendöschen aus diesem heraus. Die Mutter greift ein und sagt: »Je, je, jelah!« Das Kind dreht sich weg, gehorcht und läßt den Beutel liegen. Das Kind krabbelt zu seiner Großmutter, legt sich dort zwischen die Decken und strampelt mit den Beinen in der Luft. Es streicht mit den Händen über die Decke und steckt die Finger einer Hand in den Mund. Es wälzt sich hin und her und lächelt vor sich hin. Es brabbelt. Findet einen Stein neben sich, hebt diesen auf und wirft ihn weg. Das Kind legt sich auf den Bauch.

Ende der Beobachtungszeit: 10.30 Uhr

Zusammenfassung und Diskussion des Protokolls

Das Kind wandte sich in dieser Stunde 52mal einer begrenzten Anzahl von gegenständlichen Objekten in seiner unmittelbaren Umwelt zu (Dosen, Gras, Hölzchen, Wurzel, Sand usw.). Das Mädchen initiierte 13mal aktiv sozialen Kontakt mit Familienmitgliedern. 8mal erfuhr das Kind passiv soziale Zuwendungen von seiten der Familienmitglieder.

Das heißt, 80 % ihrer Aktivitäten in einer Stunde waren auf Objekte gerichtet; 20 % ihrer Aktivitäten hatten sozialen Charakter. Ihr exploratives Interesse galt ihrer topographischen Umwelt. Die Dinge ihrer unmittelbaren Umwelt trugen Aufforderungscharakter. Das Kind suchte nicht von sich aus nach Objekten, mit denen es sich beschäftigen konnte. Diese lagen am Boden herum, und es nahm sie auf, um sie zu untersuchen.

Auffallend war eine stereotype, wiederholte Zuwendung zu den Objekten. Deutlich war ferner eine relativ schnelle Ermüdung des spezifischen explorativen Verhaltens. Es ließ z. B. die Dose einfach fallen, wenn es diese aufgenommen hatte und plötzlich ein anderer Gegenstand für es etwas Neues bedeutete. Ebenso übergangslos nahm das Mädchen die Dose wieder auf, wenn diese erneut interessant erschien.

197

Stets erfolgte ein abruptes cut-off einer explorativen Aktivität, wenn ein anderer Gegenstand interessant wurde.

Ihre Aktivitäten trugen fast ausschließlich explorativen Charakter. Eine Synchronisation von visueller und manipulatorischer Zuwendung zu den Objekten konnte ich durchwegs dabei feststellen. Die Fragestellung für das Kind war in auffallender Weise: »Was machen die Objekte, und was sind ihre Eigenschaften?« Es untersuchte auf kleinkindhafte Weise noch viel mit dem Mund (»mouthing«). Es zerschnipselte und zerrieb ferner viel mit den Fingern. Auch solches Zerlegen ist für diese Altersstufe kennzeichnend. Es führt zur Materialkenntnis. Konstruktive Tätigkeiten treten erst etwas später in den Vordergrund. Ansätze zum spielerischen Experimentieren und instrumentaler Einsatz der Gegenstände waren jedoch bereits häufig, wenn auch von kurzer Dauer. Das Kind stocherte mit Gegenständen, hing Dinge auf Stücke, schlug Objekte gegeneinander, schüttete Sand in eine Dose und machte dergleichen mehr.

Es bewirkte mit seinen Objekten etwas, und damit wurden diese zu Werkzeugen. Das Kind sammelt so Werkzeugerfahrung, die zur Beherrschung verschiedener Werkzeuge und verschiedener Materialien führt. Auffällig ist die ausgesprochene Appetenz, mit Dingen im Boden zu stochern und Gegenstände aneinanderzuschlagen. Dieses Verhalten zeigen bereits Schimpansen.

Bemerkenswert ist, daß das Kind mit Hilfe der Gegenstände auch zu sozialen Kontakten einlud, z. B. indem es mit Gegenständen an die Beine der älteren Familienmitglieder stupste. Man sieht oft, daß Kinder auf diese Weise zu einem Dialog des Gebens und Nehmens auffordern (Eibl-Eibesfeldt 1973). Freiwillig geben sie ab, doch verteidigen sie Gegenstände, mit denen sie sich gerade beschäftigen, als Eigentum.

2. Tagesprotokoll: ǂomadana, weiblich, Alter: 4 Jahre

Persönliche Daten und Familienverhältnisse: ǂomadana wurde Anfang Juli 1970 während meines ersten Besuches in Takatswane geboren. Sie ist das zweitjüngste Kind von N!abase und seiner Frau /eisi (siehe Hütte 1 der Dorfanordnung von 1973, Takatswane-Gruppe). Sie hat drei Geschwister, die noch bei den Eltern wohnen: das Baby /dum, männlich, Alter: 1¼ Jahre, Geburtsdatum: 1. April 1973; die ältere Schwester Ndumku, Alter: etwa 5½ Jahre; die ältere Schwester /eikuma, Alter: etwa 7 Jahre. Die beiden nächstälteren Schwestern /olo/ei, Alter:

etwa 10 Jahre, und die bereits initiierte Schwester N/an/ei, Alter: etwa 15½ Jahre leben in einer Hütte neben der der Eltern (siehe Hütte 2 der Dorfanordnung von 1973, Takatswane-Gruppe).

Ihre verheiratete Schwester /oa/ei ist etwa 20 Jahre alt und lebt mit ihrem Mann in einer Hütte neben den Eltern (siehe Hütte 3 derselben Dorfanordnung).

Die älteste Tochter der Familie, Xose, hat selbst eine eigene Familie und lebt bei der Okwa-Gruppe in Hütte 5. Ebenso lebt der älteste Sohn der Familie in der Okwa-Gruppe in Hütte 14 und hat eine eigene Familie.

Mit der kinderlosen verheirateten Schwester /oa/ei hat ǂomadana, seit ich sie kenne (1970), ein besonders inniges Verhältnis.

Beobachtungstag: Montag, 15. Juli 1974

Bemerkungen: Zu dieser Zeit ist Winter in der Kalahari. Die Tage sind kurz. Morgens ist es noch lange kalt, und die Aktivität der Leute erwacht nur langsam. Die Sonne geht abends um ca. 18.00 Uhr unter, und es wird dann sofort sehr kühl.

8.10 Uhr: ǂomadana befindet sich vor der Hütte ihrer Schwester /oa/ei. Sie hält ein Hölzchen im Mund und schlägt nebenbei einen Hund ihres Vaters mit einem Zweig.

8.12 Uhr: Sie stützt sich mit der Hand auf einen Stock, tanzt hin und her und singt dabei.

8.15 Uhr: Auf den Stock gestützt, springt sie immer einen Schritt weiter. Macht Stockhüpfen.

8.16 Uhr: Geht zur Hütte der Mutter. Diese sitzt rauchend davor, sie steht ein paar Minuten bei der Mutter.

8.18 Uhr: Sie geht zu dem Windschirm neben der elterlichen Hütte. Dort kochen die beiden Schwestern Ndumku und /eikuma sowie deren Freundin N/asi (etwa 10 Jahre) Milch. Sie legt sich auf ein paar am Boden liegende Decken hin und sieht den anderen zu, die nun Maismehl in die Milch einkochen, woraus später ein Brei entsteht.

8.20 Uhr: Sie ißt mit den Mädchen.

8.30 Uhr: Sie hüpft auf der Stelle. Dabei dreht und wendet sie sich, wie es die älteren Mädchen beim Seilspringen tun. Hüpft dann zur Mutter in die Nebenhütte. Die Mutter hat Besuch von anderen Frauen des Dorfes, die schwatzend vor der Hütte beisammen sitzen. Sie rennt um die Frauengruppe und hat dabei den Kopf schief auf eine Schulter gelegt.

8.33 Uhr: Sie läuft zurück zum Windschirm. Dort raucht das Mädchen N/asi aus einem Rauchrohr. ǂomadana nimmt ebenfalls ein paar Züge aus der Pfeife.

8.35 Uhr: Sie geht zur Mutter. Steht hinter dieser und drillt ihr Röckchen hin und her.

8.36 Uhr: Sie geht zur nächsten Nachbarhütte. Dort ist viel Besuch, und man diskutiert lautstark miteinander. Sie setzt sich am Rande der Gruppe hin und schaut den Diskutanten zu.

8.43 Uhr: Ihre beiden Schwestern und N/asi stehen auf und brechen in Richtung Dorfplatz auf. Sie melden sich bei ╪omadanas Mutter//eisi ab. ╪omadana folgt den Mädchen, und alle gehen den Pfad zum Dorfplatz.

8.55 Uhr: Die Gruppe ist am Dorfplatz angekommen.

9.00 Uhr: ╪omadana ist nun in Begleitung ihrer Schwester Ndumku und dem Jungen Komtante (etwa 5 Jahre). Die Kinder rennen auf dem Dorfplatz umher.

9.05 Uhr: Auf dem Dorfplatz liegen mehrere Wasser- und Benzintonnen herum. Sie rollt mit den beiden anderen eine Tonne umher. Das Mädchen N/asi kommt hinzu, steigt auf die Tonne und balanciert auf ihr, während die anderen diese weiterrollen.

9.10 Uhr: Auch die anderen Kinder haben inzwischen die Tonne bestiegen. ╪omadana steigt nicht auf, sondern rollt die Tonne weiter.

9.15 Uhr: Immer noch das Tonnenspiel. Die anderen drei besteigen abwechselnd die Tonne, nur ╪omadana nicht.

9.17 Uhr: Eine Jungengruppe kommt vorbei, und die Kinder unterhalten sich. Bis auf einen 11jährigen Jungen entfernen sie sich alle wieder.

9.18 Uhr: Sie spielen gemeinsam mit der Tonne. ╪omadana ist der passivste Mitspieler.

9.20 Uhr: N/asi und der 11jährige Junge Jokrau stehen auf der Tonne, die anderen rollen.

9.25 Uhr: ╪omadana ist mit dem kleinen Komtante allein an der Tonne. Die anderen spielen abseits Fangen. Sie steigt zum ersten Mal auf die Tonne und springt herab. Die anderen Kinder kehren zurück. Sie bricht sofort ihr neues Spiel ab und rollt mit den beiden anderen kleinen Kindern die Tonne, während die anderen auf dieser balancieren.

9.26 Uhr: ╪omadana fällt beim Rollen der Tonne hin. Sie lacht und läuft den Spielkameraden hinterher.

9.29 Uhr: Der etwa 10jährige Cum gesellt sich zu der Gruppe. Nun stehen alle älteren Kinder auf der Tonne (N/asi, Jokrau und Cum), während die jüngeren sie weiterrollen.

9.32 Uhr: ╪omadana, ihre Schwester und N/asi verlassen die anderen. Das circa 12jährige Mädchen Allonoe kommt vorbei und äußert, daß sie die Hütte von Cums Mutter besuchen will. Alle Kinder bis auf Jokrau folgen ihr auf dem Weg.

9.35 Uhr: ǂomadana hüpft auf einem Bein vorwärts. Sie läßt sich dann lachend fallen, läuft ein Stück weiter, um sich wieder den anderen anzuschließen. Cum und Allonoe gehen den anderen voran. Der Rest der Gruppe verfolgt sich spielerisch.

9.38 Uhr: ǂomadana schlägt sich mit Komtante. Sie tritt ihn mit dem Fuß und verfolgt ihn lachend.

9.40 Uhr: ǂomadana läuft zu ihrer Schwester Ndumku und reißt dieser ihr Kopftuch weg. Bekommt dafür ein paar Ohrfeigen. Dann kommt der kleine Trupp an Su/res Hütte (Cums Mutter) an.

9.45 Uhr: Allonoe raucht zusammen mit Su/re. N/asi, Ndumku und ǂomadana sitzen etwa drei Meter von der Hütte weg und spielen das Melone-Steinchen-Spiel. ǂomadana sieht den beiden dabei zu. Sie sitzt daneben und klappt ihren Mund in dem Rhythmus auf und zu, in dem die Mädchen die Steine herausnehmen. Sie lacht nach jedem Spieldurchgang.

9.50 Uhr: Die beiden Jungen Komtante und Cum setzen sich zu den Mädchen. N/asi und Ndumku spielen abwechselnd das Melone-Steinchen-Spiel. ǂomadana schaut ihnen zu, während sich die Jungen miteinander unterhalten.

9.53 Uhr: Allonoe kommt zu ihnen. Sie spielt mit N/asi. ǂomadana schaut jedem Spieldurchgang aufmerksam zu.

9.55 Uhr: ǂomadana ergreift einen Grashalm. Sie bricht davon Stück für Stück in eine Hand ab und stochert dann mit den Stückchen in der Hand herum.

9.58 Uhr: Sie putzt die Grasstückchen aus ihrer Hand weg und schaut wieder den Mädchen beim Spiel zu. Sie wirft ein zu weit herausgeschleudertes Steinchen einer Spielerin zurück in die Sandgrube und glättet mit ihrer Hand erneut den Rand der kleinen Sandgrube.

10.00 Uhr: Die anderen Kinder brechen auf, um ins Dorf zurückzugehen. Auf dem Rückweg ins Dorf hebt ǂomadana einen Stein vom Boden auf und wirft ihn. Sie läuft und läßt sich in den Sand fallen, läuft erneut und läßt sich wieder fallen. Dies geht ein Stück des Weges so, bis sie an einen kleinen Baum kommt, an dessen Astgabel sie sich schaukelt. Die anderen Kinder schubsen sie weiter, und daraufhin läuft sie ihnen voraus. Dann hängt sie sich an ihre Schwestern, und der kurze Ausflug endet mit einem Wettrennen bis zum Dorfplatz, an dem ǂomadana zwar teilnimmt, aber unterliegt.

10.10 Uhr: Am Dorfplatz sitzt ihre verheiratete Schwester /oa/ei. Zwischen den beiden besteht ein besonders inniges Verhältnis. Diese Schwester sitzt mit der Nachbarsfrau /aka zusammen, einer außerordentlich fröhlichen Frau, die uns immer wieder auffällt, weil sie alle Kleinkinder

der Gruppe herzlich abküßt. ≠omadana und Ndumku setzen sich mit um das kleine Feuer der Frauen. Vier andere Mädchen gesellen sich ebenfalls zu der Gruppe.

10.15 Uhr: ≠omadana beschäftigt sich mit einem kleinen Papierchen. Sie wickelt es um die Finger, nimmt es in den Mund und rollt es in den Handflächen hin und her. Sie untersucht anschließend meinen Campingstuhl, der in der Nähe steht. Dieser Stuhl hat Befestigungsriemen aus aufgerauhtem Plastik. ≠omadana untersucht diese Riemen. Sie zupft daran, fährt die Nähte nach und kratzt mit den Fingernägeln über das Material.

10.17 Uhr: Geht zu der Gruppe und zu ihrer verheirateten Schwester /oa/ei und ißt mit den Gruppenmitgliedern.

10.20 Uhr: Kaut am Daumen und schaut dabei in die Runde. Bemerkt einen Baumstamm, der am Rande der Sitzgruppe liegt. Sie turnt auf diesem Stamm herum, hält sich aber mit einer Hand bei der am Boden sitzenden Schwester fest.

10.23 Uhr: Kehrt zurück und ergreift den Lederbeutel von /aka. Hängt sich diesen um.

10.25 Uhr: Der Rest der Gruppe bis auf ihre erwachsene Schwester geht zu der Färberei hinüber. Die Schwester versucht das Feuer wieder hochzubringen. ≠omadana ist dabei behilflich, indem sie herumliegende Strohhalme aufhebt und sie zum Feuer bringt. Nimmt dann einen Halm in den Mund und kaut daran.

10.30 Uhr: Ein etwa 12jähriges Mädchen setzt sich zu den beiden. ≠omadana laust dieses Mädchen nach der Art der Erwachsenen und untersucht ein Haarbüschel nach dem anderen.

10.31 Uhr: Entfernt sich von den beiden anderen. Sie legt sich in den Sand und singt. Läßt Sand durch die Finger rieseln. Kauert sich in den Sand und probiert einen Purzelbaum. Kniet sich in den Sand und schaukelt vor und zurück. Krabbelt im Sand. Nimmt einen Stein auf und wirft ihn. Nimmt zwei Steine auf und schlägt diese aneinander.

10.32 Uhr: ≠omadana geht allein zu den anderen bei der Färberei, sie lehnt an der Steinwand der Färberei und klopft mit einem Stein dagegen. Sie geht hinüber zu ihrer Schwester Ndumku, die zusammen mit Gunnexai das Melone-Steinchen-Spiel spielt. Sie schaut den beiden zu.

10.35 Uhr: Sie verläßt die Mädchengruppe und geht wieder zur Wand der Färberei. Sie kratzt mit einem Stein an der Wand entlang.

10.38 Uhr: Sie klopft wiederholt mit dem Stein an die Wand.

10.40 Uhr: Sie hält den Stein in der Hand und schaut aufmerksam zu den anderen hinüber. Dann läuft sie um das Gebäude herum. Sie geht in den Busch auf die Toilette.

10.45 Uhr: Sie findet einen Plastikzylinder. (Dieser war Bestandteil des Testmaterials einer gerade mit mir anwesenden Psychologiekollegin.) ≠omadana stellt den Zylinder aufrecht in den Sand. Sie füllt von oben Sand hinein. Legt den Zylinder waagrecht. Stampft den Zylinder in den Boden. Nimmt den Zylinder auf und geht zu den spielenden Mädchen. Fährt mit diesem Gegenstand störend in das Melone-Steinchen-Spiel der anderen. Wird beschimpft und aufgefordert zu gehen (Kra, hau ab). Steht auf und greift ein kleines Hölzchen vom Sand auf. Kaut auf diesem herum.

10.50 Uhr: Sie geht wieder weg. Findet ein Papier. Sie zerreißt es und steckt ein Stückchen davon in den Mund.

10.53 Uhr: Geht zurück zu der Gruppe, in der ihre Schwester Ndumku ist. Sie steht hinter ihr und hält sich an deren Schulter fest. Dann streicht sie um die mit dem Spiel beschäftigte Schwester herum, bis diese sie verbal wegschickt.

10.55 Uhr: Sie nimmt flink das Rauchrohr von ihr mit zu der Wand der Färberei, lehnt sich an diese und schaut den anderen Kindern zu. (Zwei Jungen spielen das »Kühestehlen«-Spiel, und drei Mädchen spielen das Melone-Steinchen-Spiel.)

10.58 Uhr: Ihre Schwester /oa/ei ist inzwischen vom Dorfplatz herübergekommen und hat sich in den Frauenkreis vor der Färberei gesetzt. Vor der Gruppe brennt ein kleines Feuer. Alle rauchen und schwatzen. Auch ≠omadana zieht an dem Rauchrohr einer Frau. Reicht das Rohr ihrer Schwester /oa/ei.

11.00 Uhr: ≠omadana findet einen Dosendeckel, nimmt ihn auf und geht wieder zu ihrer großen Schwester in den Kreis. Diese läßt sie ein paar Züge aus der brennenden Pfeife (Rauchrohr) machen. ≠omadana spuckt aus, geht zurück zu der spielenden Mädchengruppe und zu der Jungengruppe, die sich ein paar Schritte weiter aufhalten. Sie schaut den Spielern zu. Geht zu der Wand und kratzt mit dem Dosendeckel daran herum. Ein Junge hat sein Hxanna-Spiel (Federstabspiel) im Sand liegenlassen. Sie findet es, jauchzt und nimmt es auf. Sie versucht sich in diesem Spiel. Der Junge, dem dieses Spielzeug gehört, kommt aus dem Busch heran, sieht sie damit spielen, überläßt es ihr und geht zur spielenden Jungengruppe. Unaufgefordert legt sie daraufhin das Spielzeug ordentlich an den alten Platz zurück.

11.05 Uhr: ≠omadana geht zu ihrer verheirateten Schwester /oa/ei und sitzt bei ihr in der Frauengruppe.

11.15 Uhr: Sie streicht um die Gruppe herum.

11.18 Uhr: Ihre Schwester /oa/ei verläßt die Frauengruppe bei der Färberei und geht zum Dorfplatz zurück.

11.20 Uhr: Am Dorfplatz angekommen, trifft sie ihren Vater N!abase. Sie setzt sich ganz eng an den Vater und bleibt bei ihm.

11.36 Uhr: Eine Kindergruppe läuft vorbei und schlägt den Weg zur Färberei ein. ╪omadana löst sich vom Vater und läuft hinterher.

11.40 Uhr: Die Kinder sind an der Färberei angelangt und gliedern sich in die verschiedenen Spielgruppen ein. ╪omadana bleibt bei ihrer Schwester Ndumku. Die Kinder essen Melonen.

11.45 Uhr: Die Frauen tanzen vor der Färberei den Melonenball-Tanz (Dam). Während drei andere Mädchen im Alter von etwa 10, 11 und 12 Jahren mit den Frauen tanzen dürfen, sitzt Cum mit ihrer Schwester Ndumku und einem anderen Jungen am Rande des Geschehens und schaut zu.

11.50 Uhr: ╪omadana liegt im Sand und probiert einen Spagat. Sie lacht, wenn sie dabei umfällt. Dann probiert sie einen Kopfstand.

11.52 Uhr: Die Mädchen Allonoe (12 Jahre) und die Schwester N/an/ei (15 Jahre) kommen vorbei. ╪omadana wird von ihnen aufgefordert mitzukommen. Sie folgt, und sie gehen zurück zum Dorfplatz. Auf dem Weg dorthin findet ╪omadana ein Stück Papier, das sie zerreißt. Dann findet sie einen Zigarettenstummel und lutscht daran herum. Ihre Schwester Ndumku ist ebenfalls mitgekommen.

12 Uhr: Am Dorfplatz angekommen, verweilen beide Schwestern an einer Benzintonne. Danach besuchen sie die shop-keeper-Frau ╪am/oa in deren Haus am Dorfplatz. ╪am/oa albert mit den großen Mädchen herum. Die beiden Schwestern schauen dem lustigen Treiben zu.

12.03 Uhr: Die beiden gehen wieder zurück zur Tonne.

12.07 Uhr: ╪omadana fährt mit dem gefundenen Zigarettenstummel an der Tonne herum. Sie ist nun in der Gesellschaft ihrer Schwester Ndumku und der 2jährigen D/in/id/nawe.

12.15 Uhr: Der Junge /au╪xi (15 Jahre) kommt zu der Trommel und jagt die Kinder fort. ╪omadana und Ndumku gehen wieder in das Haus von ╪am/oa. Diese hat ihr Radio angestellt. Die beiden Schwestern tanzen vor dem Haus zur Musik.

12.25 Uhr: Sie machen sich auf den Weg zur elterlichen Hütte. Es folgt eine 20minütige Mittagspause der Beobachterin.

12.45 Uhr: ╪omadana ist mit ihrer Schwester Ndumku bei ihrer Mutter in der elterlichen Hütte, der einjährige Bruder sitzt auf dem Schoß der Mutter /eissi. Alle essen Fleisch.

13.00 Uhr: ╪omadana schlägt mit Stroh auf die Beine der Mutter. Diese zieht sie zu sich und laust das Kind. Die Schwester Ndumku schaut zu und will auch gelaust werden.

13.05 Uhr: Die Mutter schiebt ╪omadana weg und laust nun Ndumku.

≠omadana protestiert und will weiter gelaust werden. Mutter wehrt sie ab.

13.10 Uhr: ≠omadana ißt Fleisch. Als die Mutter mit dem Lausen der Schwester fertig ist, wird ≠omadana noch einmal von der Mutter gelaust. Diese kratzt ihr den Sand mit den Fingernägeln aus den Haaren.

13.15 Uhr: Weiterer Kontakt mit der Mutter. Bleibt auf ihrem Schoß sitzen. Die Mutter sucht das Kleidchen von ≠omadana nach Ungeziefer ab. Aus einem mir unbekannten Grund schlägt die Mutter ≠omadana plötzlich und schiebt sie von sich. Die Kleine weint.

Ihre Schwester Ndumku hat sich inzwischen mit dem kleinen Bruder beschäftigt. Sie hat ihn bauchwärts auf den ausgestreckten Beinen liegen, singt und schlägt sanft im Rhythmus dazu mit beiden Handflächen auf das Hinterteil des Jungen.

13.18 Uhr: ≠omadana schmollt. Sie steht bei der Hütte mit der Mutter und zupft an den Blättern der Zweige, die die Hütte bedecken. Sie schneuzt sich. Sie ißt Fleisch.

13.20 Uhr: Schüttelt an den beblätterten Ästen der Hütte.

13.25 Uhr: ≠omadanas Schwestern Ndumku und /eikuma spielen mit einem Seil. Sie singen und schwingen es im Takt. ≠omadana hüpft nicht in das Seil ein, sondern springt daneben im Takt hoch und nieder.

13.30 Uhr: Vor der benachbarten Hütte ihrer verheirateten Schwester /oa/ei liegt eine Wassertonne. Die drei Schwestern setzen sich mit gespreizten Beinen über die Tonne. Indem sie sich nach beiden Seiten lehnen, schaukeln sich die Mädchen auf der Tonne hin und her.

13.35 Uhr: Die beiden Schwestern von ≠omadana gehen zu einem kleinen Baum und hängen sich mit den Armen an einer Astgabel fest. ≠omadana muß ihnen die Tonne unter die Beine rollen. Dann steigt auch sie auf die Tonne. Da sie zu klein ist, um sich an dem Ast festzuhalten, hält sich ≠omadana an einer Schwester fest. Nun tanzen die drei auf der Tonne.

13.40 Uhr: Die drei tanzen immer noch auf der Tonne. Die Mutter beobachtet ihre Töchter ständig.

13.50 Uhr: ≠omadana geht zu ihrer Schwester /oa/ei in die Hütte.

14.00 Uhr: Alle kommen wieder aus der Hütte und gehen zur Mutter zurück, wo sie essen.

14.05 Uhr: ≠omadana geht mit ihrem Fleischstück zu ihrer Schwester /oa/ei. Sie bleibt bei ihr in der Hütte.

14.20 Uhr: Bis zu diesem Zeitpunkt hält sich ≠omadana in der Hütte von /oa/ei auf. Ihre Tätigkeiten konnte ich nicht beobachten, da es in der Hütte sehr dunkel war. Ihre Schwester Ndumku und /eikuma verlassen die Mutter und gehen zum Dorfplatz. ≠omadana bleibt bei ihrer Mutter und dem Baby-Bruder zurück.

14.25 Uhr: Sie ärgert den Hund der Familie mit einem Stock. Sie schlägt und sticht auf diesen ein. Die Mutter greift nicht ein.

14.30 Uhr: Geht wieder zur Hütte von /oaǀei.

14.40 Uhr: Sie verweilt an der Tonne. Dann balanciert sie auf dem Baumstamm entlang.

14.42 Uhr: ǂomadana besucht die alte Geǀei in deren Hütte.

14.45 Uhr: Sie setzt sich in eine Seilschlaufe, die von einem Baum herunterhängt, und schaukelt sich darin.

14.47 Uhr: Sie erklettert einen kleinen Baum. Sie steigt wieder herab, ergreift einen Stock und schlägt mit diesem in den Sand. Geht zur elterlichen Hütte.

14.50 Uhr: Sie beschäftigt sich mit dem Seil, das sie in der Hütte findet. Sie kommt aus der Hütte heraus und findet eine Wellpapierschachtel am Boden liegen. Sie untersucht die Schachtel und faltet sie auf. Sie wedelt sie solange in der Luft hin und her, bis ein paar Pappfetzen abreißen.

14.52 Uhr: Sie entfaltet alle Faltstellen der Schachtel. Dann wirft sie den nur noch lose zusammenhängenden Pappfetzen auf den Windschirm. Holt ihn wieder, wirft ihn erneut darauf, dieser fällt herunter, sie hebt ihn auf und wirft ihn wieder darauf. Hebt ihn erneut auf.

14.55 Uhr: Entdeckt eine am Boden liegende Dose. Stößt diese mit dem Fuß vor sich her. Findet einen abgetrennten Dosendeckel. Nimmt ihn auf und wirft ihn von sich. Sie findet einen Stock und hält diesen mit beiden Händen über den Kopf. Sie entfernt sich von der Hütte und geht in Richtung Busch. Auf dem Weg schlägt sie mit dem Stock auf die Büsche. Begegnet dem kleinen Jungen Manade (ca. 6 Jahre) und geht mit diesem etwa 50 m von den Hütten im Busch spazieren.

15.00 Uhr: Sie kommt alleine wieder zu der Hütte zurück. Geht in der Nähe der Hütte hinter einen Strauch Wasserlassen. Sie trifft auf ihre Schwester Ndumku und das Mädchen Ɲasi (etwa 10 Jahre). Sie besuchen zusammen die Hütte von ǀaka und bleiben dort eine Weile.

15.05 Uhr: Die Mädchen gehen zur Hütte von /oaǀei. ǂomadana schlägt mit ihrem Stock auf die Tonne. Sie geht in die Hütte hinein und stochert mit dem Stock in der erkalteten Feuerstelle am Hütteneingang. Sie spielt mit dem Stock »Steckenpferdreiten«.

15.10 Uhr: Geht zur Tonne und steckt den Stock in das Fülloch der Tonne hinein. Sie legt sich auf die Tonne und spielt mit dieser Autofahren. Macht: »Brumm, Brumm«. Ein Gockel kommt vorbei. Sie nimmt einen beblätterten Ast und scheucht den Gockel. Schlägt nach dessen Flucht gegen den Boden und redet zu sich selbst. Sie hängt den Blätterzweig in die Seilschlaufe, die von einem Baum herunterhängt. Sie geht wieder zur Tonne zurück. Sie spricht und pfeift in die Tonne hinein und lauscht auf Resonanz und Echo. Sie geht zu ihrer Schwester /oa/ei hin.

15.15 Uhr: Sie findet eine leere Zigarettenschachtel. Zerstampft sie. Sie wird von der Mutter gerufen. Sie antwortet: »Was?«

15.18 Uhr: Sie läuft auf dem Trampelpfad ein paar Meter in Richtung Dorfplatz. Ihr kleiner Baby-Bruder folgt ihr. Sie nimmt diesen Huckepack auf und trägt ihn zur Mutter zurück.

15.22 Uhr: Nimmt das Rauchrohr ihrer Mutter, das am Boden liegt, und steckt es in den Mund. Geht zur Hütte ihrer Schwester /oa/ei. Die Mutter ruft sie. Sie will rauchen.

15.30 Uhr: Sie bringt das Rauchrohr zu der Mutter zurück. ‡omadana folgt der Schwester /oa/ei zu /akas Hütte. Die Frau /aka hat noch anderen Besuch von Dorfbewohnern. Es hat sich bei ihr eine große Besuchergruppe eingefunden. ‡omadana sitzt bei ihrer Schwester/oa/ei. Sie wird von ihr gelaust.

15.35 Uhr: ‡omadana gräbt nach der Art der Frauen im Sand, als wolle sie eine Wurzel ausgraben. Dann klopft sie mit dem Stock auf den Boden.

15.40 Uhr: Sitzt neben der großen Schwester. Schaut den Alten beim Kochen und beim Essen zu. Hebt einen Stein auf und läßt ihn wieder fallen. Wiederholt diesen Vorgang etliche Male.

15.45 Uhr: Sie stellt den Grabstock auf den Stein und versucht sich daran hochzuziehen, ohne daß dieser vom Stein abrutscht. Dies gelingt ihr nach wiederholten Versuchen nicht. Sie legt den Stock weg und wirft den Stein auf und nieder.

15.50 Uhr: Sie läuft um /akas Hütte, hält den Stein in der Hand und macht: »Brumm, brumm.« Ihre Schwester /oa/ei fordert sie auf zu gehen.

15.55 Uhr: Sie geht zur elterlichen Hütte. Sitzt neben der Mutter, die den kleinen Sohn stillt. Sie findet das Rauchrohr der Mutter. Sie will rauchen.

16.00 Uhr: Die Mutter sucht ihr ein kleines Kohlestück aus dem Feuer und reicht es ihr. ‡ omadana entzündet die Pfeife, nimmt ein paar Züge und reicht die Pfeife der Mutter. Legt sich neben diese in den Sand und spuckt aus. Sie zerschnitzelt ein kleines Papierstück, das sie aufgehoben hatte.

16.05 Uhr: Sie beschäftigt sich mit dem kleinen Bruder. Das Kind wird immer noch gestillt. Sie streichelt den Bruder, nimmt sein Ärmchen und lacht ihn an. Die Schwester Ndumku und der Junge Cum kommen vom Wasserholen zurück, und Ndumku legt eine Flasche Wasser in den Ästen des Windschirmes ab. ≠omadana holt die Flasche und trinkt Wasser. Die Mutter geht in den Busch Wasserlassen.

16.08 Uhr: ≠omadana sucht offensichtlich nach irgend etwas. Die Augen suchen die Umgebung ab. Sie entdeckt einen Strohhalm. Nimmt ihn auf und bricht ihn auseinander.

16.10 Uhr: ≠omadana steht auf und findet im Windschirm das Seil. Probiert alleine das Seilspringen. Aber es gelingt nicht, das Seil ist zu lang.

16.15 Uhr: Der circa 10jährige Junge Cum verweilt ebenfalls an der Hütte. ≠omadana spielt mit ihm Tauziehen. Ndumku, ihre Schwester, hilft ihr, gegen Cum zu ziehen. Es entsteht ein richtiger Wettkampf zwischen den Schwestern und Cum. Alle lachen, strengen sich aber auch ernstlich an. Dies geht solange, bis Cum das Seil plötzlich losläßt und ≠omadana umfällt. Sie lacht.

16.18 Uhr: ≠omadanas Schwester schwingt das Seil. ≠omadana hält einen Stein in der Hand, dann hält sie ihn hoch in die Luft. Anschließend balanciert sie diesen auf dem Kopf und läuft so in Richtung der anderen Hütten. Ihre Schwester Ndumku ist inzwischen auf einen Baum geklettert. ≠omadana will auch hinauf. Sie klopft mit dem Stein gegen den Baumstamm und schaut zu ihrer Schwester hinauf. Diese stößt sie mit dem Fuß weg.

16.20 Uhr: ≠omadana nimmt etwas Kuhdung in die Hand und zielt damit auf die Schwester. Ndumku steigt vom Baum und läuft davon. ≠omadana verfolgt sie und wirft ihr den Kuhdung nach. Ndumku sucht hinter mir Schutz (da ich in der Nähe stehe). Die zwei verfolgen sich gegenseitig um mich herum. Dann rennt Ndumku fort, und ≠omadana wirft ihr nochmals Kuhdung nach.

16.25 Uhr: Die zwei Schwestern balgen sich lachend im Sand. Ndumku bemerkt nach Beendigung der Balgerei ein Drahtseil, welches zwischen zwei Bäumen gespannt ist. Sie hält das Drahtseil mit beiden Händen über dem Kopf fest, läuft damit ein paar Schritte nach vorn und läßt sich von dem zurückschnellenden Seil nach hinten biegen. ≠omadana kann das Seil nicht erlangen und geht zu einem der Bäume. Sie entdeckt, daß aus der Rinde Harz läuft, und schleckt dieses mit der Zunge auf.

16.30 Uhr: ≠omadana klettert auf den Baum hinauf. Inzwischen ist der Junge Cum zu ihrer Schwester Ndumku gestoßen und spielt mit ihr weiter am Seil. Sie versuchen dieses zu erhaschen. ≠omadana will daran teilnehmen, aber ist dazu zu klein.

16.35 Uhr: Cum und Ndumku gehen zur Hütte von //aka. ≠omadana folgt den beiden. Bei der Hütte findet sie ein kleines, etwa 10 cm langes Schlauchstück. Sie bläst hinein. Dann bläst sie zusammen mit dem etwa 3jährigen Sohn von S̶u̶re (der Bruder von Cum) an dem Schlauch-stück. Jeder bläst am anderen Ende hinein, und die beiden lachen und jauchzen.

16.37 Uhr: Nun hat sie den Schlauch allein. Sie hält ihn nur mit den Lippen fest und schüttelt den Kopf hin und her. Sie bläst hinein und tanzt dazu.

16.40 Uhr: Sie geht zu ihrer Mutter zurück. Wirft auf dem Weg dort-hin das Schlauchstück fort. Ihr kleiner Baby-Bruder/dum steht weinend am Weg. Sie geht zu ihm, nimmt ihn Huckepack und trägt ihn dann zur Mutter.

16.45 Uhr: ≠omadana sitzt hinter dem Windschirm und spielt mit einer Bierdose.

16.50 Uhr: Die Mutter schultert den kleinen Bruder in ihren Leder-umhang und macht sich fertig zum Feuerholz-Suchen. ≠omadana geht wieder zur Hütte von //aka, wo ihre große Schwester /oa/ei noch zu Besuch weilt.

17.00 Uhr: /oa/ei bricht auf und geht zu der Hütte ihrer Mutter. Die drei kleineren Schwestern ≠omadana, Ndumku und /eikuma folgen ihr. Die verheiratete Schwester beaufsichtigt nun die kleineren Schwestern.

In der Winterzeit geht die Sonne nun langsam unter. Die Besucher der Hütten brechen alle auf, hüllen sich in Decken und gehen zur eigenen Hütte zurück. Dort sitzt man um das Feuer im Kreis der Familie. Einige Frauen holen noch schnell etwas Feuerholz für die Nacht.

. *17.15 Uhr:* ≠omadana streitet mit ihrer Schwester Ndumku um ein klei-nes Plastikfläschchen. Ndumku schlägt sie. Sie weint. Die nächstälteste Schwester /eikuma schlägt daraufhin Ndumku. Diese schreit. Die er-wachsene Schwester /oa/ei gebietet Ruhe, und alle gehorchen.

Das Tagesprotokoll ist abgeschlossen.

Zusammenfassung und Diskussion

Die insgesamt 122 errechneten Interaktionen (= 100 %) des Mädchens während des protokollierten Tages verteilen sich prozentual auf folgende Aktionsbereiche:

Explorative Tätigkeiten alleine (untersuchend) . . . . . = 30,33 %
Spielerische Tätigkeiten alleine. . . . . = 23,77 %
(spielerisch explorierend, Spiele)
Gesamte, allein ausgeführte Tätigkeiten . . . . . . = 54,10 %

Spielerische Tätigkeiten in Gruppen . . . . = 4,92 %
(paralleles Spiel in der Gemeinschaft)
Soziales Zusammenspiel mit Kameraden . . . . = 8,20 %
Soziale Aktivitäten . . . . = 20,49 %
(Rauchrohr teilen, lausen etc.)
Gesamte Tätigkeiten mit anderen . . . . = <u>33,61 %</u>

Sonstige Tätigkeiten . . . . = 12,30 %
(Essen, Notdurft)

Das Mädchen exploriert im Gegensatz zu dem nahezu gleichaltrigen
Jungen N!allo sehr viel. Sie zeigt noch das »mouthing«, d. h. sie untersucht Gegenstände mit ihrem Mund. Dennoch stehen den 30,33 % explo-
rativer Tätigkeiten insgesamt 36,89 % spielerischer Tätigkeiten gegenüber. Sie zeigt viele soziale Verhaltensweisen, wie Lausen, Teilen usw.
Obwohl sie sich sehr viel mit sich selbst auseinandersetzt, wird auch
bei ihr eine deutlich soziale Orientierung ersichtlich.

3. *Tagesprotokoll:* N/allo, männlich, Alter 4¼ Jahre

Skizze der Hüttenanordnung (1974):

1 Die Hütte von ǂrale und seiner Frau N!oasi. Hier leben ihre Kinder: ǂolo̱ǂoa (etwa 8 Jahre, weiblich), Nǂallo (4¼ Jahre, männlich), D/in/id/nawe (2 Jahre, weiblich) und das jüngste Kind, ein 14 Tage alter männlicher Säugling.
2 Der Windschirm der Großeltern von Nǂallo, nämlich Gruchei und seiner Frau Nǂaugu.
3 Die Hütte der alten Samaǂei (Schwester von Nǂallos Großmutter Nǂaugu).
4 Die Schlafhütte von Nǂallos Großeltern.
5 Ein Schattenwindschirm und Verbindung von Hütte 2 und 3.

Persönliche Daten:
Nǂallo wurde im Frühjahr 1970 im alten Takatswane geboren. Wir filmten ihn zum ersten Mal im Juli 1970, beobachteten ihn von da ab in regelmäßigen Abständen und filmten seine Verhaltensweisen.

Beobachtungstag: Mittwoch, der 17. 7. 1974
Beobachtungszeit: 9.00–17.00 Uhr

9.00 Uhr: Windschirm 2 der Großeltern des Jungen. Die Großmutter stampft Kerne. Die Mutter des Jungen kocht Maismehl in derselben Hütte. Drei ihrer Kinder (der Junge Nǂallo und die Mädchen ǂolo̱ǂoi und D/in/id/nawe) sitzen bei ihr. Eine nicht verwandte Besucherin sitzt mit im Kreise. Der Junge holt sich aus dem Mörser der Großmutter eine Handvoll Kerne.

9.03 Uhr: Der Junge spielt mit seiner Schwester D/in/id/nawe Hoppereiter.

9.04 Uhr: Er geht zu seiner Großmutter. Er entfernt sich aus der Hütte in den Busch und stößt dort auf seine Schwester ǂolo̱ǂoa. Er schaut ihr beim Urinieren zu. Sucht dann ein paar Zweige zusammen und bringt sie zu der Schwester seiner Großmutter nach Hütte 3. Auf dem Weg dorthin singt er.

9.08 Uhr: Er macht bei der alten Frau ein Feuer an. Singt noch immer.

9.13 Uhr: Der Junge holt weitere Zweige.

9.18 Uhr: Er schichtet vor Hütte 3 mehr Feuerholz aufeinander.

9.22 Uhr: Er hat das Feuer hochgeblasen und entfacht. Er geht wieder in Hütte 2 zu seiner Mutter zurück. Diese hat das Essen fertig gekocht. Alle Personen in dieser Hütte essen.

9.29 Uhr: Der Junge läuft zu einer alten, erkalteten Feuerstelle und macht dabei: »brumm, brumm«, als würde er einen Wagen fahren. Er fährt mit den Zehenspitzen in der erkalteten Asche herum.

9.30 Uhr: Er geht wieder zurück zu Windschirm 2. Er spielt mit einem alten Schuh seines Vaters, zieht ihn über einen Fuß und hüpft damit um die Hütte herum.

Zu diesem Zeitpunkt kommen sieben andere, mit Ŋallo nicht verwandte Kinder zu Besuch.

9.32 Uhr: Ŋallo zupft mit den Fingern am Stroh des Windschirmes. Dann tanzt er ein paar Schritte und singt dazu. Nimmt die Schuhe seines Vaters auf und geht in ihnen umher. (Die zu Besuch weilenden Kinder sitzen zusammen am Rande der Hütte 2 und lausen einander.) Ŋallo hebt eine Axt vom Boden auf und schlägt mit der Schneide in den Sand.

9.35 Uhr: Seine Mutter schimpft ihn deswegen aus. Ŋallo geht mit seinem gleichaltrigen Freund Dabe (der Sohn der Besucherin) etwa 50 m weit in den Busch. Ŋallo hat einen Stock dabei und übt mit diesem »Speerwerfen«. Sein Freund Dabe spielt einen Reiter mit einem Stock. Ŋallos Schwester D/iŋ/id/nawe ist den beiden gefolgt und rennt hinter ihnen her. Ŋallo spielt nun auch einen Reiter. Er reitet auf einem Tanzstock und hat ein Ästchen als Rute in der Hand, mit dem er das »Pferd« antreibt.

9.42 Uhr: Ŋallo schlägt sein Steckenpferd und reitet zum Windschirm 2 zurück. Er findet eine Blechdose, nimmt sie auf und wirft sie fort. Danach reitet er mit seinem Freund wieder das Steckenpferd.

9.45 Uhr: Sie spielen zwei Reiter und reiten in die Hütte 4 hinein. Sie reiten wieder aus der Hütte heraus. Sie ruhen sich für ein paar Sekunden im Sand aus. Ŋallos Schwester D/iŋ/id/nawe ist den Jungen gefolgt.

9.49 Uhr: Diese reiten wieder auf ihren »Pferden«, und Ŋallo jagt sein Schwesterchen vor sich her. Ŋallos Mutter ruft die Kinder, und diese reiten und laufen zu der Hütte. Auf dem Weg dorthin geben die beiden Jungen vor, nach »Spuren« zu suchen. Bis auf das Mädchen Abe (etwa 10 Jahre), deren Bruder mit Ŋallo spielt, sind die anderen Besucherkinder gegangen. Die Mutter der beiden Kinder weilt noch immer zu Besuch. Alle Frauen sitzen in der Hütte 2.

9.55 Uhr: Die beiden Jungen spielen Reiter. Sie reiten etwa 50 m von den Hütten entfernt in den Busch. Sie bleiben immer wieder stehen und »lesen Spuren«. Ŋallo verrichtet seine Notdurft.

10.00 Uhr: Reiterspiel mit seinem Freund Dabe.

10.05 Uhr: Sie reiten zurück zur Hütte 2.

10.07 Uhr: Beide Jungen werfen ihr »Pferdchen« fort und setzen sich zu den Frauen.

10.10 Uhr: Ŋallo zieht sich die Socken seines Vaters an und dessen Schuhe.

10.13 Uhr: Er läuft damit angezogen um die Hütte herum.

10.17 Uhr: Seine Mutter hat den von mir geschenkten Tee aufgebrüht.

10.20 Uhr: Alle trinken Tee. Die Großmutter spricht den Jungen an. Er geht in Hütte 4, holt eine Tasse und reicht sie der Großmutter.

10.24 Uhr: Ŋallo trinkt seinen Tee aus einer leeren Bierdose. Er geht mit dieser zur Hütte 1 und trinkt dort seinen Tee alleine.

10.25 Uhr: Er kommt zurück und setzt sich in den Kreis der anderen. Seine Mutter beschimpft ihn, weil er seiner Schwester Dǀinǀidǀnawe den Platz wegnimmt. Sie rempelt ihn grob an. Er verbeißt sich das Weinen.

10.26 Uhr: Er steht auf und geht weg. Er findet am Boden eine ausgehöhlte Melonenschalehälfte und fährt mit den Zehenspitzen darin herum. Ein Teil der Besucher verläßt die Gruppe. Ŋallo sieht ihnen beim Aufbruch zu.

10.30 Uhr: Er reicht zum ersten Mal seinem Freund Dabe seine Teedose und teilt mit diesem den Tee.

10.34 Uhr: Er geht mit Dabe in den Busch. Er uriniert dort.

10.37 Uhr: Die beiden Jungen sehen einen aufgeworfenen Maulwurfshügel. Sie nehmen Sandklumpen auf und bewerfen einander damit.

10.40 Uhr: Die Jungen stampfen den Hügel eben.

10.42 Uhr: Sie graben zu zweit mit den Händen den Kern des Hügels aus. Dieser sitzt fest. Dann graben sie den Erdklumpen wieder ein.

10.45 Uhr: Sie zerbröckeln Erdklumpen und beißen davon Stücke ab. Sie werfen Erdklumpen von sich.

10.50 Uhr: Jeder der beiden Jungen nimmt einen großen Erdklumpen auf und wirft diesen in einen Busch.

10.51 Uhr: Jeder der beiden nimmt erneut einen Klumpen auf, und sie bedrohen sich gegenseitig spaßeshalber damit. Jeder hält seinen Klumpen in der erhobenen Hand gegen den anderen gerichtet, und sie bedrohen sich verbal mit den Ausdrücken: »ma jonka« (Ich schlage dich) und »ma keije« (Ich töte dich). Sie lachen sich an, werfen die Erdklumpen aneinander vorbei und lachen danach herzlich.

10.55 Uhr: Sie kehren zu einem Sandhügel zurück. Sie nehmen kleine Klumpen auf und üben weitwerfen. Ŋallo transportiert einen großen Klumpen auf dem Kopf zu einem Busch. Die Jungen tragen nun Sandklumpen zusammen, die sie nacheinander aufsammeln.

Das Mädchen Abe, Ŋallos ältere Schwester ǁolǂoa und seine kleinere Schwester Dǀinǀidǀnawe sind zu den beiden Jungen dazugekommen und beteiligen sich an den Tätigkeiten der beiden.

Ŋallo imitiert ein Auto, indem er beim Einsammeln und Transportieren brummt, vorgibt, den Gang einzulegen, und Lenkbewegungen ausführt.

11.00 Uhr: Abe hat nun das Kommando über die anderen übernommen. Sie weist sie an, noch mehr Klumpen zu holen bzw. diese vorher auszugraben und sie an einer Stelle zu einem großen Haufen zusammenzutragen.

11.05 Uhr: Alle Kinder kehren an das Feuer vor der Hütte 2 zurück. N‖allo findet einen Dosendeckel und schwirrt diesen durch die Luft.

11.08 Uhr: Er holt wieder den Dosendeckel und gräbt erneut an einem Sandklumpen. Er ist mit seinem Freund allein. Die anderen Mädchen sitzen bei den Frauen.

11.10 Uhr: Der Dosendeckel hat in der Mitte ein Loch. N‖allo steckt einen Finger durch das Loch und drillt den Deckel mit der anderen Hand um den Finger. Er sitzt dabei mit Dabe an einem Sandhügel.

11.15 Uhr: N‖allo läßt seinen Freund allein und läuft brummend durch die Gegend. Er wirft den Dosendeckel fort, geht, greift ihn wieder auf und wirft ihn erneut von sich. Sein Freund ist ihm gefolgt. Die beiden streunen weit in den Busch.

11.20 Uhr: Abe ruft die beiden Jungen zu den Hütten zurück. Diese kehren in den Kreis der Erwachsenen und der anderen Kinder zurück. N‖allo hält seinen Deckel in der Hand.

Zwei Besucherfrauen brechen auf, um Wasser zu holen.

11.25 Uhr: N‖allo drillt den Deckel und brummt dazu.

11.30 Uhr: N‖allo scherzt mit dem Freund. Sie schlagen sich gegenseitig, sie verfolgen sich wechselseitig. Es kommt zu keiner Eskalation. N‖allo bricht einen Zweig ab und zieht diesen neben seinem Freund durch die Luft. Die beiden sehen die Mädchen tanzen. N‖allo tanzt ein paar Schritte mit.

Die Mutter und die Großmutter brechen ebenfalls auf und marschieren langsam in Richtung Dorfplatz. Dabei kommen sie an einer Wasserstelle vorbei, und alle trinken. Alle Kinder gehen mit den Frauen.

11.40 Uhr: Die Erwachsenen sind am Dorfplatz angekommen und haben sich an ein Feuer gesetzt. N‖allo, seine ältere Schwester ‖olǂoa und das Mädchen Abe setzen sich auf eine querliegende Benzintonne. N‖allo rutscht auf der Tonne herum.

11.50 Uhr: Abe sitzt auf der Tonne und laust N‖allo. ‖olǂoa wiederum laust Abe. Dann rutschen die Kinder von der Tonne herunter, mal auf dem Bauch, mal auf dem Rücken, mal längsseits, mal quer.

12.05 Uhr: Die Kinder lausen sich nach ein paar Minuten wieder, danach singen sie alle auf der Tonne sitzend.

12.15 Uhr: Inzwischen hat sich an der Tonne eine gemischte Kindergruppe von sechs Kindern eingefunden. Sie gehen zusammen von der Tonne fort und spielen Verstecken.

12.30 Uhr: N/allo sitzt bei seiner Mutter um ein Feuer.

Von 12.30 Uhr – 13.30 Uhr Mittagspause der Beobachterin. Dabei protokollierte ich nicht, beobachtete jedoch den Jungen, der zwischen der Mutter und der Spielgruppe an der Benzintonne hin und her pendelte.

13.30 Uhr: N/allo rutscht mit den anderen Kindern von der Tonne.

13.45 Uhr: Die Mutter des Jungen und die Großmutter gehen zu ihren Hütten zurück. Der Junge bleibt bei den anderen Kindern im Dorfplatzbereich zurück. N/allo tollt mit den Kameraden um die Tonne, sie verfolgen sich gegenseitig und laufen um die Tonne herum.

14.00 Uhr: Der Arzt aus Ghanzi ist angekommen. Viele Erwachsene kommen zu dem Dorfplatz (jedoch nicht N/allos Mutter). Sie sitzen im großen Kreis zwanglos beieinander und unterhalten sich. Sie beobachten den Doktor, dem seine Patienten ihr Leid klagen. Die Kinder, einschließlich N/allo, halten sich in der Nähe der erwachsenen Frauen auf.

14.30 Uhr: N/allo spielt mit drei anderen Jungen und einem Mädchen am Rinderzaun Klettern.

14.40 Uhr: N/allo geht hinüber zu der Feuerstelle seiner Tante, die in der Mitte des Dorfplatzes ihr Zementhäuschen hat (shopkeeper). Seine Tante bewirtet ihn mit Essen und Tee. N/allo sitzt bei ihr.

14.50 Uhr: N/allo sitzt immer noch bei seiner Tante. Er spielt aber schon wieder für sich alleine mit dem Dosendeckel und drillt ihn durch die Luft.

14.55 Uhr: N/allo hält sich mit seiner Schwester /olo/oa, einem 4jährigen Mädchen und dem etwa 8jährigen Mädchen /xauku bei einer am Boden liegenden Leiter auf. Sie untersuchen diese und balancieren schließlich auf den Sprossen herum.

15.00 Uhr: N/allo hat eine lederne Peitsche aufgelesen und schnalzt für sich alleine die Peitsche durch die Luft und gegen den Boden.

15.10 Uhr: N/allo findet eine leere Konservendose mit einem Henkel. Er nimmt den Henkel in den Mund.

15.15 Uhr: Der Junge kehrt zu der Spielgruppe, in der auch seine ältere Schwester ist, zurück. Am Dorfplatz steht unter einem Baum ein Eselkarren von Dr. Heinz. Die Kinder turnen auf diesem herum und setzen sich auf die Sitzbank des Karrens. Sie steigen wiederholt auf den Wagen hinauf und wieder herab.

15.30 Uhr: Alle Kinder der Gruppe und N/allo ziehen sich abseits des Dorfplatzes unter einen Schattenbaum zurück. N/allo ist im Kreis von sechs Kindern. Fünf davon sind Mädchen, einer ein Junge. Zwei davon sind N/allos beide Schwestern. Die Kinder suchen sich kleine Zweige und Ästchen und entfachen ein Feuer.

15.38 Uhr: Die Kinder sitzen um das Feuer herum.

15.45 Uhr: Noch immer sitzt die Gruppe um das Feuer. Die Kinder braten sich zwei Zwiebeln ab, die ich ihnen geschenkt hatte. Sie albern.

15.50 Uhr: Die Kinder nehmen die Zwiebeln aus dem Feuer, verteilen sie untereinander und essen. Sie streiten sich um das Essen, schlagen einander und zeigen sich die Zunge. Die älteren Kinder weisen die kleineren in die Schranken und trösten beleidigte. Die Kinder lausen schließlich einander.

16.03 Uhr: Die kleine Schwester von N/allo D/in/id/nawe geht weg. Die anderen bleiben um das Feuer sitzen und singen miteinander.

16.05 Uhr: Die ältere Schwester von N/allo fordert die Gruppe zum Aufbruch auf: »sa« (Geht!). Auch das Mädchen/xauku fordert den Rest der Gruppe auf sich zu erheben: »krabba« (Steht auf!).

16.10 Uhr: Die Kinder singen das Liedchen »Piti-piti-pamure«.

16.12 Uhr: Ein paar Kinder der Gruppe erklettern noch rasch einen Baum. Die anderen stehen herum und warten auf sie.

16.15 Uhr: N/allos Mutter ist inzwischen zum Dorfplatz zurückgekommen und sucht ihre Kinder. Sie schimpft die Kinder aus. Alle Frauen, die sich am Dorfplatz verweilt hatten, brechen auf, um zu ihren Hütten zurückzukehren. Die Kinder folgen ihren Müttern. Auch N/allo folgt seiner Mutter. Seine beiden Schwestern ebenfalls. Sie und andere Frauen aus ihrer Nachbarschaft machen auf dem Weg bei einer Wasserstelle halt und füllen ihre Wasserbehälter auf.

16.20 Uhr: Man verweilt an der Wasserstelle, unterhält sich und wartet, bis die anderen mit ihrem Füllen fertig sind.

16.35 Uhr: N/allo und seine beiden Schwestern sind mit der Mutter bei der Hütte angekommen. N/allo ergreift einen Stock und schleudert diesen fort. Er setzt sich in die Hütte 1.

16.37: Er brummt vor sich hin und spielt Auto. Er geht hinüber zur Hütte 2 seiner Großeltern. Die Mutter verteilt Essen. N/allo greint, weil er nicht genügend bekommt. Die Mutter gibt ihm schimpfend zusätzlich etwas von ihrem Anteil ab.

16.40 Uhr: Alle essen. Die Mutter und ihre Kinder sitzen beisammen. Der Vater ist abwesend.

16.45: Die Sonne versinkt langsam, und die Mutter verabschiedet sich, um Feuerholz zu holen. N/allo und seine jüngere Schwester D/in/id/nawe werden in die Obhut der alten Schwester der Großmutter gegeben. Die ältere Schwester /olo/oa muß mit der Mutter gehen und Holz sammeln helfen.

17.00 Uhr: Die beiden Kinder sitzen in der Nähe der alten Sama/ei. Ein Wintertag der Kalahari neigt sich seinem Ende zu, und den Kindern würde es nicht mehr einfallen, die Umgebung der Hütten zu verlassen. Die Spielaktivität ist erloschen, sie ruhen und warten auf die Mutter.

Zusammenfassung und Diskussion des Tagesprotokolls:

Die insgesamt errechneten 74 Interaktionen (= 100 %) des Jungen während des protokollierten Tages, verteilen sich prozentual auf folgende Aktionsbereiche:

Explorative Tätigkeiten alleine (untersuchend)	12,16 %
Spielerische Tätigkeiten alleine (spielerisch explorierend, spielend)	21,62 %
Gesamte, alleine ausgeführte Tätigkeiten	<u>33,78 %</u>
Spielerische Tätigkeiten in Gruppen (als Nebenspieler) . .	18,91 %
Soziales Zusammenspiel mit Kameraden	16,21 %
Soziale Aktivitäten (wie Teilen, Schenken usw.)	12,16 %
Gesamte Tätigkeiten mit anderen	<u>47,28 %</u>
Arbeiten (Herbeiholen von Sachen auf Anordnung von Erwachsenen, Feuermachen usw.)	4,05 %
Sonstige Tätigkeiten (Essen, Notdurft)	14,85 %

Der Junge N/allo erkundet seine Umwelt, indem er Gegenstände, die ihm auffallen, untersucht. Ein Stock, der Sand, ein Deckel oder eine Dose z. B. fordern zu einer manipulatorischen Auseinandersetzung auf. Spielerische Tätigkeiten überwiegen jedoch mit 56,74 % gegen 12,16 % Explorieren. Gegenstände werden als Werkzeuge in wechselnder Weise und zu wechselnden Zwecken eingesetzt, wobei der Spieler verschiedene Rollen übernimmt. Er trägt z. B. nicht nur die Sandklumpen auf einen Haufen zusammen, sondern führt diese Tätigkeit als Auto aus. Er lenkt, legt den Gang ein und brummt.

Der Junge ist viel mit anderen Kindern zusammen. Im Vergleich zu seiner jüngsten Schwester D/in/id/nawe ist er weitaus geselliger. Dies zeigt sich im geordneten Zusammenspiel mit Freunden, aber auch im Parallelspiel mit anderen Kindern einer Gruppe (jeder spielt für sich, doch man ist in einer Gruppe) und auch an sozialen Interaktionen wie Geben, Trösten, Teilen mit anderen.

Er ist bereits mit sozialen Regeln vertraut. Seine Drohkampfspiele mit seinem Freund tragen ritualisierten Charakter. Es kommt zu keiner Eskalation. Der Junge ist z. B. stark schlaggehemmt.

217

Auf die Sozialisation der Kinder in den Spielgruppen werde ich im besonderen in der Besprechung der sozialen Funktion der Spiele eingehen.

XIII. Die Funktionen des Spieles

XIII.1 Der Erwerb von Kenntnissen über die außerartliche Umwelt, das Kennenlernen der eigenen Fähigkeiten und das Beherrschen von Werkzeugen

a) Der erste in dieser Überschrift angesprochene Punkt bezieht sich auf die Umwelteroberung durch das Kind. Explorierend erwirbt das Kind Materialkenntnis. Es gräbt im Sand, läßt ihn durch seine Finger rinnen und setzt sich so aktiv mit seiner Umwelt auseinander. Erwachsene spielen kaum noch auf diese Art. Sie sind mit den Eigenschaften der Dinge bereits vertraut. Bei Kindern dagegen steht diese Art des Erkundens zunächst im Vordergrund, wie es das Protokoll der kleinen D/in/id/nawe belegt. Weitere Beispiele sind in den Filmen HF 15 und 16 zu finden.

Mit zunehmendem Alter tritt die explorative Tätigkeit in den Hintergrund. Vom vierten bis zum achten Lebensjahr geht es im Spiel vor allem um den Erwerb körperlichen und manipulatorischen Geschickes. Das Kind lernt, wie man Dinge beherrscht. Beim Stockwurf-Spiel (= /ebi) werden z. B. die Gesetze des Wurfes studiert und Geschicklichkeit erworben. Beim Federstab-Spiel (= Hxana) erwirbt das Kind Kenntnisse über physikalische Gesetze und lernt diese beherrschen. Das spielerische Jagen mit Pfeil und Bogen, das spielerische Speerwerfen etc. dienen ebenfalls der Einübung und Eichung von Zielmechanismen. Darüber hinaus lernt das Kind mit seinem Werkzeug umzugehen und seine Körperbewegungen zu beherrschen. Letzteres gilt besonders für die Bewegungsspiele und die vielen Tanz- und Rhythmusspiele der Kinder. Diese erfordern richtige Schritt- und Sprungfolgen und viel körperliches Geschick.

b) Das Kennenlernen der eigenen Fähigkeiten findet schon in der Auseinandersetzung mit Umweltdingen statt, doch gibt es reine Bewegungsspiele, bei denen es nur auf Körperbeherrschung ankommt, wie z. B. das Froschhüpfen, das Krabbeln mit verdrehten Gelenken und alle anderen sportlichen Fortbewegungsvarianten. Differenzierte Tätigkeiten, die ein spezielles Bewegungskönnen einüben, sind bei Säuglingen und Krabblern selten zu sehen. Ich habe zwar darauf hingewiesen, daß selbst die Kleinsten, kaum daß sie richtig stehen können, sich in Tanzschritten versuchen. Sie tun dies meist, wenn eine Gruppe von Frauen oder Mädchen einen Tanz vorführt, was sie ansteckt (siehe soziale Funktion). Generell läßt sich aber sagen, daß vor allem Kinder im Alter von sechs bis zehn Jahren Bewegungsspiele ausüben, bei denen sie die motorischen Grundeigenschaften Kraft, Schnelligkeit, Ausdauer, Beweglichkeit und Gewandtheit schulen. In diesen Spielen probieren die Kinder Bewegungsübungen und -möglichkeiten durch und studieren dabei oft komplizierte Bewegungsabläufe ein.

Die Bewegungsspiele der !Ko-Kinder stehen deutlich im Dienste der Exploration der eigenen körperlichen Fähigkeiten. Im Laufen, Springen, Hupfen, Rollen, Drehen, Klettern usw. werden die Fähigkeiten des eigenen Körpers kennengelernt und erprobt. Dabei wird Bewegungskönnen erworben, das dann im Spiel eingesetzt werden kann. Im Laufen werden die physische Belastbarkeit, Schnelligkeit und Wendigkeit geprüft und die Grenzen der Belastbarkeit erfahren. Das Zusammenspiel von Atemtechnik und Bewegung wird geübt und verbessert. Die Kinder probieren alle Arten des Gehens durch, z. B. das Gehen auf Zehenspitzen, auf der Außen- oder Innenfußkante. So stellen sie fest, daß man sich auf Zehenspitzen größer machen kann und Hindernisse besser überblicken kann, daß dann die Füße eine geringere Bodenfläche ausfüllen und daß man auf Zehenspitzen leise gehen und schleichen kann; daß man die Kraft des Gewichtes auf eine kleine Fläche konzentriert, was man bei einem schnellen Spurt zum Abstoßen von einer Stelle ausnützen kann. Beim Gehen auf den Außen- oder Innenfußkanten lernen sie zu balancieren. Beim Drehen erfahren sie die Belastbarkeitsgrenzen ihres Gleichgewichtssinnes. Sie drehen sich mit ausgebreiteten Armen so lange im Kreis, bis sie schwindelig werden, und lassen sich dann zu Boden fallen. Hierbei lernen sie, wie sie sich fallen lassen müssen, ohne sich weh zu tun, was sie auch sonst im Sand gerne üben. Ferner lernen sie beim Drehen mit ausgebreiteten Armen die Fliehkraft kennen. Es ist wirklich auffällig, mit welcher Hingabe die Buschmannkinder die verschiedenartigsten Turnübungen und Körperverrenkungen einüben. Sie üben Kopfstand, Purzelbaum und Froschhüpfen. Sie erklettern Bäume und springen von den Ästen herab. Sie schaukeln sich an den Ästen, schaukeln sich in Tonnen oder bedienen sich ihrer als Rutschbahn. Die Appetenz, sich so zu betätigen, ist auffällig, und sie führt zur Körperbeherrschung. Da vielfach jedoch auch Objekte mit in das Spiel einbezogen werden — es werden Bäume erklettert, Stöcke zum Stockspringen benützt und dergleichen mehr —, erwerben sie auch beim Bewegungsspiel Objektkenntnis; die Einschulung des Bewegungskönnens steht jedoch im Vordergrund, und die Objekte sind in diesem Sinne Mittel zum Zweck.

Erwachsene Buschleute erproben ihre Bewegungsmöglichkeiten viel seltener als die Kinder. Das heißt nicht, daß sie keine Spiele kennen, bei denen es auf körperliches Geschick ankommt, doch stehen diese unter einem anderen Funktions- und Motivationsaspekt, weshalb ich sie nicht als »Bewegungsspiele« bezeichnen möchte. Bei diesen kommt es, wie gesagt, auf das Kennenlernen der körperlichen Fähigkeiten und das Einüben vielfältiger Bewegungskoordinationen an, was letztlich zur Beherrschung des eigenen Körpers führt.

Die !Ko-Kinder entwickeln bei den Bewegungsspielen die verschiedensten Varianten. Sie erfinden im Spiel immer neue Bewegungskoordinationen oder variieren mit großem Einfallsreichtum Grundbewegungsarten, die sie bis ins Detail verändern oder ausschmücken. Solche Varianten üben sie mit Ausdauer bis zur Perfektion. Beherrschen sie eine Variante, weicht sie einer anderen, die neu entdeckt und damit interessant wurde. Die Bewegungsspiele scheinen als einzige spielerische Aktivität in sich erschöpfbar zu sein. Sie sind ferner ausgesprochen altersgebunden und damit von vornherein in ihrem Erscheinen zeitlich begrenzt. Kinder unter sechs Jahren z. B. bringen noch kaum die physischen Voraussetzungen mit, um sich richtig in diesen oft äußerst sportlichen Aktivitäten zu versuchen, und etwa vom 10. Lebensjahr an interessieren sich die Kinder nicht mehr dafür. Nachdem sie alle sich bietenden Möglichkeiten durchprobiert und sich darin perfektioniert haben, verliert das Bewegungsspiel seinen Reiz. Bewegungsspiele dienen dem Erwerb von Bewegungskönnen. Die Möglichkeiten sind begrenzt und erschöpfbar. Das gilt für andere Spiele nicht; diese haben offensichtlich noch andere Motivationen und Funktionen. Tänze oder Wettkampfspiele werden die ganze Kindheit über bis ins Erwachsenenalter gespielt, auch wenn die Spieler sie perfekt beherrschen. Diese Spiele verlieren deshalb nicht ihren Reiz, ja gewinnen dadurch eher noch an Anreiz.

Neben körperlichem Geschick erwerben die Kinder auch Fertigkeiten, die sie für die geselligen Tanz- und Rhythmusspiele und die Rituale brauchen. Erst wenn die dazu nötigen Tanzschritte beherrscht werden, können sie mit anderen Partnern in einer Tanzgruppe zusammenspielen und sich mit diesen auf einem höheren Integrationsniveau koordinieren.

Als Beispiel kann der Melonenspiel-Tanz der Mädchen dienen. Die drei Elemente des Tanzes: Klatschen, Singen und Tanzen, werden oft jedes für sich allein geübt. Dann werden wieder zwei oder alle drei Elemente des Tanzes im Einzelspiel eingeübt. So üben Mädchen immer wieder bei den verschiedensten Gelegenheiten das Klatschen der Rhythmen, von denen es, wie ich bereits beschrieb, eine große Vielfalt gibt. Ob sie im Busch herumstreifen, bei einem anderen Spiel beieinandersitzen oder auf dem Weg zum Feldkostsammeln sind, immer wieder »überkommt« es ein Mädchen, und es beginnt ein paar Takte zu klatschen oder zu tanzen. Oft »schalten« die Mädchen während des Gehens auf »Tanzübung« um und bewegen sich dann eine Strecke tanzend, händeklatschend und singend voran. Die soziale Ansteckung ist groß. Sitzen mehrere Mädchen beisammen und eines beginnt zu tanzen oder zu klatschen, dann fallen bald auch die anderen ein, ja selbst ganz kleine Kinder, die kaum erst aufrecht laufen können, machen einige ungeschickte Tanzschritte mit. Dieser soziale Aspekt wird uns noch beschäftigen. Geübt werden ferner im Zusammenspiel mit einem Partner das Übergeben und Fangen des Melonenballes und die individuellen Schrittfolgen und Figuren, die die Werfende vor der Übergabe des Balles ausübt.

c) Neben der Beherrschung der Umwelt und der Beherrschung des eigenen Körpers lernt das Kind im Spiel die Beherrschung von Werkzeugen.

Es gibt nur sehr wenige Tiere, die Werkzeuge benützen. Bekannt sind der Spechtfink, der Schimpanse, der Seeotter. Alle diese werkzeuggebrauchenden Tiere scheinen sehr viel im Spiel dazuzulernen. Der Spechtfink stochert mit einem Kaktusstachel oder dünnen Hölzchen, die er der Länge nach im Schnabel hält, Insekten aus Bohrlöchern. Ein junges Männchen, das I. Eibl-Eibesfeldt und H. Sielmann (1962, 1965) kurz nach dem Flüggewerden gefangen hatten, beherrschte die Technik nicht. Es stocherte »spielerisch« mit Ästchen in Ritzen und Spalten des Käfigs und lernte dabei, welche Objekte zum Stochern taugten und welche nicht. Selbst als es schließlich die Technik beherrschte, spielte es zusammen mit einem anderen Spechtfinkenmännchen. Beide versteckten Mehlwürmer in Ritzen, um sie danach wieder mit einem Hölzchen herauszuangeln und sogleich wieder von neuem zu verstecken. Schimpansen benützen Werkzeuge zu verschiedenen Zwecken. Sie stochern z. B. mit dünnen Zweigen in den Gängen der Termitenbauten und fischen die Tiere so aus den Burgen. D. Morris (nach I. Eibl-Eibesfeldt 1974) beobachtete an den im Londoner Zoo geborenen Schimpansen, wie diese mit besonderem Eifer mit Stöckchen in Spalten und Ritzen stocherten. Es liegt dafür offenbar eine angeborene Disposition vor, doch lernen die Tiere erst im Spiel und wohl auch durch das soziale Vorbild, wozu dieses Verhalten gut ist. Daß Schimpansen im Spiel Entdeckungen auf dem Gebiet des Werkzeuggebrauches machen, bewiesen die Versuche von W. Köhler (1921). Er hatte dem Affen Sultan die Aufgabe gestellt, eine vor dem Käfig ausgelegte Banane mit zwei Stöcken herbeizuangeln. Jeder dieser Stöcke war zu kurz, aber man konnte sie ineinanderstecken.

Die Aufgabe des Schimpansen bestand darin, dieses Problem zu lösen. Nachdem er eine Weile vergeblich versucht hatte, mit den zu kurzen Stöcken die Banane herbeizuangeln, wandte er sich von der Aufgabe ab und begann sich »spielerisch« mit den Stöcken zu beschäftigen. Dabei kam er darauf, die Stöcke ineinanderzustecken, und kaum hatte er das geschafft, wandte er sich sofort wieder der Aufgabe zu und angelte die Banane herbei. Bemerkenswert ist, daß in der Folge das Angeln zum Spiel wurde. Sultan angelte danach alle möglichen Dinge heran, auch Ungenießbares. Weiter zeigten Köhlers Versuche, daß Affen Werkzeuge gebrauchen können, ohne unbedingt die Handlungsfolgen durch Herumprobieren erlernen zu müssen. Sie sind vielmehr auch in der Lage, durch richtiges Einsichtverhalten, im Sinne eines Erfassens von Zusammenhängen, Werkzeuge zu gebrauchen. Neben der Möglichkeit, zwei kurze Stöcke durch Ineinanderstecken zu verlängern und mit diesem Stock zu angeln, wurden die Tiere von Köhler weiter vor die Aufgabe gestellt, eine zunächst für sie unerreichbar hoch am Käfigdach angebrachte Banane zu erlangen. Um diese Aufgabe zu lösen, standen ihnen Kisten zur Verfügung, die sie aufeinandertürmen mußten. Ein Affe löste das Problem auf höchst interessante Weise. Er saß nur ruhig da und schaute umher – zur Kiste, zum Platz unter der Banane, zur Banane usw., bis ihm die Lösung einfiel. Die Handlungsfolge ist in solchen Fällen erdacht und das Probieren nach innen verlegt. Über weiteren Werkzeuggebrauch bei freilebenden Schimpansen berichtet J. Goodall (1965). Ihre Schimpansen fischten, wie erwähnt, mit dünnen Zweigen oder Halmen Termiten aus den Bauten. Sie waren bei der Wahl ihrer Werkzeuge sehr sorgfältig. Schimpansen in dem gleichen Gebiet benützten Blätter, um Wasser aus Baumlöchern aufzutunken, das sie nicht mit den Lippen erreichen konnten. Ferner verwendeten sie Blätter, um sich damit zu säubern. Das kann man allerdings nicht bei allen Schimpansenpopulationen beobachten. Es gibt vielmehr lokale Traditionen, die kulturell weitergegeben werden und wohl auf Entdeckungen von Einzeltieren beruhen.

I. Eibl-Eibesfeldt erwähnt, daß Werkzeuggebrauch an sich noch kein Kriterium für Intelligenz ist, wohl aber ein so vielfältiger und individuell modifikabler Werkzeugeinsatz, wie er bei den Schimpansen zu finden ist (1969, S. 280). Weitere Beobachtungen über den Werkzeuggebrauch bei Schimpansen berichtet A. Kortlandt (1962, 1965, 1967). In der Savanne gefangene und in einer großen Freianlage in Guinea gehaltene Schimpansen schlugen gut gezielt von oben herab mit einem Prügel auf einen ausgestopften Leoparden, wobei sie aufrecht standen. Der Stock dient hier als Waffe.

Die Werkzeugintelligenz des Menschen wurde wohl unter den Bedingungen des Savannenlebens herangezüchtet. Mit der zunehmenden Versteppung ergab sich die Notwendigkeit, Beute zu jagen, und das bedeutet einen starken Selektionsdruck in Richtung auf Werkzeugbenutzung, die schließlich auch zur Geräteherstellung führte. Bereits die Australopithecinen Südafrikas und der Olduway-Schlucht stellten Werkzeuge her (R. A. Dart, 1957; L. S. D. Leakey, 1963; G. Heberer, 1965), z. B. aus Röhrenknochen von Antilopen, in deren Gelenkspalten sie Zähne einfügten (Eibl-Eibesfeldt 1974, S. 475). Er bemerkt weiter, daß die menschliche Hand eine Reihe von Anpassungen zeigt, die sie in einem ganz besonderen Maße zur Werkzeugherstellung und -benützung befähigen, daß diese Anpassungen allerdings bereits bei anderen Primaten angebahnt sind. Die Spezialisierung des Daumens ist beim Menschen am weitesten fortgeschritten und ermöglicht es ihm, mit einem »Präzisionsgriff« Objekte festzuhalten und zu führen (J. Napier 1962). H. Hass (1969) hat die Werkzeuge als künstliche Organe bezeichnet, die gegenüber den natürlichen Organen den Vorteil besitzen, daß der Benützer sie auswechseln und ablegen kann und dadurch schnell seine Spezialisierung zu wechseln vermag.

Die in dem vorangegangenen Kapitel wiedergegebenen Spielprotokolle der Kinder belegen eine ausgesprochene Disposition, Gegenstände »instrumental« einzusetzen. Die Kinder stochern und schlagen mit Stöcken und bewirken damit verschiedenes. So lernen sie Stöcke als Hebel, Grabwerkzeuge und anderes mehr einzusetzen. Sie sammeln Werkzeugerfahrung. Für das Werfen mit Gegenständen und das Schlagen und Stochern mit Stöcken dürfen wir eine angeborene Disposition vermuten. Die Bewegungen gleichen jenen, die auch Schimpansen spontan einsetzen. Sie treten ferner bereits beim Krabbelkind auf. Das Stochern beim Explorieren, das Schlagen und Werfen beobachteten wir bemerkenswerterweise oft im sozialen Kontext. Bereits Kleinkinder drohen einander mit erhobener Hand oder mit einem Wurfobjekt oder indem sie einen Stock halten. Sie wehren sich so, wenn sie bedroht oder beleidigt wurden. Sie schlagen gerne spielerisch auf Gruppenmitglieder ein und machen dabei das Mund-offen-Gesicht (Spielgesicht, S. 231). Sie werden daran nicht gehindert, sondern man läßt sie gewähren – eine bemerkenswerte Tatsache, auf die wir noch zurückkommen werden.

Es ist die Regel, daß beleidigte, bedrohte oder angegriffene Kinder einen Stock oder einen Stein aufheben oder einen Ast von einem Busch als Waffe abreißen, bevor sie sich dem Gegner stellen. Diese Handlungen zeigen durch ihren starren Ablauf etwas Instinkthaftes. Erwachsene zeigen in seltenen Fällen dieses Verhalten ebenfalls, doch neigen sie mehr

dazu, aggressive Auseinandersetzungen oder Beleidigungen verbal aus-
zutragen. Des weiteren fiel mir auf, daß sich Mädchen und schwächere
Kinder häufiger bewaffnen als Jungen oder physisch überlegene Kinder.
Jungen neigen eher dazu, ihre Auseinandersetzungen in Raufereien
durch körperliches Kräftemessen auszutragen, während Mädchen – be-
sonders Jungen gegenüber – fast immer eine Waffe zu Hilfe nehmen.
Jungen lernen und perfektionieren bei ihren Jagdspielen vor allem den
Einsatz von Waffen. Sie schießen und zielen mit Speeren, Bogen und
Steinschleudern. Schließlich tragen die Jungen gelegentlich ihre Wett-
kampfspiele mit Waffen aus, indem sie sich spielerisch beschießen. Eben-
so lernen die Mädchen im Spiel den Gebrauch von Werkzeugen, z. B. des
Grabstocks beim spielerischen Wurzelgraben.

XIII.2 Die soziale Funktion der Spiele

XIII.2.a Die Sozialisation des Buschmannkindes

Die !Ko schenken ihren Säuglingen und Kleinkindern außerordentlich
viel Aufmerksamkeit und soziale Zuwendung. Ein Säugling oder ein
Kleinkind sind stets der Mittelpunkt der Familie. Das Kind hat vor allem
mit der Mutter engsten Kontakt und verbringt die meiste Zeit der ersten
Lebensjahre mit ihr. Auch der Vater, die Geschwister und die anderen
Hordenmitglieder wenden sich auffallend oft einem Kleinkind zu (siehe
»Das Protokoll eines Krabblerkindes«, I. Eibl-Eibesfeldt 1972, S. 44–47).
  Eibl hat die zärtlichen Interaktionen von Erwachsenen und Kindern
gegenüber Säuglingen sehr ausführlich beschrieben (1972). Als »zärtlich« versteht er »jene Verhaltensweisen, mit deren Hilfe oft über den
körperlichen Kontakt, manchmal aber auch allein über die Stimme, ein
Partner beruhigt, freundlich gestimmt, getröstet und ermuntert wird.
Phylogenetisch lassen sich diese Verhaltensweisen von der Kinderfür-
sorge ableiten« (S. 56). Bei den zärtlichen Interaktionen mit Säuglingen
dominiert die Gesicht-zu-Gesicht-Orientierung. Die Erwachsenen suchen
den Augenkontakt mit dem Säugling herzustellen, sie lächeln ihm zu
und sprechen in hoher Tonlage zu ihm. Sie bemühen sich, ein Lächeln
beim Kind auszulösen, indem sie es auf verschiedenste Weise zart reizen,
z. B. durch Kitzeln oder Gesichterschneiden. Sie freuen sich offensicht-

lich, wenn der Säugling lächelt oder gar vor Vergnügen jauchzt. Die Wahrnehmung dieser Reaktion stellt somit eine starke Belohnung für die Erwachsenen dar (Eibl-Eibesfeldt 1972, S. 60). Weitere zärtliche Verhaltensweisen gegenüber einem Kleinkind sind Küssen aller Körperteile, Streicheln, Stirnreiben, zärtliches Beknabbern, zärtliches Wiegen auf dem Arm, Hochstemmen, Umarmen, Betätscheln, An-sich-Drücken, Belutschen, Lausen, Anbieten von Nahrung, Zusprechen, Singen, Ablenkungsmanöver, Kitzeln, Anlegen und Stillen und schließlich Spiele. Man spielt mit dem Kind oft Versteck-Spielchen wie »Guck-guck-da-da«. Dabei schaut die spielende Person dem Kind voll ins Gesicht, lacht, versteckt dann das Gesicht entweder hinter einer anderen Person oder hinter einem vors Gesicht gehaltenen Kleidungsstück und schaut dann wieder hervor. Andere Spielchen sind das »Hoppe-hoppe-Reiter« oder »Bocki-Stoß« und dergleichen mehr. In allen Fällen wird wechselseitig eine Erwartung aufgebaut, deren gegenseitige Erfüllung im zusammenpassenden Tun höchst lustvoll ist (Eibl-Eibesfeldt 1972, S. 69). Viele der zärtlichen Verhaltensweisen erfüllen außer ihrer Funktion, im Dienste der Körperpflege und Ernährung des Kindes zu stehen, bindende Funktion. Sie leiten sich von Verhaltensweisen der Kindesfürsorge ab, die dann zu zärtlichen Verhaltensweisen und zu freundlichen Signalen ritualisiert wurden. Die Mutter-Kind-Beziehung ist stammesgeschichtlicher Ausgangspunkt für diese Ritualisierungen und zugleich für die höheren Formen geselligen Zusammenlebens (W. Wickler 1967b; Eibl-Eibesfeldt 1970). Die !Ko-Mütter stillen oft bis zu drei Jahren, und die Bindung an die Mutter ist dementsprechend eng. Der Säugling verbringt die meiste Zeit bei ihr sitzend oder wird im Schulterumhang mitgetragen, und er schläft neben ihr am Boden. Zwischen der Mutter und dem Kind finden sehr früh einfache Dialogspiele statt, die ihr Band bekräftigen. Dies sind z. B. Wechselgespräche, wie das Lallen oder Brabbeln eines Säuglings, mit dem er auf die stets wiederholte, gleiche Redewendung der Mutter antwortet. Beginnt ein spielender Säugling zu lallen, dann wendet sich die Mutter (oder eine andere Kontaktperson) ihm meist gleich freundlich zu und wiederholt das Gelalle. Daraus entwickelt sich oft ein Lall-Dialog und später ein sprachlicher Dialog. Auch die sprachliche Stimmfühlungnahme zwischen dem Kleinkind und der Mutter bindet. Solche Rede- und Antwortspiele sind auch bei uns bekannt. Halten sich z. B. Mutter und Kind getrennt in je einem anderen Raum auf, so wird man oft den stereotypen Dialog zwischen beiden vernehmen: »Mama – ja-a – Mama – ja-a« usw. Diese Bindegespräche sind für das Kind außerordentlich beruhigend. Ich konnte bei den !Ko einmal folgendes beobachten: Ein Kleinkind weinte und schrie vor der elterlichen Hütte. Die Mutter und die anderen Frauen waren Feuerholz holen. Die Mutter hatte das Kind in der Obhut eines älteren Geschwisters zurückgelassen, das seine Aufsichtspflicht vernachlässigt und sich dem Spiel einer Kindergruppe angeschlossen hatte. Niemand konnte sich um das Kind kümmern, da das Dorf wie ausgestorben war. Das Kind war völlig aufgelöst. Plötzlich hörte man von Ferne das laute Singen einer Frau: »ua – eh – a – ua – eh – a«. Das Kind lauschte, erkannte die Stimme der Mutter, stellte sein Weinen ein und blickte in die Richtung, aus der der Gesang kam; die Mutter war jedoch noch nicht zu sehen. Als das Singen immer lauter wurde und die Mutter sich dem Dorf näherte, freute sich das Kind in einem solchen Maße über ihr Kommen, daß es aufgeregt auf der Stelle hüpfte, lachte und krähend Antwort gab. Erst die Stimmfühlungnahme mit der Mutter hatte das Kind wieder beruhigt. Aus solchen Dialogen der Stimmfühlungnahme zwischen Mutter und Kind entwickeln sich u. a. später Bindegespräche der Erwachsenen, wie sie Eibl in vielen Kulturen beobachten konnte (Eibl-Eibesfeldt 1971). Weitere Dialogspiele zwischen Mutter und Kind sind die »Gib-Nimm«-Spielchen, die oft das Kleinkind einleitet. So reichen Kleinkinder gerne gefundene Objekte, wie Hölzchen, Dosen, Papierchen, der Mutter hin, wobei sie zu ihr aufsehen. Diese ergreift die Gegenstände und reicht sie wieder dem Kind zurück, das ihr erneut die Gegenstände reicht. Diese »Gib-Nimm«-Dialoge kann man auch bei uns beobachten. Eibl-Eibesfeldt konnte sie auch bei den !Kung filmen. Hier steckte ein etwa 9monatiger Säugling die Dinge der Mutter gelegentlich sogar in den Mund. Die Mutter reichte ihm die Gaben meist zurück und bekam sie von ihm wieder. So entwickelten sich Dialoge des Gebens und Nehmens, die oft auch von Lautäußerungen begleitet waren. Bei den Buschleuten werden die altruistischen Anlagen in der Erziehung systematisch gefördert, egoistische Neigungen dagegen unterdrückt (I. Eibl-Eibesfeldt 1972, S. 164). Bei den !Ko spielt das Geben und Teilen eine wichtige Rolle im Leben der Gemeinschaft (I. Eibl-Eibesfeldt 1972, S. 49 ff.). Das Kleinkind wird bereits früh zum Geben und Teilen erzogen und im Teilen unterwiesen. So konnte ich eine Gruppe von Mädchen beobachten, die zusammen Maisbrei kochten. Ein etwa 2jähriges Mädchen, das sich bei ihnen aufhielt, wurde von ihnen aufgefordert, den Brei zu verteilen. Ein etwa 10jähriges Mädchen schöpfte eine Portion in die Hand des Kindes, das sofort essen wollte. Das Mädchen ergriff aber die Hand des Kindes, führte sie zur ausgestreckten Hand einer Kameradin und kippte den Maisbrei aus der Hand des Kleinkindes in die ihrer Gefährtin. Das wiederholte sie. Sie verteilte die Portionen solange über die Hand des kleinen Kindes, bis alle Mädchen eine Portion erhalten hatten. Danach gab sie dem Kind seinen

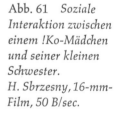

Abb. 61   Soziale
Interaktion zwischen
einem !Ko-Mädchen
und seiner kleinen
Schwester.
H. Sbrzesny, 16-mm-
Film, 50 B/sec.

a Die Kleine wird
von der größeren
Schwester gelaust.

b Die größere Schwe-
ster unterhält die
Kleine mit Hände-
klatschen. Aufmerk-
sam schaut die
Kleine zu.

c Die Kleine sieht
der Schwester beim
Händeklatschen zu.

d und e Die ältere
Schwester bietet der
Kleinen einen Kuß
an.

f und g Die ältere
Schwester schlägt zur
Belustigung der
Kleinen einen Hund.

*h Danach wendet sie
sich wieder liebevoll
der Kleinen zu.*

Anteil und nahm zuletzt den Rest für sich. Die Mädchen amüsierten sich
lachend über das anfangs verdutzte Gesicht des Kleinkindes. Nach einer
Weile hatte dies das Anliegen verstanden und teilte mit freundlichem
Gesicht willig an alle anderen. Eibl-Eibesfeldt filmte Erwachsene, die ein
Kleinkind im Teilen unterwiesen (1972, S. 151).

Neben dem engen Kontakt zur Mutter hat das !Ko-Kleinkind auch
enge soziale Kontakte mit den Geschwistern und anderen Gruppenmitgliedern, die mit dem Kind spielen, es herzen und küssen. Besonders
ältere Mädchen streiten sich gelegentlich darum, den Säugling halten zu
dürfen und sich mit diesem zu beschäftigen. Doch ich sah auch ältere

Jungen sehr zärtlich mit einem Kleinkind spielen. Das Buschmannkind zeigt auch von sich aus reichlich Kontaktinitiative, unter anderem durch Blickzuwendung und Lächeln, und verhält sich keineswegs passiv.

Wie ich bereits erwähnte, leiten Kleinkinder den sozialen Kontakt mit anderen Personen über Gegenstände ein (siehe auch Protokoll von D/in/id/nawe, S. 193 ff.). So schlagen Säuglinge nicht nur auf Gegenstände, in den Sand oder gegen resonierende Objekte, sondern auch auf Mitmenschen. Sie tun dies mit »Mund-offen-Gesicht« (Playface[7]), was offensichtlich gleichzeitig beschwichtigend wirkt. Hierbei lernt das Kind die erste Reaktion anderer auf eigene Aktivitäten kennen und exploriert sozial. So wird es in seinen Handlungen bestärkt, wenn jemand lacht, oder es ist gehemmt, wenn jemand es abweist, schimpft, gar gehemmt zurückschlägt oder ihm das Schlaginstrument wegnimmt. Das Kind erfährt durch die Reaktionen von anderen die ersten sozialen Verhaltensregeln. Die Interaktionen zwischen Buschmannkleinkindern und anderen Gruppenmitgliedern sind so interessant, daß ich hier ausführlich darauf eingehen will. Bevor Buschmannkleinkinder das Alter erreichen, in dem sie sich in die Spielgruppen zu integrieren versuchen, sind sie ausgesprochen aggressiv, und sie dürfen sich viel herausnehmen. Die Gruppenmitglieder dulden ihre Aggressionen. Die Kleinkinder werden erst Schritt für Schritt und auf sehr interessante Weise mit sozialen Regeln vertraut gemacht und sozialisiert. Der Grund, weshalb sich !Ko-Kleinkinder soviel herausnehmen dürfen, liegt wahrscheinlich darin, daß sie über ein besonders ausgeprägtes Kindchenschema verfügen. K. Lorenz (1943) führte aus, daß die Verhaltensweisen der Brutpflege und die affektive Gesamteinstellung, die ein Mensch einem Menschenkind gegenüber erlebt, sehr wahrscheinlich angeborenermaßen durch eine Reihe von Merkmalen ausgelöst werden, die ein Kleinkind charakterisieren: Es handelt sich im einzelnen um folgende Merkmale:

1. im Verhältnis zum Rumpf großer Schädel,
2. im Verhältnis zum Gesichtsschädel stark überwiegender Hirnschädel mit vorgewölbter Stirn,
3. tief bis unter die Mitte des Gesamtschädels liegende große Augen,
4. kurze, dicke Extremitäten,
5. rundliche Körperformen,
6. weich-elastische Oberflächenbeschaffenheit,
7. runde, vorspringende »Pausbacken«, die wahrscheinlich echte, d. h.

[7] Der Ausdruck wird auch als »Spielgesicht« bezeichnet. Homologe Ausdrucksbewegungen finden wir bei nicht-menschlichen Primaten (J. A. van Hooff 1971).

im Dienste der Signalfunktion entwickelte Differenzierungen darstellen dürften.

(Aus Eibl-Eibesfeldt 1974, S. 445)

Nun sind die Buschmannkinder ganz besonders niedlich. Sie zeigen alle Merkmale des Kindchenschemas besonders ausgeprägt. Vielleicht hat das Leben unter den gelegentlich äußerst harten Bedingungen in dieser Richtung ausgelesen, so daß die Brutfürsorge auch unter widrigen Bedingungen gewährleistet ist. Das erklärt zum Teil wohl die ausgesprochen tolerante Haltung Säuglingen und Kleinkindern gegenüber. Säuglinge dürfen sich wie gesagt viel herausnehmen. Ja, sie werden in gewissem Sinne sogar zur Aggression ermuntert. Die Mutter oder der Vater, die über ihren auf sie mit einem Stock vergnügt einschlagenden Sohn herzlich lachen, ermuntern zu diesem Tun. Das kommt einer Ermunterung zur Aggression gleich, und ich möchte das funktionell auch als Ermunterung zur Selbstbehauptung deuten. Erst in einer zweiten Sozialisierungsstufe, wenn das Kind sich als Persönlichkeit gefestigt hat, kommt es zur Sozialisierung nach dem friedlichen Ideal der Buschleute, und Aggressionen werden dann nicht mehr toleriert. Nur wenn Säuglinge und Kleinkinder mit ihresgleichen zu raufen beginnen, trennt man sie, sonst läßt man sie gewähren.

Sind die Säuglinge etwa 2½ Jahre alt, dann läßt man sich von ihnen weniger gefallen und sucht sie von ihrem aggressiven Tun abzubringen. Einige Beispiele mögen das Verhalten von Erwachsenen und älteren Kindern gegenüber aggressiven Akten der Säuglinge und Kleinkinder illustrieren.

Buschmannsäuglinge, die ich zu Filmversuchen alleine nebeneinander setzte, griffen sich sofort körperlich an. Sie stießen einander mit den Fingern in die Augen, betatschten sich grob, und der stärkere Säugling warf den schwächeren um. Bei anderen Säuglingen filmten wir, wie sie sich gegenseitig in den Haaren festkrallten, umrempelten und sich bissen. In der Regel sind die !Ko-Mütter jedoch sorgsam bedacht, die Kleinen voneinander zu trennen und sie mit anderen Aktionen abzulenken. Der Weinende wird getröstet, der andere Säugling aber nicht von seiner Mutter bestraft, wenn er ein anderes Kind angegriffen hatte, sondern ebenfalls abgelenkt. Ältere Kinder lösen die Konflikte der Kleinen nach dem Vorbild der Erwachsenen, indem sie diese ablenken. Ich erwähnte, daß Kleinkinder, die bereits laufen können, fast immer mit einem Stock bewaffnet umherlaufen. Sie bedrohen damit ohne ersichtlichen Grund andere Kinder und schlagen auf diese ein. Diese stecken den Schlag meist ein und entfernen sich von dem Kind ohne weitere Reaktion (siehe

Abbildung). Es erregt bei den Erwachsenen großes Mißfallen, wenn jemand ein Kleinkind körperlich züchtigt, grob behandelt oder ihm etwa ein Spielzeug, das es haben will, verweigert. Ich konnte in den seltenen Fällen, in denen sich so etwas ereignete, beobachten, daß Mütter ältere Kinder schlugen. So entriß z. B. ein Junge einem Säugling ein Straußenei, mit dem dieser gespielt hatte. Eine dem Jungen weitläufig verwandte Frau schlug ihn daraufhin mit der Faust, bis der Junge heulend davonlief. Oft lenken von Kleinkindern angegriffene ältere Kinder oder Erwachsene durch ein Spiel ab.

Eine andere Methode, das Kleinkind von seinem aggressiven Vorhaben abzubringen, besteht darin, seine schlagende Hand oder den Schlagstock festzuhalten, beruhigend auf es einzusprechen, ihm zu essen zu geben oder auch, indem man einen ritualisierten Schlagabtausch einleitet, der von dem Kind als Spiel aufgefaßt wird. Dabei schlägt der Erwachsene oder das ältere Kind nur leicht zurück, erwartet lachend den Gegenschlag usw. Auffallend ist, daß das Kleinkind durch die direkte Zuwendung immer schlaggehemmter wird und letztlich seine Aktion einstellt.

Schließlich konnte ich auch beobachten, daß man die Aggression eines Kleinkindes dadurch ermüdete, indem man es demonstrativ übersah und nicht auf seine Aktion einging.

Zusammenfassend läßt sich sagen, daß die !Ko folgende Methoden anwenden, um den Aggressionen eines Kleinkindes gegenüberzutreten:

a) Angegriffene Erwachsene und ältere Kinder lassen die Aggressionen des Säuglings und Kleinkindes ausleben und ertragen diese lachend, wobei sie das Kind einfach gewähren lassen und es sogar dazu ermuntern. Dies gilt vor allem dann, wenn die Kinder noch sehr klein sind.

b) Sie ignorieren das aggressive Kind demonstrativ.

c) Sie lenken mit Essen, Spielchen oder anderen Tätigkeiten ab. Dies gilt besonders, wenn ein Kleinkind einen anderen Säugling angreift. Erwachsene greifen dann sofort ein, trennen die beiden und lenken sie voneinander ab.

d) Wenn die Aggressionen eines etwas älteren Kleinkindes in den Augen der Buschleute eskalieren, weisen sie es sanft zurecht. Meist genügt es, das Kind streng anzusehen und drohzustarren, oder der Aufruf »jelah«, der in der !Ko-Sprache ein Ausdruck des Mißfallens ist. Überschreitet das Kleinkind die Toleranzgrenze, dann verweisen es die Buschleute in seine sozialen Schranken, indem sie dem Kind einen leichten Klaps geben oder mit einem Finger gegen den Bauch stupsen.

Abb. 62 *Aggressiver Akt eines Kleinkindes gegenüber einem älteren Jungen.*
H. Sbrzesny, 16-mm-Film, 50 B/sec.

a Die kleine ╪omadana bedroht den Jungen Duin╪are mit erhobenem Stock.

b Der Junge droht dem Mädchen mit erhobenem Zeigefinger.

c Der Junge zuckt unter dem Schlag zusammen.

d Vorwurfsvoll sieht Duin╪are das Mädchen ╪omadana an. Das Mädchen
läßt den Stock sinken.

e *Der Junge reibt sich sein Hinterteil und räumt das Feld ohne die geringste Gegenwehr. Er erduldete den aggressiven Akt von der kleinen ╪omadana. Die Bedeutung seiner toleranten Reaktion wird ersichtlich, wenn man Duin╪are als stolzen Jäger mit Pfeil und Bogen sieht.*

Abb. 63   *Duin╪are übt das Schießen mit Pfeil und Bogen. H. Sbrzesny, Photos.*

Das Kind erfährt so bei seinen spielerischen Aggressionen, wie weit es gehen darf, und tastet den sozialen Handlungsspielraum aus. Es exploriert also nicht nur seine außerartliche Umwelt (1a), sondern auch den sozialen Bereich, seine innerartliche Umwelt. Eibl filmte 1971 den nun 4jährigen N/allo, der seinen Vater /rale fortgesetzt schlug, was dieser lachend gewähren ließ, seine Frau N!oasi schaute nicht ohne Stolz ihrem Kind bei diesem Treiben zu (I. Eibl-Eibesfeldt 1972, S. 152). Ich konnte den Jungen 1973 bei folgendem Spiel mit dem Vater filmen. /rale lag bäuchlings im Sand, der kleine N/allo saß quer über seinem Rücken und ritt den Vater. Er hatte eine kleine Peitsche und spielte mit seinem Vater »Reiter und Pferd«. Als der Junge immer heftiger auf dem Vater ritt und ihn dabei immer kräftiger mit der Peitsche schlug, wandte der Vater den Kopf zurück und forderte den Jungen auf, nicht so grob zu sein. Als dies nichts nützte und der Junge um so heftiger wurde, warf ihn der Vater mit einer Seitwärtsbewegung ab, schimpfte ihn aus und zupfte wiederholt am Penis des Jungen. Auch andere Kinder wurden von den Erwachsenen mitunter durch Peniszupfen bestraft. Die Mutter des Jungen hatte mit ärgerlicher Miene dem Treiben des Kindes zugesehen. Sie lenkte ihn nach der Bestrafung durch den Vater sofort ab. Der kleine N/allo fiel uns als besonders aggressives Kind auf. Einmal verletzte er während unseres Besuches seine ältere Schwester /olo/oa, indem er mit einer Axt auf sie einschlug. Alle anwesenden Erwachsenen kümmerten sich daraufhin intensiv um das weinende Mädchen, weniger um N/allo, der nur beschimpft wurde.

Die Entwicklung des Jungen, die wir von Anfang an verfolgen konnten, belegt als besonders eindrucksvolles Beispiel, wie ein aggressives Kleinkind schließlich zu einem friedlichen Mitglied der !Ko-Gemeinschaft wird.

Vorwegnehmend läßt sich sagen, daß ein Kind dann sozialisiert ist, wenn es mit sozialen Regeln vertraut ist, seinen festen Platz im Sozialgefüge der Spielgruppen hat und selbst in der Lage ist, aggressive Auseinandersetzungen von anderen Kindern zu schlichten, zu steuern und soziale Verfehlungen von anderen zu korrigieren. Dies heißt keineswegs, daß das Kind nicht selbst gelegentlich aggressiv gegen andere wäre und sich stets regelgerecht verhielte, sondern daß es in der Lage ist, die Regeln bewußt zu erfassen und ein Fehlverhalten daher auch als solches zu empfinden und wiedergutzumachen.

Nach den ersten sozialen Erfahrungen in der Familie, mit Geschwistern und gelegentlich mit anderen Kindern, versucht ein Kleinkind, wenn es etwa 4 Jahre alt ist, an die Spielgruppen Anschluß zu finden. Oft ist es direkt dazu gezwungen, weil die Mutter inzwischen ein weiteres Kind zur Welt gebracht hat, dem sie nun ihre ganze Aufmerksamkeit schenkt. Es ist erschütternd zu beobachten, wie abrupt die Mutter dann ihr intimes Verhältnis mit dem älteren Kind abbricht und wie sehr das abgelöste Kind darunter leidet. Die Kinder neigen in solchen Situationen mehr oder weniger stark zur Geschwister-Rivalität. I. Eibl-Eibesfeldt konnte bei den !Kung-Buschleuten ein bemerkenswertes Beispiel von Geschwister-Rivalität filmen, wobei die Mutter den körperlichen Kontakt des vorher geborenen Kindes abwies, da ihre ganze Aufmerksamkeit dem neuen Säugling galt. Sie beschützte den kleinen Säugling vor dem anderen Kind und verhielt sich in unserem Sinne keineswegs gerecht. Fibl betont ausdrücklich, daß es die angeblich frustrationsfreie Erziehung, auf die man heute so oft hinweist, auch bei Wildbeutern und Sammlern nicht gibt. »So konfliktlos ist deren Kinderleben auch nicht« (Eibl-Eibesfeldt 1972, S. 161). Dieser Konflikt scheint ein universelles Phänomen zu sein. Da nun das Kind seinen engsten Sozialpartner, die Mutter, verloren hat, sucht es für diesen Ersatz. Interessanterweise deutet G. Roheim (1943) in einem Artikel bestimmte Kinderspiele auf Duau (Normandy Islands, N. G.) in dieser Hinsicht. Die Kinder spielten dort Spiele, die offensichtlich die Trennung der Mutter kompensierten. Er schreibt: »The loss of the mother … is not an irretrievable loss, for in the group the playing child finds a substitute for the absent mother« (1943, S. 1107). Die Kinder spielten Spiele, in denen es gute Mütter und Hexen gab, die Kinder umarmten einander, hielten einander fest, teilten sich in Gruppen, indem sie das Kind in der Kindrolle von dem Kind in der Mutterrolle trennten. Um in die Kindergemeinschaft eingeführt zu werden, binden sich die »Neulinge« besonders eng an die nächsten Geschwister, die bereits ihren Platz in der Spielgruppe gefunden haben. Dies konnte ich auch bei N/allo beobachten. Plötzlich war er stets mit seiner älteren Schwester /olo/oi zusammen, folgte ihr überall hin nach und ließ sie nicht aus den Augen. Zwischen den beiden entstand in dieser Zeit ein sehr inniges Verhältnis. Man hat überhaupt das Gefühl, als würden die restlichen Geschwister dann besonders zusammenhalten, wenn ein neuer Säugling die Fürsorge der Mutter völlig für sich beansprucht, und daß die Ablehnung der unmittelbaren Brutfürsorge durch die Mutter eine starke Bindung der restlichen Geschwister bewirkt, die zeitlebens anhält. Da es bei den !Ko kein Einzelkind gibt, gilt das generell. So kommt es, daß Kinder ihre kleineren Geschwister in die Kindergemeinschaft einführen, wo sich dann die gleichaltrigen Kleinen zusammentun und individuelle Freundschaften schließen. Die Kleinen sind in diesem Stadium die Randspieler und passiven Mitläufer, wie ich es schon erwähnte. Sie nehmen zwar als Nebenspieler am Spiel teil, sind aber neben der Kerngruppe die Spieler zweiten Ranges. Doch sie sind damit in die Kinder- und Spielgemeinschaft aufgenommen und werden mit zunehmender sozialer Spielfähigkeit in diese immer mehr integriert.

Auffallend ist, daß die Mitglieder der Spielgruppe die weitere Erziehung der heranwachsenden Kleinkinder übernehmen. Das Kind kommt mit gewissen sozialen Grundregeln ausgestattet in die Kindergemeinschaft, wo es in einem sekundären Prozeß von den anderen, meist älteren Kindern zum Gemeinschaftswesen erzogen wird. Dies erscheint mir ein höchst wichtiger Gesichtspunkt. Kinder erziehen sich bei den !Ko-Buschleuten praktisch selbst. Konflikte werden in den Gruppen selbst ausgetragen und gelöst. Nie greift ein Kind auf die Hilfe Erwachsener zurück und beklagt sich etwa bei der Mutter, wie es so oft in unserer Kultur zu beobachten ist, wenn es in seinen Augen ungerecht behandelt wurde. Ältere Kinder greifen in Auseinandersetzungen ein, schlichten, trösten und bestrafen den Aggressor sehr handgreiflich. Die großzügige Toleranz gegenüber den Aggressionen eines Kleinkindes findet in den Kindergruppen ein jähes Ende. Hier erfährt das Kind eindeutig: »Bis hierher und nicht weiter!« Weiter ist herauszustellen, daß sich Erwachsene nie in die Auseinandersetzungen der Kinder einmischen, wenn diese in den Spielgruppen stattfinden. Ich konnte in den vier Jahren lediglich ein paarmal beobachten, daß Erwachsene dort, wo Auseinandersetzungen gefährlich eskalierten, zu den Streitenden ein »jelah« hinüberriefen. Mütter von Kindern, die in den Spielgruppen etabliert sind, mischen sich auch dann grundsätzlich nicht ein, wenn ihr eigenes Kind von anderen schwere Prügel bezieht. Ältere Kinder verteidigen das Kind, wenn es zu Unrecht geschlagen wurde, und strafen den Aggressor. Das Kind entfernt sich von der Gruppe, wenn es die Strafe als gerechtfertigt empfindet. Es sieht nach einer Weile selbst seinen Fehler ein und versucht sich wieder in die Gruppe einzugliedern. Ich möchte noch betonen, daß Kinder, die in den Spielgruppen ihren sozialen Platz gefunden haben, ihre Geschwister-Rivalität abrupt einstellen. Sie kümmern sich dann liebevoll um den Nachkömmling und schenken ihm ebensoviel liebevolle Zuwendung wie andere Gruppen- oder Familienmitglieder.

Als ich 1970 die !Ko zum ersten Male sah, fiel mir sofort die Kindergemeinschaft auf, die von einem Mädchen, das ich bereits als Spielleiterin des öfteren erwähnte, dominiert wurde. Das Mädchen N/an/ei war zu diesem Zeitpunkt etwa 12 Jahre alt und das älteste Kind, das noch in der Kindergruppe spielte. Da die Okwa-Gruppe sich damals noch nicht der Takatswane-Gruppe angeschlossen hatte, hatte sie keinen gleichaltrigen Konkurrenten. Andere Kinder in ihrem Alter waren in Schulen in

Ghanzi und Gaberones. So beherrschte das Mädchen völlig alle anderen Kinder des damaligen Takatswane. Ihre Funktion in den Kindergruppen war äußerst interessant. Sie bestimmte, was gespielt wurde, sie schlichtete Auseinandersetzungen, tröstete und bestrafte, kurz sie war der »Chef«. Im damaligen Takatswane gab es einen großen, übersichtlichen Dorfplatz, um den die Hütten placiert waren. So konnte man jeden Morgen dasselbe beobachten. Meist sammelten sich die anderen Kinder, begannen Spiele und gruppierten sich dabei alters- und interessemäßig, bis N/an/ei auftauchte. Sie gab sich interessanterweise meist schlechtgelaunt und übernahm sofort die Spielinitiative und Aufsicht. Um ihre Autorität zu demonstrieren, kam sie lässig heran, schlug einem Kind, das sich etwa aus einer Melonenschale ein Hütlein gefertigt hatte, dieses grob vom Kopf; einem anderen Kind schlug sie eine Melone aus der Hand, und Kindern, die ihr bei diesem »Rundgang der Adjutanten« ahnungslos im Weg standen, gab sie eine Ohrfeige. Man hatte fast das Gefühl, sie machte ihren »Morgenappell«. Ihr Verhalten, so mißfallend es im ersten Augenblick erscheinen mag, hatte jedoch eine wichtige Funktion. Sie unterstrich damit: »Ich bin die Anführerin, und ich habe Autorität.« Aufgrund dieser Autorität war sie dann in der Lage, als Respektsperson in etwaige Auseinandersetzungen zwischen anderen Spielgruppenmitgliedern einzugreifen, zu schlichten und zu bestrafen.

Durch ihr gelegentliches aggressives Auftreten wurde sie in ihrer Kontrollfunktion anerkannt. Ich muß ausdrücklich betonen, daß sie in ihren Entscheidungen gerecht war und einen wichtigen erzieherischen Einfluß auf die anderen Kinder ausübte. In ihren Spielen verhielt sie sich ebenso spielfasziniert wie die anderen und ging völlig im Spiel auf. Die Kinder bemühten sich, mit kleinen Bestechungen ihr Wohlwollen zu erhalten. Sie wurde regelrecht mit Leckerbissen gefüttert, und jedes essende Kind war sorgsam darauf bedacht, seine Portionen mit der Spielleiterin zu teilen. Dies ging sogar auf Kosten von anderen. Ich konnte einmal folgendes beobachten: Eine Kindergruppe spielte unter der Führung von N/an/ei Herunterrutschen von der Tonne. Die Kinder tobten herum, lachten, rempelten sich zur Seite, und es ging recht lebhaft zu. Ein etwa 6jähriges Mädchen hatte sich aus dem heimischen Kochtopf ein Stückchen Fleisch geholt und kam wieder zu der Spielgruppe zurück. Sofort wurde es von einem anderen Mädchen um einen Teil angebettelt, was die Kleine demonstrativ verweigerte, indem sie sich abwandte und die ausgestreckte, bittende Hand der anderen wegstieß. Das Mädchen suchte vielmehr die Nähe von N/an/ei, die auf der Tonne rutschte. N/an/ei war so in ihr Spiel vertieft, daß sie die Kameradin zunächst gar nicht bemerkte, die ihr das Fleisch zustecken wollte. Die Bettlerin war dem

Mädchen gefolgt, streckte wiederholt die Hand nach der Gabe aus und wurde erneut abgewiesen. Die Spielleiterin bemerkte schließlich die Kleine, langte nach dem Fleisch, aß es und setzte ihr Spiel unbewegt fort. Die enttäuschte Bettlerin sonderte sich beleidigt von der Gruppe ab und schmollte. Mit den Jahren konnte ich beobachten, daß N/an/ei immer mehr aus dem Spielalter herauswuchs und ihr andere Bereiche wichtig wurden. Sie beschäftigte sich immer mehr mit der Aufsicht von Säuglingen, die ihr die Mütter gerne überließen. Sie tat sich dazu besonders mit ihrer engsten und altersmäßig wohl um ein Jahr nachstehenden Freundin Sama/ei zusammen. Ihre Interessen galten ferner der Vorbereitung auf die Menstruation und damit ihrer Einführung in die Frauengemeinschaft. Sie verglich die Größe ihrer Brust mit der ihrer Freundin, kam offensichtlich in das pubertäre Kicheralter (Giggling) und sonderte sich von den Spielgruppen ab. Zu diesem Zeitpunkt zog die Gruppe von Takatswane nach Bere um, wo sich die Okwa-Gruppe mit ihren Kindern und Jungen im pubertierenden Alter dazugesellte, und auch die ehemaligen Schulkinder kehrten wieder heim. Nun war sie nicht mehr *der* Mittelpunkt, da andere Mädchen in ihrem Alter zu der Gruppe hinzukamen. Kurz darauf wurden die Kinder auch in der Bere-Schule unterrichtet. Ich achtete nun besonders auf den Wandel der Kindergemeinschaft und konnte folgendes feststellen. Anfangs waren die Kinder der ehemaligen Takatswane-Gruppe und der Okwa-Gruppe voneinander getrennt. Es gab zwei Kinder-Gesellschaften, die sich mit der Zeit vereinigten. Darauf werde ich noch zu sprechen kommen. Grundsätzlich fiel mir auf, daß sich die vormals einige Kindergesellschaft in Gruppen spaltete. Durch die Kinder der Okwa-Gruppe war nun eine ausgewogene altersmäßige Verteilung der Kinder gegeben und damit Intra-Gruppenbildung möglich. In allen diesen Untergruppen fiel mir auf, daß immer ältere Kinder die Rolle des »Chefs« übernahmen, die kleinere Kinder beaufsichtigten, anleiteten, trösteten und straften. Die Rolle der Spielleiterin hatte sich nun auf viele Spielleiter verteilt. Diese verhielten sich zwar nicht so offensichtlich dominant, wie es N/an/ei tat, übernahmen aber auch die erzieherische und kontrollierende Funktion wie sie. Es scheint mir bemerkenswert, zu erwähnen, daß N/an/ei, die heute bereits initiiert ist und als erwachsene Frau gilt, ihre Dominanz in den Kinderspielgruppen dann wieder hervorkehrt, wenn sie sich gelegentlich den Spielen, vor allem den Tänzen der Mädchen anschließt. Die Kinder folgen ihr wie in alten Zeiten und umwerben sie geradezu. So heben ihr die kleineren Mädchen die Melone auf und reichen sie ihr zum Weiterspiel, wenn sie ihr beim Dam-Tanz zu Boden fällt.

Das Spiel bietet reichlich Gelegenheit zu sozialem Lernen (A. Flitner

1972, S. 124). Flitner schreibt treffend: »Im Zusammenspielen mit anderen erlebt sich das Kind als einen Teil des sozialen Systems – eines ersten Systems, das nicht, wie die Primärbeziehungen innerhalb der Familie, ganz und gar durch die affektive Bindung bestimmt und deshalb von allen anderen Sozialbeziehungen abgehoben ist. Der Kontakt zwischen den Kindern vollzieht sich überhaupt wesentlich im Spiel.« Dies ist sicherlich richtig und läßt sich auch für die !Ko sagen. Doch hat Flitner sicher nicht recht, wenn er behauptet: »Die Vermutung einiger Reformpädagogen, daß Kinder mit einer ursprünglichen Fähigkeit ausgestattet seien, ihr Zusammenleben selber befriedigend zu regeln, hat sich nicht bestätigen lassen« (A. Flitner 1972, S. 124). Die Untersuchungen an den !Ko widerlegen dies. In dem scheinbaren Nichtfunktionieren des Zusammenseins von Kindern sieht Flitner die Notwendigkeit eines erwachsenen Erziehers: »Ihnen (den Kindern) dabei behilflich zu sein und zugleich ein offenes, auf das Kinderleben ausgerichtetes soziales System aufrechtzuerhalten, ist zweifellos eine der anspruchvollsten Aufgaben des Erziehers« (1972, S. 125). Flitner übersieht dabei, daß es für Kinder höchst unnatürlich ist, nur mit Gleichaltrigen zu spielen. Die Kinderspielgruppen der !Ko sind altersmäßig sehr heterogen. Sie beinhalten kleine und größere Kinder, und diese regeln ihr Zusammensein alleine und ohne die »Aufsicht« eines Erwachsenen[8].

Natürlich gibt es individuelle Freundschaften zwischen Gleichaltrigen, doch die Freunde oder Freundinnen spielen wiederum in größeren Verbänden mit jüngeren und älteren Kindern, wobei andere darauf achten, daß die sozialen Regeln eingehalten werden. Bereits bei den Spielgruppenerhebungen wurde deutlich, wie wenig Einzelspiele bei den !Ko ausgeübt werden und daß Kinder fast ausschließlich in Gruppen spielen. Das Vorhandensein eines Gesamtverbandes und einer zusammengehörigen Kindergemeinschaft ist stets offensichtlich, auch wenn sich kleinere Cliquen bilden. Die Kindergruppen spielen nebeneinander und sind überblickbar, so daß andere sofort eingreifen können, wenn Streitereien in einer Gruppe auftreten. Wo bei uns Erwachsene einschreiten und was sie als Erzieher bewirken, tun bei den !Ko die älteren Kinder.

Im Spiel äußert sich die Appetenz des Menschen, nach Regeln zu leben. Das Kind erfindet Regeln und übt sie ein (siehe reglementierte Spiele). Der Mensch ist als Kulturwesen von Natur von kulturell gestalteten Regeln abhängig. Er braucht sie zur Steuerung des sozialen Zusammenle-

---

[8] Flitner hat allerdings recht, wenn man die Kindergruppen der Kindergärten vor Augen hat. Da dort Kinder einer Altersgruppe zusammengezwungen sind und ältere Kinder fehlen, muß der Erzieher steuernd eingreifen.

bens. Die Regeln geben Ordnung und damit Sicherheit. Durch die gemeinsam befolgten Regeln wird auch das Verhalten der Mitmenschen voraussagbar (I. Eibl-Eibesfeldt 1973). Das Sozialspiel führt zur Beherrschung der sozialen Umwelt. Das Kind erfährt und lernt, wie man Mitmenschen manipuliert, wie man sie verblüfft, täuscht, versöhnt, gewinnt, neckt und wie man sie ärgern kann. Wie bereits gesagt, erfährt das Kind in spielerischer Aggression, wie weit es gehen kann, und tastet den sozialen Handlungsspielraum aus. In den Kinderspielen und in den Kinderverbänden lernt das Kind, daß es geben und teilen muß, lernt sich unterzuordnen und einzuordnen, lernt egoistische Impulse zu beherrschen, seine Aggressionen zu zügeln und begangene Fehler wiedergutzumachen.

In seinem Werk über »Das Spiel des Kindes« nimmt J. Château zur Hierarchie in der Kindergemeinschaft und deren Funktion Stellung. Seine Feststellungen sind unmittelbar auf die !Ko anwendbar. Zusammengefaßt schreibt er: »Die Disziplin, die aus der einfachen Ordnungsliebe und aus dem Wunsch, sich durch eine Regel zu bestätigen, erwachsen ist, genügt also nicht, um die Person zu disziplinieren und zu definieren. Das Kind, das aus sich heraus selbst keine genügende Selbstbeherrschung finden kann, muß die Hilfe einer äußeren Macht anrufen. Diese äußere Macht kann aber nicht die Macht des Erwachsenen sein. ... Das Kind braucht das Kind. ... Die Selbstbeherrschung kann sich also nur in der Kindergruppe entwickeln. ... Wäre die Kindergemeinschaft eine einfache Zusammenwirkgruppe, so könnte das nicht eintreten. Ehe man zusammenwirkt, muß man sich freiwillig einer Regel unterwerfen können. In der Zusammenarbeit befiehlt und gehorcht man gleichzeitig. ... Aber man muß, wie wir wissen, zuerst gehorchen können, ehe man befehlen kann« (1969, S. 370–371). Die Tatsache, daß sich Kinder freiwillig und automatisch den Regeln von Spielen unterwerfen, ist höchst bemerkenswert. F. Redl und D. Wineman bemerken dazu: »In almost every neighbourhood there are certain activities, behavioral customs, and games, the ›rules‹ of which, though unwritten, are well known and automatically accepted by everybody. Even our very disturbed youngsters commanded a halt to their total rule rejection when it came to such well-ingrained ›neighbourhood codes‹« (1951, S. 110–111). In diesem Zusammenhang bemerkt J. Château: »Damit sich das Kindervolk organisiert, braucht man eine Autorität und vollkommen abgegrenzte Institution, die ihm helfen, die immer latente Anarchie zu vermeiden. Der Ruf des Älteren gibt dieser Autorität Dasein und Kraft. Es ist die Autorität der ›Großen‹, seien es nun die älteren Brüder oder Schwestern zuhause oder die Schüler einer anderen Klasse auf dem Schulhof. Das Kindervolk ist nicht demokratisch; seine Organisation erinnert eher an die Befehlsgewalt eines Lehensherrn über seine Vasallen aufgrund sehr alter Traditionsbindungen. In einer Kindergesellschaft gibt es eine ganze Hierarchie, vom Führer, der die erste Rolle spielt, bis zu denen, die im Spiel den Chor oder stumme Statisten spielen. ... An diesen Einrichtungen des Kindervolks teilzunehmen, die herkömmlichen Spiele mit den Älteren zusammen spielen zu dürfen, das ist der glühende Wunsch der Kleinen. Die Großen führen sie nach und nach mit bestimmtem Wohlwollen in diese Praxis ein. ... Die Autorität der Großen und die Autorität der Regel, die untrennbar miteinander verbunden sind, tragen also dazu bei, das Kind ein vollkommen geregeltes, kollektives und dennoch ungezwungenes Verhalten zu lehren« (J. Château, 1969, S. 371–372). »Die Spieldisziplin ist eine soziale Disziplin, kein äußerer Zwang.« Bei den !Ko fällt auf, daß sie über sehr viele Spiele verfügen, die in ihrem Aufbau und ihrem Verlauf reglementiert sind. Dies gilt für die Tänze, für die Wetteifer- und Kampfspiele und für die Ritualspiele, die in diesem Sinne gesehen alle Regelspiele sind. Sie dienen dem einzelnen zur Einfügung in die Gemeinschaft und haben eine bedeutende Funktion für das Zusammenleben (siehe Aggressionskontrolle und Gruppenbindung). Die Kinder lernen durch das Spiel, sich so zu benehmen, daß sie mit der Gesellschaft, die sie umgibt, übereinstimmen. Die gegenwärtigen sozialen Werte der Gesellschaft wirken in den Spielen und formen das Kind. Die Regeln werden eingeübt, Regelverstöße erregen Mißfallen und werden korrigiert.

XIII.2.b Aggression und Aggressionskontrolle

Die !Ko-Buschleute sind nicht ganz so friedfertig, wie man sie gelegentlich hinstellt (Schmidbauer 1971), und sie leben keineswegs in einer besonders aggressionsarmen Gesellschaft (I. Eibl-Eibesfeldt 1972, S. 90). Ich habe bereits von der Aggressivität der Kinder in den Kinderspielgruppen und in der Kindergemeinschaft geschrieben, ferner, daß Aggressionen zwischen zwei Partnern von anderen kontrolliert und geschlichtet werden. Die aggressiven Akte von älteren Kindern (siehe Spielleiterin) haben, wie erwähnt, auch »erzieherische« Funktion.

Als aggressiv werden im folgenden Akte bezeichnet, die zu Tätlichkeiten führen, ferner zu einem Ausweichen, Flüchten und Aufgeben des Partners, zu einer Unterordnung und gelegentlich zur Korrektur seines den Anstoß erregenden Verhaltens (nach I. Eibl-Eibesfeldt 1972). Oft weint der Unterlegene. Wie Eibl schrieb, führen ernstgemeinte Aggressionen meist dazu, daß der Kontakt mit dem Partner anschließend gestört ist. Das heißt, man beobachtet für einige Zeit keine freundlichen Interaktionen wie Teilen, Sichlausen, Zulächeln und dgl. mehr.

Aggression kann auch gespielt werden. Dabei geben die Spielenden durch Signale, wie Lachen und Lächeln, zu erkennen, daß es nicht ernst gemeint ist. Man wechselt bei solchen Kampfspielen auch schnell die Rollen zwischen Angreifer und Verteidiger, Verfolger und Verfolgtem, kann unvermittelt aufhören und etwas anderes beginnen, und man stellt anschließend keinerlei Verstimmung fest, vielmehr bleiben die Partner weiterhin freundlich verbunden. Es gibt schließlich Übergänge zwischen Ernst und Spiel, vor allem wenn spielerische Auseinandersetzungen eskalieren, was oft bei den Kindern der Fall ist. Dies kann in einem echten Schlagabtausch oder in einer Rauferei enden (I. Eibl-Eibesfeldt 1972, S. 90/91/92). Wir beobachteten bei aggressiven Auseinandersetzungen folgende Verhaltensweisen (nach I. Eibl-Eibesfeldt, dessen Liste ich hier zum größten Teil unverändert wiedergebe):

1) Tätlichkeiten:

Sie können zur Beschädigung des Partners führen oder bloß physischen Schmerz zufügen. Sie sind jedoch meist so gehemmt und damit ritualisiert, daß es nicht zu Verletzungen des Partners kommt. Immerhin sind sie es nicht stets, da oft ein Partner danach weint. Folgende Handlungen wurden festgestellt:
Schlagen
Schubsen
Anrempeln
Beinstellen
Zwicken
Beißen
Reißen an den Haaren
Kratzen
Werfen mit Gegenständen
Sandwerfen.

Kinder fügen einander auch psychischen Schmerz zu. Ich werde darauf noch zu sprechen kommen.

2) Ritualisierte Formen der Auseinandersetzung und aggressives Ausdrucksverhalten:

Hier seien Verhaltensweisen angeführt, die normalerweise nicht zu einer Beschädigung des Partners führen, obgleich es sich, wie im Fall des Ringens, auch um physisches Kräftemessen handeln kann:

Ringen
Hüftstöße
Spucken
Umwerfen des Partners
Wegnehmen und Entreißen von Gegenständen
Zuschlagdrohung
Drohmiene
Drohstarren
Zungezeigen: Diese wie auch einige andere Verhaltensweisen des Spot-
tes (Auslachen, Gesäßweisen etc.) bespreche ich im folgenden.

3) Ausdrucksverhalten der Beschwichtigung:
Schmollen
Weinen.

I. Eibl-Eibesfeldt zählte die Gesamtzahl von aggressiven Akten in
einer Kinderspielgruppe von 2 Jungen und 7 Mädchen. Die Beobachtungszeit betrug 191 Minuten, wobei das Repertoire der aggressiven Handlungen alle Tätlichkeiten mit einbezog, die unter 1) beschrieben wurden.
Immerhin betrug die Anzahl der Aggressionen, die nur etwa zu einem
Drittel als scherzhaft zu interpretieren waren, 166 Akte. Zehnmal weinte
ein Kind als Opfer der Aggression. Ferner schreibt Eibl, daß er aggressive
und friedliche Phasen des Spieles beobachten konnte. Ich möchte ausdrücklich betonen, daß an manchen Tagen die Kinder in den Spielgruppen außerordentlich aggressiv, an anderen Tagen äußerst friedlich sind
und man kaum einen aggressiven Akt zwischen ihnen beobachten kann.

So verhielten sich z. B. die Kinder in der Zeit der Umsiedlung der
Takatswane-Gruppe nach Bere (1972) ausgesprochen aggressiv, und es
kam zwischen den Kindern der ehemaligen Takatswane-Gruppe und der
neu hinzugekommenen Okwa-Gruppe zu vielen Konflikten. Es herrschte
eine allgemein schlechte Stimmung. In den folgenden Jahren gab es dies
nicht mehr. Die Kinder spielten friedlich miteinander; natürlich kam es
wiederholt zu Streitereien, aber die starke Spannung zwischen
den Gruppen hatte sich gelöst. Dies zeigt, wie wichtig es ist, eine Gruppe
über mehrere Jahre und zu verschiedenen Zeiten zu beobachten, sonst
ergibt sich leicht ein einseitig verzerrtes Bild. Deutlich kommt jedoch
in den Auseinandersetzungen zum Ausdruck, daß selbst die friedlichen
Buschleute mit aggressiven Impulsen zu kämpfen haben. Wie ich schon
sagte, vollzieht sich die Sozialisation in den Kindergruppen. Erwachsene
zeigen bei ihren Auseinandersetzungen im allgemeinen nicht die Tätlichkeiten, die wir von den Kindern beschrieben. Ihre Auseinandersetzungen vollziehen sich meist verbal, oder sie sind scherzhaft aggressiv.

So wird sich eine von einem Mann geneckte Frau zwar einen Zweig oder einen Stock suchen, aber sie tut das meist lachend. Tut sie es ernst, dann stimmt das Lachen der anderen sie um, so daß die Auseinandersetzungen mit einem scherzhaften Drohen mit dem Stock enden. Schlägt die Frau den Mann, dann kann er dies lachend erdulden und es so als Scherz auffassen und in eine Spielbalgerei überführen, die oft sogar zu einer kleinen Schaustellung für die anderen wird. Neben herausfordernden Tätlichkeiten — sei es das Entreißen eines Gegenstandes, das Zuschlagen im Vorbeigehen oder dergleichen mehr — lösen auch verbale Herausforderungen bei den Kindern aggressive Handlungen aus, die nicht selten in Schlägereien ausarten.

Die !Ko verfügen über eine Reihe von Standardphrasen, mit denen sie andere beschimpfen.

Frauen beschimpfen einander, indem sie sagen:

»a maga i«	— (Du Scheiße).
»a sa a tshxa«	— (Geh und friß Scheiße!).
»n/aba kane ka a«	— (Ich mag Dich nicht).
»a/anate/auku be chune«	— (Deine Schamlippen sind so lang wie die eines Pavians).
»Hamaxei ga gau/anate«	— (Deine Klitoris ist das gleiche wie Scheiße).

Eingebürgert hat sich der abfällige englische Ausdruck »Blacksam«. Wie Männer einander beschimpfen, konnte ich als Frau nicht in Erfahrung bringen. Auch bei ihnen sollen sich viele beleidigende Redewendungen auf Mängel der Geschlechtsorgane beziehen.

Zwischen Jungen und Mädchen in der Pubertät sah ich oft sexuelle Herausforderungen aggressiver Art. Jungen wie Mädchen ärgern sich gegenseitig, indem sie einander in die Brust kneifen oder am Penis ziehen. Dies hat stets eine wilde Verfolgungsjagd zur Folge, die von wüsten Drohungen, wie »Ich töte dich« oder »Ich schlag dich« oder »You Blacksam«, begleitet wird. Haben sich Herausforderer und Herausgeforderter gefangen, dann balgt man sich eine Weile, wobei Mädchen wie Jungen den intensiven Körperkontakt sehr zu genießen scheinen. Die Mädchen kichern, schreien, kreischen und lachen, lassen sich zu Boden fallen und ziehen den Jungen meist zu sich heran. Dann wieder wimmern sie wie ein Kind, obgleich ihnen der Junge gar nicht wehtut, schreiend klagend, doch sobald der Junge sich von ihnen lösen will, schlagen sie schnell wieder zu und fordern ihn zu einer weiteren Balgerei heraus. Obwohl sich bei den !Ko Frauen- und Männergruppen streng voneinander trennen und man öffentlich keinerlei sexuellen Kontakt duldet, wird diese

Art pubertärer Spiele geduldet, da »es ja Spiel sei«. Sexuelle Kontakte zwischen Erwachsenen finden öffentlich nur in den Schau-Necktänzen statt (siehe S. 50). Darauf werde ich in der Diskussion noch zu sprechen kommen. Zwischen Mädchen und Jungen kommt es jedoch auch zu ernsten Tätlichkeiten. Im Sommer, wenn es schmerzhaft nesselnde Pflanzen gibt, machen es sich die Jungen oft zum Spaß, die Mädchen damit zu schlagen. Diese weinen dann und benötigen meist eine Weile, um den Schmerz zu überwinden. Andere Mädchen trösten die Geschlagene, und sehr oft konnte ich beobachten, daß dann eine Freundin die Verteidigung der Genesselten übernimmt. Sie bewaffnet sich mit einem Stock, verfolgt den Angreifer und schlägt ihn. Die Jungen erschrecken ferner die Mädchen gerne, indem sie sich an eine Mädchengruppe heranschleichen und plötzlich mit den nesselnden Pflanzen wedeln. Die Mädchen stieben dann auseinander und laufen fort, was die Jungen erheitert. Interessanterweise verfallen die bedrohten Mädchen ebenso häufig in ein beschwichtigendes »Kindchen-Verhalten«, indem sie schon lange vor einem Scheinangriff wimmern, sich »hilflos« zu Boden werfen und sich in einer »Demutsstellung« den Jungen präsentieren, die dann nicht zuschlagen. Geschlagen werden die Mädchen nur, wenn sie überrascht wurden und daher kein beschwichtigendes Verhalten zeigen konnten. Die Jungen stören die Mädchen auf vielerlei Art und immer wieder. Sei es, daß sie in einem Melonenspiel-Tanz (Dam) schnell der Werferin die Melone wegfangen und damit fortlaufen; daß sie einer Tänzerin ein Bein stellen oder auch nur den Rhythmus des Tanzes stören, indem sie sich in die Riege einzugliedern versuchen oder demonstrativ neben dem figurentanzenden Mädchen dessen Bewegungen nachäffen. Die Mädchen überschütten die Störenfriede dann mit Schimpftiraden, und die älteren unter ihnen gehen auf die Jungen los und schlagen nach ihnen. Diese ziehen dann lachend ab, und die Mädchen beginnen ihr Spiel von neuem. Zu den Strategien der Verteidigung gehört das Schutzsuchen hinter einer Spielgefährtin. Sie wählen dazu gerne eine Schwester des Angreifers, die sie quasi als Schild benützen. Dabei rechnet ein Mädchen mit der Schlaghemmung des Angreifers gegenüber seiner Schwester. Das bedrohte Mädchen schiebt die Schwester des Jungen vor sich her, und diese lacht meist den Bruder an und zeigt ein freundliches Gesicht. Der Junge steht dann seiner Schwester gegenüber und hält die Hand oder einen Schlagstock eine Weile drohend erhoben. Schließlich läßt er von seinem Vorhaben ab. Brüder verhalten sich überhaupt sehr ritterlich gegenüber den Schwestern und schlagen sie höchst selten in spielerischen Auseinandersetzungen. Wie ich schon erwähnte, ist das geschwisterliche Band sehr innig, sobald die Kinder in die Kindergemeinschaft

Abb. 64   *Schutzsuchen eines Mädchens hinter der Schwester des Angreifers. H. Sbrzesny, 16-mm-Film, 32 B/sec.*

a Das Mädchen Sam//ei (stehend, mit Kopftuch) hatte den Jungen N/u (mit Stock) verbal beleidigt. N/u geht auf sie zu, und Sam//ei sucht Schutz hinter !oan/u.

b Sama//ei hält sich an !oan/u fest und steht hinter ihr. N/u hat den Stock drohend erhoben. Seine Schwester !oan/u (weiße Bluse) lacht ihn an.

c Beide Gegner haben die Hände drohend erhoben. !oan/u lächelt ihren Bruder an. Die restliche Gruppe hat sich abgesondert und beobachtet die drei.

d Sama//ei und N/u bedrohen einander noch immer mit erhobener Hand. Nun
ergreift auch die Schwester von Sama//ei die Partei gegen N/u (dritte von
links). Allonoa streckt den Arm schimpfend gegen N/u aus.

e Die Spannung zwischen den Gegnern nimmt ab. N/u droht nicht mehr gegen
Sama//ei. Diese hält noch ihre Hand erhoben, aber nicht mehr direkt gegen
N/u drohend. Sie drohstarrt allerdings noch gegen N/u.

f Die Situation hat sich entspannt. N/u lenkt ab, indem er zu tanzen beginnt.
Nur Allonoa ist noch in einer gespannten Haltung (links im Bild).

g N/u räumt das Feld und geht weg. Die Situation ist bereinigt.

eingegliedert sind. Geschwister teilen häufiger Nahrung untereinander als mit anderen. Ein Mädchen beobachtete ich wiederholt dabei, daß sie stets ihrem Bruder einen Leckerbissen brachte, wenn sie gerade über Essen verfügte. Sie brachte ihm auch davon, wenn er sich nicht gerade in einer benachbarten Spielgruppe aufhielt. Der Junge revanchierte sich bei seiner Schwester mit Ritterlichkeit.

Viele Aggressionen zwischen den Kindern sind ausgesprochen spontan und unfreundlich. So entreißt z. B. ein Kind dem anderen einen Gegenstand, boxt oder schlägt es im Vorbeigehen. Das angegriffene Kind verteidigt sich daraufhin, und so eskaliert gelegentlich ein Streit. Andere Kinder ergreifen meist Partei. Die Mädchen halten stets zusammen und ergreifen immer füreinander Partei, wenn der Angreifer ein Junge ist. Ein Junge schlug einem Mädchen, das gerade mit zwei anderen Kameradinnen getanzt hatte, den Melonenball aus der Hand und benützte ihn als Fußball. Er bezog der Reihe nach von jedem der drei Mädchen Ohrfeigen. Ein anderer Junge schlug zwei Spielern des Fadenspiels in die Figur hinein, worauf die beiden ihm die Zunge zeigten und ihr Spiel fortsetzten. Mädchen untereinander können ebenfalls sehr unfreundlich sein. Sie entreißen einander Sachen, zwicken sich und spucken einander an. Viele der aggressiven Akte dienen offensichtlich dazu, den Partner herauszufordern. Der Herausforderer hänselt, neckt oder ärgert seinen Partner durch Wegnehmen von Dingen. Reagiert dieser darauf mit einem Gegenangriff, dann gibt das dem Partner den Vorwand, seinerseits heftig zu reagieren. Man hat den Eindruck, als suche der Herausforderer Streit, sei aber gehemmt, einen friedlichen Spielpartner zu überfallen. Erst wenn dieser selbst zu aggressiven Akten hingerissen wird, entfällt diese Hemmung, und der Partner kann seine Aggression ausleben (I. Eibl-Eibesfeldt 1972, S. 104). Größere Kinder übernehmen oft die Verteidigung eines kleineren, das von einem Partner gehänselt wird. So spielte ein 8jähriges Mädchen mit einem etwa 5jährigen Mädchen, das im Sand saß, mit einem papierenen Teil einer Flaschenhülle ein »Guck-guck-da-da-Spiel«. Die Ältere setzte der Kleinen die Hülle als Maske vor das Gesicht, nahm sie dann wieder ab und lachte die Kleine an. Dies ging einige Male hin und her, und beide erfreuten sich an dem Spiel. Ein 10jähriger Junge ging vorbei, riß rasch der Kleinen die Maske vom Gesicht und rannte damit weg. Die Kleine begann zu weinen. Das ältere Mädchen verfolgte den Jungen und gab ihm ein paar Ohrfeigen, entriß ihm die Maske und setzte sie der Kleinen wieder auf. Die Spielleiterin (N/an/ei) verteidigte Kinder aus »ihrer« Gruppe, wenn sie von anderen angegriffen wurden. Sie verfolgte meist den Angreifer, schlug ihn oder schleuderte einen Stock hinter ihm her. Sie bestrafte aber auch Mädchen ihrer Gruppe, die ihre Anweisungen mißachteten und zum Beispiel ein anderes Spiel anfingen, als sie es bestimmt hatte. Die Ungehorsamen wurden von ihr grob angerempelt. Sie schlug ihnen den Spielgegenstand aus der Hand oder teilte Ohrfeigen aus. So spielte sie einmal mit einer Gruppe Schaukeln in Bäumen. Zwei andere Mädchen begannen für sich den Melonenspiel-Tanz. Daraufhin schlug sie einer Tänzerin die Melone aus der Hand, hob sie auf und begann nun ihrerseits den Tanz, der so durch sie demonstrativ eingeleitet wurde.

N/an/ei reagierte auch sehr ungehalten, wenn ein Mädchen beim Melonentanz-Spiel einen Fehler machte. Sie beschimpfte es dann lautstark, und wenn es wiederholt Fehler machte, schubste sie das Mädchen mitunter aus der Tanzgruppe und ließ es nicht mehr mitspielen. Wenn ihr selbst ein Fehler unterlief, lachte sie verlegen und versuchte das Mißgeschick schnell zu übergehen. N/an/ei achtete auch darauf, daß sich die Kinder älteren Gruppenmitgliedern gegenüber richtig verhielten, und bestrafte Verletzungen des Anstandes. So gesellte sich einmal eine sehr alte Frau zu einer tanzenden Mädchengruppe. Ein etwa 8jähriges Mädchen tanzte im Reigen vor der alten Frau und warf dieser den Melonenball stets so ungeschickt zu, daß diese ihn nur mit größter Anstrengung auffangen konnte, oft mißlang es ihr. N/an/ei schimpfte das Mädchen zunächst aus und ermahnte es, sich anzustrengen. Als die Kleine darauf angespannter tanzte und ihr abermals ein Fehler unterlief, auf den jetzt selbst die alte Frau ärgerlich reagierte, zog N/an/ei die Kleine am Arm aus der Tanzgruppe und schubste sie grob von sich, so daß die Kleine stolperte und beinahe hinfiel. In den Kinderspielgruppen schreiten Geschwister oder ältere Spielgefährten (die Spielleiterin) oft ein, wenn zwei Kinder ernsthaft miteinander raufen. Sie bedrohen den Angreifer, schlagen und beschimpfen ihn. Gelegentlich ergreifen Freunde Partei, und man sieht dann zwei Gruppen, die einander drohend gegenüberstehen, jede hinter ihrem Schützling. I. Eibl-Eibesfeldt filmte eine solche Situation (siehe S. 116/117, 1972). Dabei bedrohten sich ein Junge und ein Mädchen. Ein anderes Mädchen drückte der Spielgefährtin einen Prügel in die Hand, mit dem sie in Schlagintention drohte. Ein Junge eilte nun zur Unterstützung des anderen herbei und drückte ihm ein größeres Objekt in die Hand. So bewaffnet übernahm der drohende Junge die Initiative und versuchte, das Mädchen durch Berührung am Kinn herauszufordern. Sie drohte indes nur weiter mit Schmollmiene, während sich bei ihm ein Schmunzeln über das Gesicht stahl. Hinter den Drohenden standen der Junge bzw. das Mädchen und schimpften, mit den Händen gelegentlich aufeinander weisend. Es herrschte jedoch eine Ausgewogenheit der Kräfte, eine Art Patt-Stellung; die Spannung löste sich schnell, das Mädchen wandte sich schmollend ab, und bald danach spielte man wieder.

Ein ähnliches Beistandsverhalten konnte ich auch zwischen Erwachsenen der G/wi-Buschleute und der benachbarten ≠anakwe beobachten. Herr Heunemann und ich filmten einen G/wi-Buschmann bei der Herstellung eines Lendenschurzes (D. Heunemann und H. Sbrzesny, in Vorbereitung). Dabei entkleidete sich der Mann, um sein neues Kleidungsstück anzulegen. Ich sah in diesem Augenblick höflich zur Seite, denn ich wußte, daß Hinsehen einen schweren Verstoß gegen die guten Sitten bedeutet hätte. Unser Dolmetscher, der bei den Filmaufnahmen assistierte, registrierte mein Verhalten sehr genau. Beim Umkleiden sah sich der Mann jedoch von einigen ≠anakwe-Frauen beobachtet. Er wurde äußerst wütend, schimpfte und schrie gegen die Frauen, und bald lief das ganze G/wi-Dorf zusammen und hörte sich seine Klagen an. Da jene ≠anakwe-Frauen lediglich zu Besuch im G/wi-Dorf geweilt hatten, empfand man ihr Verhalten als besonders unverschämt. Nicht nur der Dolmetscher ergriff die Partei des Mannes, sondern auch die Frauen seines eigenen Dorfes. Wütend standen sich die beiden Parteien gegenüber und beschimpften einander, bis endlich die Schuldigen das Feld räumten und sich langsam zurückzogen. Als sie in sicherer Entfernung waren, verspotteten diese die G/wi und besonders den Mann und zeigten die Zunge.

Darauf liefen einige G/wi hinter ihnen her, und die ǂanakwe-Frauen liefen eilig davon. Bemerkenswert war, daß der Dolmetscher in seinen Vorhaltungen mein richtiges Verhalten als Vorwurf gegen die ǂanakwe vorbrachte, da »sie doppelt schuldig wären, wenn selbst eine Außenstehende (wie ich) die Regeln des Anstandes wahrte und Buschleute wie sie dies nicht täten«.

Buschleute empfinden Beleidigungen oder Bedrohungen gegenüber anderen Gefährten so stark, daß in Kindergruppen selbst kleinere Kinder ein größeres angreifen, das einen anderen geschädigt hat. So ging ein etwa 5jähriges Mädchen zornig auf einen 14jährigen Jungen los und schlug auf ihn ein, weil dieser die 12jährige Spielgefährtin geärgert und beleidigt hatte und sie festhielt, als sie sich gegen seine Tätlichkeiten wehren wollte. Kinder gehen sogar auf Erwachsene los, die in spielerischer Aggression die Spielgefährten hänseln. Ein erwachsener Mann bespritzte ein 12jähriges Mädchen so lange mit Wasser, bis dieses schrie und sich gegen sein Verhalten wehren wollte, wozu sie allerdings keine Gelegenheit hatte, da der Mann immer mehr Wasser auf sie spritzte. Als das Mädchen schließlich weinte, ergriff ihre 10jährige Schwester sogleich einen Stock und schlug auf den Mann ein. Dieser ging schließlich lachend weiter. Das Weinen eines Geschädigten scheint überhaupt für andere ein Signal zu sein, in die Auseinandersetzung einzugreifen. Ehe es so weit ist, beobachten andere die Streitenden und lachen über sie. Sobald der Streit jedoch eskaliert oder einer der Streitenden zu Unrecht geschädigt wird, greifen die anderen ein. Wurde einer dagegen zu Recht bestraft, dann kümmerte sich meist keiner um den Weinenden. Ansonsten wird ein weinendes Kind oft getröstet. Insbesondere Mädchen nehmen sich seiner an. Die Verhaltensweisen des Tröstens sind: Zureden, Streicheln, Auflegen der Hand auf den Scheitel, Hand um die Schulter legen, Anbieten von Nahrung, bei Kleinkindern auch Aufnehmen, Tragen, Wippen und Küssen. Die Tröstenden setzen also die gleichen Verhaltensweisen ein, mit denen eine Mutter ihr Kind tröstet (I. Eibl-Eibesfeldt 1972, S. 118). Ich habe auch häufig beobachtet, daß die Tröstenden genau dieselbe Melodie sangen, mit denen Mütter weinende Kleinkinder trösten. Sich entschuldigen ist ein wichtiges Mittel der Beschwichtigung. Ein Junge sprang einem größeren bei einer spielerischen Rauferei in die Genitalien. Darauf stieß dieser in seinem Schmerz den anderen so heftig, daß er zu Boden fiel, sich verletzte und laut aufheulte. Daraufhin tätschelte und umfing der andere den Weinenden so lange, bis dieser sein Weinen einstellte und wieder Frieden herrschte. Der angegriffene Junge hatte offensichtlich erkannt, daß der andere ihn unabsichtlich gestoßen hatte. Die Versöhnungsbereitschaft der Buschleute ist auffallend.

Schimpfende pflegen meist im Anschluß an ihren Worterguß breit zu lächeln, was deutlich beschwichtigt. Unsere Gruppe paßte sich diesen Regeln der !Ko an, denn diese zeigten sich äußerst beunruhigt, wenn zwischen Mitgliedern unserer Gruppe Spannungen auftraten und sich gelegentlich zwei Personen ärgerlich die Meinung sagten. Sobald wir das mit einem versöhnenden Lachen oder einer scherzhaften Bemerkung beendeten, waren auch die !Ko wieder beruhigt. An spielerischen Aggressionen unsererseits nahmen sie lebhaften Anteil, und sie amüsierten sich sehr. Die !Ko versuchen oft, den Streit zwischen zwei Mitgliedern zu schlichten. Dies ist sowohl bei Erwachsenen als auch bei Kindern der Fall. So griff ein 11jähriger Junge in das eskalierende Spielraufen von zwei gleichaltrigen Kameraden ein, trennte sie voneinander, scheuchte beide in verschiedene Richtungen davon, und diese akzeptierten seine Entscheidung. Ich beobachtete wiederholt, daß ein Dritter in die Auseinandersetzungen von zwei Streitenden eingriff, sich zwischen die beiden stellte, ihnen beschwichtigend seine erhobene, einhaltgebietende Hand mit breit gespreizten Fingern entgegenhielt und wie sich daraufhin die Streitenden trennten.

In der !Ko-Buschmanngesellschaft achtet man auf bestimmte Umgangsformen. Eine Verletzung der guten Sitten kränkt den von der Mißachtung Betroffenen. Eine der üblichen Reaktionen ist, daß man den Beleidiger tagelang nicht mehr beachtet und nicht mehr mit ihm spricht. Ist jemand wirklich verärgert, so daß eine schnelle Versöhnung unwahrscheinlich ist, dann verläßt er nach H. J. Heinz das Dorf und entspannt damit die Situation. Um die Versöhnung bemühen sich oft Dritte. H. J. Heinz (1966) berichtet, daß Verärgerte ihren Kummer Freunden anvertrauen, die dann den Beleidiger aufsuchen. Sind ihre Bemühungen erfolgreich, dann wird er zu dem Gekränkten hingehen und freundliche Worte sprechen. Das Fehlverhalten einzelner wird abends am Feuer lautstark diskutiert und öffentlich angeprangert (I. Eibl-Eibesfeldt 1972, S. 120).

Hänseln und Ermahnen sind weitere wichtige Mittel der sozialen Kontrolle. Auch in der Buschmanngesellschaft neckt die Gemeinschaft denjenigen, der sich danebenbenimmt. Man hänselt eine Person, die gegen die Anstandsregeln verstieß, am Abend in der Runde am Lagerfeuer. Vergehen einer Person werden immer wieder durchgesprochen; so wird der Übeltäter stets daran erinnert. Auf diese Weise erzwingt man eine Angleichung an die Gruppennorm. Kinder werden häufig von Erwachsenen ermahnt, mit dem Feuer vorsichtig zu sein, sich nicht zu weit vom Dorfe zu entfernen oder mit einem Messer vorsichtig umzugehen. Damit halten sie die Kinder an, sich nicht durch ihr Verhalten in Gefahr zu bringen. Spielen Kleinkinder mit einem Messer oder mit Nägeln, reden die Erwachsenen ruhig auf sie ein, erklären ihnen die Gefährlichkeit des Objektes und lenken die Kinder von dem Gegenstand ab, indem sie ihnen einen Ersatzgegenstand in die Hand drücken und das gefährliche Objekt beiseite räumen. Sie gehen dabei behutsam und mit Bedacht vor, so daß das Kind sich nicht aggressiv herausgefordert fühlt. Sieht eine Mutter ihr Kleinkind mit einem gefährlichen Gegenstand spielen, so geht sie ruhig zu dem Kind, legt beschwichtigend eine Hand auf seine Schulter und ergreift den Gegenstand. Nie wird eine Mutter aus Angst ihrem Kind plötzlich den Gegenstand aus der Hand reißen, mit dem es sich spielerisch verweilt hat. Vielmehr sucht sie sofort nach einem Ersatzobjekt, drückt dieses dem Kind in die Hand und ergreift sanft den gefährlichen Gegenstand. Die Buschfrauen scheinen sich der Tatsache sehr bewußt zu sein, daß ein anderes Verhalten das Kind zur Verteidigung seines Eigentums veranlassen würde und daß es sicher frustriert wäre, wenn man ein intensives Spiel des Kindes so beenden würde. So sah eine Mutter ihren 1½jährigen Sohn mit einem Stück Holz spielen, aus dem ein rostiger Nagel ragte. Der Junge hatte damit im Sand gegraben. Die Mutter suchte ein anderes Stück Holz, gab ihm dies und nahm das andere Stück sanft weg. Sie entfernte den Nagel und legte das Holzstück wieder neben das Kind, so daß er mit diesem wieder hätte spielen können, falls er es bevorzugt hätte. Der Junge wollte aber nur graben, und die Mutter hatte durch das vorübergehende Auswechseln der Holzstücke sein Spiel nicht beendet.

Das Necken hat über die erzieherische Wirkung hinaus auch eine aggressionsableitende Funktion (I. Eibl-Eibesfeldt 1972, S. 121). Zwischen zwei Personen kann eine Scherzpartnerschaft bestehen, eine sogenannte »joking relationship« (H. J. Heinz 1966). Die Scherzpartner sind im allgemeinen sehr gut befreundet und dürfen sich eine Reihe von Freiheiten herausnehmen. Sie dürfen einander necken und herausfordern, wobei die Anlässe meist fingiert sind und somit keinerlei Verstöße eines Partners gegen die Gruppennorm vorliegen müssen. Die Freiheiten, die man sich gegenüber seinem Scherzpartner herausnehmen darf, würden einer anderen Person gegenüber eine Beleidigung darstellen. Spielerische Auseinandersetzungen von Scherzpartnern werden von der übrigen Gemeinschaft belustigt geduldet. Würde man zu einer Person, die nicht Scherzpartner ist, sagen: »Du hast den Kopf voll Läuse«, dann würde das eine grobe Beleidigung darstellen. Ein Scherzpartner lacht darüber. Manchmal gibt er vor, sich sehr zu ärgern, und sucht einen Stock zum Schlagen, wobei er sich mühsam das Lachen verbeißt. So kann eine harmlose Rauferei entstehen, und die übrigen Mitglieder sind über die kleine

Schaustellung sehr belustigt. Scherzpartnerschaften können zwischen Frauen bestehen, aber auch zwischen Mann und Frau. Bei meinem ersten Besuch leiteten einige Frauen eine Scherzpartnerschaft mit mir auf folgende Weise ein. Ich stand mit meiner Kamera neben einer Gruppe und wartete auf Ereignisse. Plötzlich tanzte eine Gruppe von etwa sechs Frauen auf mich zu, und ich drückte auf den Auslöser. Sie präsentierten mir ihr nacktes Gesäß und wackelten mit diesem hin und her. Eine sehr alte Frau entblößte ihre Genitalien, spreizte die Beine und harnte vor mir, wobei sie ständig auf mich einredete. Ich konnte nicht verstehen, was sie meinte, lachte freundlich, filmte und ließ die Zeremonie über mich ergehen. Da Dr. Heinz mich am Beginn der Reise informiert hatte, daß es unter den !Ko eine Beleidigung sei, das Gesäß zu bieten, verwirrte mich der Vorgang. Die Darbietung dauerte eine Weile, die Frauen lachten schallend, und plötzlich brachen sie ihr Verhalten ab und setzten sich, als wäre nichts gewesen, wieder wie zuvor zusammen. Als ich Dr. Heinz von dem Vorgang erzählte, lachte er und meinte, daß ich damit in die Frauengemeinschaft aufgenommen worden sei und nun zu diesen Frauen eine Scherzpartnerschaft bestünde. Bemerkenswert ist noch die Tatsache, daß mich die alte Frau nach der Schaustellung aufsuchte, mich tätschelte und auf mich in liebevollem Tonfall einsprach, wobei sie mir deutlich machen wollte, daß das ganze nicht ernst gemeint gewesen sei. Ich gab ihr zu essen, und damit war das Band restlos besiegelt. Scherzpartnerschaften sind bei den !Ko ein wichtiges Mittel, um Aggressionen abzuleiten. Heinz weist ferner darauf hin, daß Scherzpartner einander beibringen, Unfreundlichkeiten zu ertragen. Nicht alle Neckereien haben einen freundlichen Grundton. Kinder ärgern einander, indem sie einem anderen zuerst ein Fleischstück anbieten, dieses wieder entziehen und danach demonstrativ selbst essen. Dies ist ein schwerer Verstoß gegen die Regel, und der Betroffene reagiert auf diese Hänselei meist sehr heftig. Interessant ist, daß sich Neckereien, wie bei uns, vielfach verbal vollziehen. Verbale Herausforderung und Antwort ergeben eine Art Turnier, über die Aggression ausgelebt wird (I. Eibl-Eibesfeldt 1972, S. 121). Buschleute lachen einander oft aus. Das löst ebenfalls aggressive Spannungen. Man lacht über Mißgeschicke oder das Ungeschick anderer, gleich ob es sich um Kleinkinder oder Erwachsene handelt. Passiert einer Person ein Mißgeschick, etwa daß eine Frau Wasser verschüttet oder ein Mann sich beim Herstellen der Waffen mit dem Messer verletzt, so reagiert der Betroffene oft mit dem Ausdruck »Kadau«, was frei übersetzt »Verflixt nochmal« heißt. Die anderen wiederholen das »Kadau« und lachen herzlich. Meist stimmt der Betroffene in das Lachen der anderen ein, gelegentlich konnten wir jedoch beobachten, daß Ausgelachte ärgerlich wurden und sogar auf die Lachenden losgingen. Kleinkinder und Säuglinge werden ausgelacht, wenn sie etwas anstellen. Ältere Kinder würde man für das gleiche Verhalten bereits bestrafen. Es wird immer ausgelacht, wenn einer sich danebenbenimmt, wenn er ungeschickt ist, aber auch, wenn ihm ganz unverschuldet etwas zustieß (I. Eibl-Eibesfeldt 1972, S. 123). Auch die Kinder lachen einander herzlich aus, wenn ihnen ein Fehler unterläuft, vor allem beim Spielen. Macht eine Partnerin beim Melonenspiel-Tanz oder beim Seilspringen Fehler, lachen die anderen sie aus und deuten oft mit dem Finger auf sie.

Wenn ein Kind sich hervortut, etwa alleine tanzen oder seilspringen möchte und ihm dabei ein Fehler passiert, dann lachen die anderen schallend. Bei den Wetteifer- und Kampfspielen werden die Partner bei einem Versagen ausgelacht. Beim Patro-Spiel der Jungen lachen die Parteien einander aus, wenn eine Partei die Klötzchen der anderen nicht trifft. Das Lachen wird dann oft zum Verhöhnen und Verspotten (siehe folgendes). Man lacht schließlich herzlich in Situationen spielerischer Auseinandersetzung. Auslachen ist eine milde Form der Aggression. Sicherlich steckt im Lachen generell und im Auslachen im besonderen eine aggressive Komponente. Als Auslachen erfüllt es die gleiche Funktion im Dienste der Erhaltung der Gruppenhomogenität wie das Spotten, indem es dem Ausgelachten mitteilt, woran die Gruppe Anstoß nimmt – an seinem Ungeschick, an seiner Feigheit etc. (I. Eibl-Eibesfeldt 1972, S. 123).

Daß eine Außenseiterrolle auch unverschuldet zustande kommen kann, ändert nichts an dieser grundsätzlichen Leistung. Scheinbar im Widerspruch zum vorher Gesagten steht der Umstand, daß Lachen zugleich ein Zeichen freundlicher Absicht und damit ein wichtiges Spielsignal ist. Lachen zeigt eine entspannte Situation an, indem es signalisiert, daß etwas nicht ernst gemeint ist. Während Auslachen deutlich aggressiv ist und dies vom Ausgelachten auch so empfunden wird, verbindet das gemeinsame Lachen. Ein und dasselbe Verhalten hat also in verschiedenen sozialen Zusammenhängen eine verschiedene Bedeutung. Lachen kann als Auslachen feindlich, als Miteinanderlachen freundlich gemeint sein. Das ist ein scheinbarer Widerspruch, der sich auflöst, wenn man sieht, daß sich auch das verbindende Lachen als umorientiertes Drohverhalten deuten läßt. I. Eibl-Eibesfeldt schreibt dazu: »Die Gruppe, die jemanden auslacht, ist über ihre Aggression gebunden. Spielerisch Raufende scheinen ihr Lachen nicht als gegeneinander gerichtet aufzufassen. Sie lachen vielmehr gemeinsam über etwas. Für solch bindende Umorientierung der Aggression gibt es mittlerweile aus dem Tierreich eine Reihe von Beispielen« (K. Lorenz 1961; I. Eibl-Eibesfeldt 1970 und 1974).

Das Spottverhalten des Menschen ist sowohl wegen seiner Funktion als auch wegen der dabei eingesetzten Verhaltensweisen von besonderem ethologischen Interesse. Neben der erzieherischen, normerhaltenden Funktion kann man auch eine aggressionsableitende feststellen (I. Eibl-Eibesfeldt 1972, S. 127). Die !Ko-Kinder verspotteten Eibl 1971 durch Schamweisen und sexuelles Präsentieren. Das tun sie auch untereinander. Sexuelles Verspotten und sexuelles Nachäffen sind in der !Ko-Kindergemeinschaft häufig und eine Herausforderung für denjenigen, gegen den sie gerichtet ist. Die Jungen und Mädchen verspotten sich auf diese Weise.

Ms Wily erzählte mir, daß sich Mädchen einen künstlichen Penis, sei es einen Stock oder eine Plastikspritzflasche, zwischen die Beine klemmten und damit vor den Jungen auf und ab gingen. In die Flasche füllten die Mädchen einmal sogar vorher Wasser und verspritzten dieses, indem sie mit den Schenkeln gegen die Flasche drückten. Die Jungen machten die Gangart der Mädchen nach, sie mokierten sich über deren Brüste, ihre Art zu lachen, die sie durch übertriebenes Gesichterschneiden nachäfften. Sie verspotteten pubertierende Mädchen, indem sie sich Melonen vor die Brust hielten oder aus festem Gras einen Busen nachbauten und ihn in die neuerdings getragenen Hemden steckten. Die Mädchen verspotten einander durch Zeigen der Scham. Normalerweise achtet jedes Mädchen ab etwa 6 Jahren, daß es beim Hinsetzen oder Spielen stets seine Scham durch das Schamschürzchen oder ein Stück Stoff bedeckt hält. Damit folgen sie dem Vorbild der erwachsenen Frauen, bei denen das zu einer automatischen Handlung geworden ist. Als einmal ein Mädchen aus Versehen beim Schaukeln seine Scham zeigte, lachten sie zwei andere Kameradinnen aus. Daraufhin unterbrach das Mädchen sein Spiel, stellte sich demonstrativ vor die beiden hin und reckte ihnen abwechselnd die Scham und das Gesäß entgegen. Daraufhin antwortete eine der beiden anderen, indem sie ihr ebenfalls die Scham und das Hinterteil zeigte. Die Betroffene lachte, und am Schluß setzten sich die drei zusammen und lachten herzlich. Oft führt das Verspotten zur Demütigung des Partners. Ein Mädchen der Gruppe hat eine verkrüppelte Hand und ist deshalb oft Zielscheibe des Spottes. Als einmal alle Kinder einer Spielgruppe sie nachäfften, indem sie unter schallendem Gelächter die Finger verkrümmten, so daß ihre Hände der Hand des Mädchens ähnelten, war das Mädchen so getroffen, daß es sich niedergeschlagen von der Gruppe entfernte und sich einen ganzen Tag vom Spielgeschehen fernhielt.

Jungen stellen einander gerne sexuell bloß. Sie schlagen mit einer schnellen Bewegung den Lederschurz eines anderen auseinander, so daß dessen Genitalien sichtbar werden. Das tun sie oft, wenn Mädchen in der Nähe sind, die dann herzlich darüber lachen. Bei solchen Bloßstellungen konnte ich selbst ältere Jungen völlig aufgelöst weinen sehen; selbst Burschen, die sonst nur bei heftigem, ins Schmerzhafte eskalierendem Schlagabtausch weinten. Die Demütigung schmerzt psychisch. Ranggleiche, etwa 14jährige Jungen pflegen das Wegschlagen des Lendenschurzes mehr als ritualisierte Auseinandersetzung. Dabei schlägt einer herausfordernd in Richtung des Schurzlatzes, während der andere auszuweichen versucht. Ist es dem Angreifer doch gelungen, ihn zu entblößen, dann eilt der betroffene Junge schnell hinter einen Busch, lacht verlegen und richtet sich seinen Lendenschurz, um erneut das »Spiel« fortzusetzen.

Ein Junge demütigte einmal ein Mädchen, mit dem er scherzhaft gerauft hatte, indem er sie über seine Schulter legte, ihr das Schamschürzchen hochklappte und sie mit entblößten Genitalien vor den anderen auf und ab trug. Das Mädchen schrie und strampelte, doch der Junge war stärker als sie.

Jungen attackieren bei Auseinandersetzungen oft die Geschlechtsorgane des Partners. Ich sah des öfteren, daß einer dem anderen durch Zwicken, Ziehen oder Schlagen in die Hoden bewußt Schmerz zufügte. In spielerischen Auseinandersetzungen reiten Jungen oft aufeinander auf, wobei sie den Partner noch mit einer Hand in die Beuge drücken. Jungen versuchen auch einander oder den Mädchen gegenüber phallisch zu imponieren. Sie ziehen dabei vor dem Partner ein Bein hoch und spreizen den Oberschenkel ab. Dies wiederholen sie einige Male. Auf das phallische Präsentieren beim Verhöhnen eines Partners bin ich bereits in der Beschreibung der Spiele eingegangen (siehe S. 143).

Eine interessante Reaktion auf Aggressionen und Tätlichkeiten anderer ist das Rachenehmen. Ein 8jähriger Junge schlug einem Gleichaltrigen mit einem Stein auf den Kopf. Noch bevor der Angegriffene reagieren konnte, rannte der Angreifer mit seinem Freund davon. Der Betroffene bewaffnete sich daraufhin ebenfalls mit Steinen und wartete auf die beiden. Als diese nach einiger Zeit zurückkamen, empfing sie der Junge mit einem Hagel von Steinen, wobei er keinen Unterschied in der Behandlung des Angreifers und dessen Freundes machte. Die beiden verzogen sich daraufhin eilig.

Die !Ko verfügen über eine Reihe von Geschicklichkeits-, Wetteifer- und Kampfspielen, denen eine spannungslösende Funktion zukommt. Dabei bekämpft man sich in einer ritualisierten Form oder wetteifert um eine Leistung. Wetteiferspiele kann man durchaus als stark ritualisierte Kampfspiele auffassen. Man wetteifert gemeinsam um eine gute Leistung. Die Wettkampfspiele sind von ihnen dadurch unterschieden, daß

Personen einander gegenübertreten und sich nach genauen Spielregeln gegenseitig bekämpfen, bis einer oder eine Partei siegt. Man bekämpft sich in einer ritualisierten Form, die Spielregeln müssen eingehalten werden. Man mißt sich in diesen Spielen nicht direkt körperlich, sondern gebraucht sein Geschick, seine Ausdauer und seine Konzentration. Die aggressive Komponente dieser Spiele ist in den begleitenden Ausdrucksbewegungen deutlich ablesbar. Man beschimpft sich während des Spieles scherzhaft, fordert sich heraus, protestiert gegen Regelverstöße, verlacht und verspottet den Gegner bei Fehlern. Der einzelne oder die siegende Partei jubelt über den eigenen Erfolg, und die Verlierer ärgern sich (siehe auch Ausdrucksverhalten im Folgenden).

Wie ich bereits in der Spielbeschreibung erwähnte, verlaufen die Spiele mit viel Geschrei, und es geht sehr lebhaft zu. Die Spieler identifizieren sich voll mit ihrer Rolle.

Beim Figuren-Wettkampfspiel geben die Spieler ihrem »Schmerz« Ausdruck, wenn sie getroffen wurden, bzw. wirft der Sieger seine Beute mit einem Zeichen der Verachtung hinter sich, wenn er den Gegner abgeschossen hat (siehe Abb. 52, S. 153).

Auch beim Steinrechenspiel bekämpfen sich die Personen nicht direkt körperlich, sondern mittels eines dazwischengeschalteten Elementes, nämlich nach von beiden anerkannten Regeln. Zuschauer beobachten die Spieler, ergreifen Partei, beraten und lachen einen Spieler aus, der einen Fehler gemacht hat.

In reglementierten Wetteifer- oder Kampfspielen kommt es jedoch auch zu echten Aggressionen einzelner gegen Mitspieler. Beim Straußen-Spiel Goje stand z. B. ein Junge am Baum, an dem das Seil des kreisenden Spielers befestigt war. Sobald der Junge in der Straußenrolle an ihm vorbeisauste, gab ihm dieser Zuschauer einen Fußtritt. Nicht selten wird ein Spiel durch persönliche Auseinandersetzungen von zwei Spielern beendet.

Beim Versteckspiel »Blok-ma-patile« suchte ein Mädchen während mehrerer Spieldurchgänge die anderen Mitspieler, die sich jeweils verstecken durften. Ein Junge, der bereits von ihr »abgeschlagen« war, sah seinen Freund auf den Sandhügel zulaufen, wo er sich »freischlagen« wollte. Es war offensichtlich, daß das Mädchen ihn gesehen hatte und ihn »abschlagen« wollte. Sie wurde aber von dem Jungen festgehalten, so daß seinem Freund das Vorhaben gelang. Das Mädchen wurde daraufhin so wütend, daß es auf den Jungen einschlug, weinte und nicht mehr spielen wollte. Die anderen standen ratlos herum und forderten sie immer wieder zum Weiterspielen auf. Nur nach langem Zureden der anderen nahm sie das Spiel wieder auf, schimpfte aber pausenlos auf den Jungen, der sie festgehalten hatte, sobald sie mit diesem zusammentraf. Sie »schlug« diesen auch nicht mehr »ab«, obwohl er sich wie die anderen am Spiel beteiligte.

Geschicklichkeitsspiele, Wetteifer- und Kampfspiele führen aber normalerweise zu einem Abbau von Spannungen im Sinne einer Ventilfunktion[9]. In Spielen, wie dem Versteckspiel oder dem Perlenrate-Spiel n!alli werden künstlich Spannungen auf- und wieder abgebaut.

Zusammenfassend können wir sagen, daß die !Ko über sehr viele Spiele verfügen, in denen Aggressionen ausgelebt werden können, sei es, daß man andere auslacht, sich einander über Regeln und damit in ritualisierter Form bekämpft oder durch eigene Leistungen bestätigt. Einige Spiele dienen, wie gesagt, bewußt dazu, Spannungen auf- und abzubauen. Beherrschung und Selbstkontrolle werden in diesen Spielen geübt und schließlich Aggressionen ausgelebt.

Die !Ko leben ihre Aggressionen auch an den Hunden aus, zu denen sie eine sehr ambivalente Einstellung haben. Die kleinen Welpen lösen, wie erwähnt (siehe S. 128), zärtliche Zuwendung aus. Ein alter !Ko-Mann säuberte sogar seine Hunde mit Wasser. Doch war dies ein Ausnahmefall. Im allgemeinen werden die erwachsenen Hunde, die nicht mehr »niedlich« sind, sehr schlecht behandelt. Je nach Laune dienen die Hunde als Blitzableiter für Wut, schlechte Laune und ungerechte Behandlung durch andere !Ko. Sie schlagen ihre Hunde aber auch aus Langeweile und zur Belustigung. Sie schlagen die Hunde brutal mit Stöcken, treten sie mit Füßen und hetzen Hunde gegeneinander auf, so daß sie bissig werden. Nie kann ein Hund an einer Person vorbeischleichen, ohne daß ihm ein Prügel hinterher geworfen wird. Nie sah ich, daß die !Ko ihre Hunde regelmäßig füttern, selbst wenn sie genügend eigene Nahrung haben. Wir sahen sogar Hunde neben dem Lagerfeuer der satten !Ko Hungers sterben.

Dr. H. J. Heinz ermahnt die Buschleute immerzu, ihre Jagdgefährten zu füttern. Darauf erwidern die !Ko, daß sie selbst oft hungrig seien und die Hunde schon genug bekämen.

Bereits die Kleinkinder lernen von ihren Gruppenmitgliedern, daß jedermann ungestraft seine Wut an einem Hund auslassen darf. So schlägt man die Hunde und quält sie, ohne daß irgend jemand einschreitet. Wel-

---

[9] In der völkerkundlichen Literatur hat sich der Begriff »Ventilsitte« eingebürgert für Verhaltensweisen, die dazu dienen, Aggressionen innerhalb der Gruppe auf unschädliche Weise abzuleiten. Die Wetteifer- und Kampfspiele haben in diesem Zusammenhang oft Beachtung gefunden. Auch die Experimentalpsychologen haben in einzelnen Fällen die kathartische Wirkung ritualisierter Aggression nachgewiesen (Literatur siehe I. Eibl-Eibesfeldt 1975).

pen gegenüber zeigen die Kinder ein sehr ambivalentes Verhalten. So filmte ich, wie ein Kind eine kleine Hündin auf dem Schoß hielt, mit ihr spielte, aber sie zwischendurch an den Zitzen zupfte, am Schwanz zog, sie auf den Kopf schlug, um sie daraufhin wieder zu umarmen. Kleinkinder werden von älteren Kindern regelrecht unterrichtet, wie man Hunde quält. Die älteren machen es vor, und die kleinen ahmen es nach. So traurig es ist, die Hunde sind die wehrlosen Prügelknaben der !Ko.

XIII.2.c Gruppenbindung

Eine Reihe von Spielen der !Ko-Buschleute bekräftigen das Band zwischen Gruppenmitgliedern. Im harmonischen Zusammenspiel, etwa beim Tanz, wird die Gruppe zu einer übergeordneten Einheit. Solche »Synchronisationsrituale« werden bereits sehr früh geübt. Spiele wie »Guckguck-da-da« oder die Gib-Nimm-Spiele zwischen Mutter und Kind (siehe S. 226) sind Ausgangspunkte für Rituale dieser Art. In solchen Dialogen, die auch verbalisiert werden können, übt das Kind Zusammenspiel. Es kommt im Grunde bei allen Synchronisationsritualen darauf an, daß man den oder die Partner dazu braucht, weil jeder einen Part spielt, ohne den der andere nicht mitspielen oder fortsetzen kann. Tanzt eine Frau am Holzstamm, dann muß eine oder müssen mehrere andere ihr den Rhythmus klatschen. Wirft eine Frau den Melonenball, dann hat das ebenfalls zur Voraussetzung, daß andere den Rhythmus geben. Gleiches gilt für den Heuschreckentanz und für viele andere Spielformen. Hierbei nimmt einer oder einige wenige die Leistungen der anderen in Anspruch. Die Spiele folgen aber einer Reih-um-Regel, bei der die Person, die getanzt hat, wieder in der Reihenfolge zum Kreis der »Gebenden« zurückkehrt und damit einer anderen Person das Tanzen zum Rhythmus ermöglicht. Beim Tanz klatschen die einen, die anderen tanzen, und jeder Tänzer muß auf den anderen abgestimmt handeln, sonst »tanzt er aus der Reihe« und stört die Harmonie. Im Einklang handeln bindet.

Da nur derjenige, der in die Regeln solcher Spiele eingeweiht ist, mitmachen kann, dienen die Spiele zugleich der Gruppenabschließung. Die nicht in die Regeln eingeweihten Personen sind ausgeschlossen. So vermittelt die Beherrschung der Spielregeln den Spielern ein starkes Gefühl des Eingebettetseins in ihre Gruppe und damit ein Gefühl der Sicherheit.

Koordination und Subordination der Teile kennzeichnen einen Organismus. Im Verband gilt das gleiche für die Verbandsmitglieder. Zusammenarbeit, wie etwa bei einer Jagd, verbindet. Aufeinander abgestimmt handeln dient dabei interessanterweise nicht nur der Aufgabe, eine bestimmte Arbeit zu verrichten, die man allein nicht bewältigen kann, es wurde vielmehr oft zum Ritual im Dienste der Bindung. Dazu hat man in vielen Kulturen eigene Handlungsfolgen in Form von Tänzen und Spielen entwickelt, die in erster Linie diese bindende Funktion erfüllen (I. Eibl-Eibesfeldt 1972, S. 69). Eines der wichtigsten Rituale, die Einigkeit der Gruppe zu demonstrieren, ist bei den !Ko der Spießbock-Trance-Tanz. Hier bindet auch die gemeinsame Anstrengung im Kampf gegen Krankheiten. Es handelt sich dabei um eine Art religiöses Ritual mit hohem emotionellen Engagement und keineswegs um ein Spiel. Auf die kathartische Wirkung eines Trance-Tanzes haben G. Silberbauer (1965), H. Heinz (1966) und I. Eibl-Eibesfeldt (1972) hingewiesen. Spiele mit bindender Funktion sind die vielen Tanzspiele der Erwachsenen und der Kinder, wie der Melonenspiel-Tanz (Dam), der Heuschreckenspiel-Tanz (ǁoli) und das Figuren-Wettkampf-Spiel. All diesen Spielen liegen strenge Regeln zugrunde, die von den Mitspielern eingehalten werden müssen. Das erst schafft die Voraussetzung zu koordiniertem Handeln. Eine Person, die einen Fehler macht, also eine Spielregel verletzt, stört die Synchronie des Handlungsablaufes und löst dadurch Aggressionen aus (Auslachen, siehe S. 258).

Die Spieler koordinieren ihr Tun nach dem Ryhthmus, dem Singen und dem Klatschen. Im Takt zu bleiben ist für den einzelnen Spieler das oberste Gesetz. Halten sich alle an die Regel, dann funktioniert das Spiel. So muß eine Tänzerin beim Dam-Tanz ihre Schritte nach dem vorgegebenen Rhythmus ausüben, und sie muß im Takt die Melone der Partnerin weiterreichen. Die Tänzer des Heuschreckenspiel-Tanzes müssen im Takt ihre Figuren tanzen und ihre Bewegungen völlig aufeinander abstimmen, damit der Tanz gelingt. Die Tänze der Erwachsenen werden von den Kindern nachgeahmt. Sie gehören zu den beliebten Kinderspielen, und auf diese Weise erfolgt über den Erwerb der bindenden Riten eine Identifikation mit der Gruppe.

Zu den bindenden Riten gehören außerdem die Initiationsriten beim Eintritt der Geschlechtsreife. Hier wird vor allem die junge Frau (aber auch der junge Mann, siehe H. J. Heinz in Vorbereitung) nach einer Phase der formellen Absonderung neu in die Gesellschaft der Erwachsenen aufgenommen (siehe H. J. Heinz 1966; G. B. Silberbauer 1965 und H. Sbrzesny 1974). Die Gruppe überträgt der jungen Frau besondere Aufgaben, deren Erfüllung für die Gemeinschaft von Bedeutung ist. So muß die Menstruierende während dieser Tage ein Kopfschild, ein paar Ledersandalen und einen Lauskratzer tragen. Wenn sie das Kopfschild nicht gewissenhaft trägt, wird die Sonne im nächsten Jahr besonders heiß brennen; trägt sie die Sandalen nicht, werden viele Disteln und Dornen an den Büschen sein, und wenn sie beim Jucken ihre Finger zum Kratzen benützt und nicht den dafür vorgesehenen Lauskratzer, wird viel Ungeziefer die Gruppe heimsuchen. Damit begibt sich die Gemeinschaft in ein symbolisches Abhängigkeitsverhältnis zu der zunächst von ihr ausgeschlossenen jungen Frau, der damit eine Verantwortung aufgebürdet wird. Sie muß sich während dieser Tage mit der Gesellschaft identifizieren, in die sie wieder aufgenommen werden will. Durch Tänze, Gaben und dgl. wird danach demonstriert, daß sie wieder Mitglied dieser Gesellschaft ist, und man bekundet durch Anteilnahme und gemeinsame Handlungen Einigkeit.

Einigkeit einer Gruppe wird auch durch Ausschluß der Außenseiter demonstriert, die man nicht mitspielen läßt. Wird einer, etwa weil er störte oder aus einer Laune der Mitspieler, vom Spiel ausgeschlossen, dann leidet er sehr. Er bemüht sich, wieder in den Gruppenverband aufgenommen zu werden.

1972 war der jüngere Bruder von Tschoade, der damals etwa 10jährige Chara ein Außenseiter. Sein damals etwa 14jähriger Bruder Tschoade hatte mit drei anderen Jungen der gleichen Altersstufe Freundschaft geschlossen und war oft mit ihnen beisammen. Chara versuchte sich immer wieder an diese Gruppe anzuschließen, wurde aber oft brutal abgewiesen. So teilten die anderen nicht mit ihm ihr Essen, übergingen ihn demonstrativ und ließen ihn nicht an ihren Spielen teilnehmen. Einmal spielte diese Jungengruppe mit anderen Jungen und Männern das Straußenspiel Goje. Die vier Jungen unternahmen alles, um Chara vom Spiel auszuschließen. Sie schubsten ihn aus dem Spielkreis; er durfte nicht, obwohl er sich darum bemühte, den Strauß im Fangseil spielen, und als er als Jäger mitlaufen wollte, beendeten die anderen ihr Spiel, sobald Chara auch nur anlief. In seiner Verzweiflung setzte sich Chara zuletzt mitten in die kreisäußere Laufspur des Straußes, so daß die anderen nicht ungehindert spielen und laufen konnten. Die Jungen versuchten immer wieder, Chara aus dem Spielfeld zu tragen, aber jedesmal, wenn sie erneut anfangen wollten, krabbelte Chara in das Spielfeld zurück, und die anderen konnten nicht spielen. /rale, ein hervorragender Spieler und zugleich ein äußerst gutmütiger und lustiger Mann, hatte den Jungen das Spiel als Strauß vorgeführt und sich nach einer Weile als Zuschauer hingesetzt. Als er den Konflikt wahrnahm, bemühte er sich in liebevoller Weise, den inzwischen weinenden Chara zu beruhigen und ihn aufzumuntern. Er setzte sich in die Schlaufe, krabbelte und schwang sachte auf den Jungen zu und beknabberte ihn jedesmal lachend, wenn er auf ihn stieß, so daß Chara nach einer Weile über ihn lachen mußte. Daraufhin nahm /rale ihn bei den Schultern und drängte ihn sanft, aber bestimmt an den Rand des Spielfeldes. Er redete noch eine Weile auf Chara ein, hielt ihn umfangen, und die anderen begannen ihr Spiel von neuem, Chara blieb jedoch weiterhin von der Teilnahme ausgeschlossen. Es ist bemerkenswert, daß ǀrale den Jungen zwar aufmunterte, aber die anderen nicht aufforderte, Chara mitspielen zu lassen. Erwachsene mischen sich nicht in Kinderangelegenheiten ein. ǀrale respektierte die Entscheidung der anderen Jungen, hatte jedoch Mitleid mit dem Ausgestoßenen. Warum Chara damals von den anderen ausgeschlossen wurde, ist mir nicht bekannt. Im nächsten Jahr spielte er ganz normal mit den anderen.

Die Mädchen lassen im allgemeinen die Jungen nicht an ihren Tänzen teilnehmen und reagieren oft ärgerlich, wenn sich diese in ihre Spiele einmischen wollen. In vielen Fällen leiten diese Störungen scherzhafte Auseinandersetzungen ein. Selten dulden die Mädchen oder Frauen, daß eine männliche Person für kurze Zeit mitspielt. Doch drängen sie diese Person auch dann nach einer Weile aus ihrer Gruppe. Die Jungen verhalten sich gegenüber mitspielenden Mädchen permissiver. So konnte ich filmen, wie eine Mädchengruppe beim Stockschnellen der Jungen mitmachte. Sie warfen sehr schlecht, die Jungen blickten sich vielsagend an, grinsten und setzten ihr Spiel nicht ohne überlegenen Stolz fort. Ausschließlichkeitsprinzipien nach dem Geschlecht gelten auch für bestimmte soziale Rituale. Nie wird ein Mann bei der Geburt eines Kindes im Dorf dabei sein. Das ist ausschließlich Sache der Frauen. Auch in den ersten Tagen der Mädcheninitiation halten sich die Männer und Jungen von der Hütte des Mädchens fern, und erst beim abschließenden Tanz machen sie mit. Frauen ist es streng verboten, an einer Männerinitiation teilzunehmen oder auch nur in der Nähe der Initianten zu sein. Bei meinem letzten Besuch der !Ko fand eine Männerinitiation statt, wobei die Männergruppe ihr rituelles Tun an drei verschiedene Orte weit abseits des Dorfes in den Busch verlegte. Die !Ko befürchteten, ich würde vielleicht dieses Ritual sehen oder filmen. Dr. Heinz und Herr Heunemann, die die Initiation filmten, konnten die !Ko schließlich davon überzeugen, daß ich das Tabu voll respektierte und sie mir nichts davon erzählen würden.

Gruppen werden auch über Mutproben gebildet. So saßen Jungen und Mädchen in der Runde um ein Feuer. Einer nahm ein Hölzchen, steckte es in die Glut und führte das brennende Ende zum Mund, blies seine Backen auf und hielt das Hölzchen für einen Moment in seiner Mundhöhle. Diese Feuerprobe ging rundum. Einige Mädchen und einige Jungen wagten sie nicht. Die »Feiglinge« wurden ausgelacht. Diejenigen, die sie gewagt hatten, waren die Mutigen, die anderen die Angsthasen.

Stolz lachten sich die Mutigen an, fühlten sich offenbar sehr befriedigt. Durch diese Mutprobe stellten sie sich gegenüber den anderen als eine bestimmte Gruppe heraus. Bei Wetteifer- und Wettkampfspielen demonstrieren die gegeneinander spielenden Gruppen Einigkeit. Jeder Spieler identifiziert sich mit dem Schicksal seiner Gruppe. Beim Patro-Spiel müssen die Spieler den Fehler eines Kameraden mit tragen, ebenso aber haben sie an der guten Leistung eines Mitspielers teil. In den Gesten und Mienen der Spieler kommt das deutlich zum Ausdruck. Die Mitspieler ermuntern den Schützen, sie geben ihm Ratschläge, machen ihn auf eine gute Wurfchance aufmerksam, beschwichtigen ihn durch Umarmen, wenn sein Wurf mißlung, oder schimpfen ihn aus, wenn er leichtfertig eine gute Möglichkeit vergab, und sie schlagen ihm bei einer guten Leistung anerkennend auf die Schulter. Sie reichen ihm ihre eigenen Klötzchen, wenn seine ausgehen oder ihm in der Aufregung zu Boden fielen. Man zeigt sich engagiert. So konnte ich filmen, wie ein Patro-Spieler beim entscheidenden Wurf seines Kameraden, der für die Gruppe den Sieg brachte, sich so freute, daß er die anderen Spieler lauthals verhöhnte und dabei phallisch präsentierte.

Beistandsverhalten demonstriert ein besonderes persönliches Band. Die Verteidigung eines anderen gegen einen Angreifer heißt: Ich steh' dir bei, ich helfe dir, ich identifiziere mich mit deinem Schmerz. Das gilt auch für das Trösten eines anderen. Die Appelle eines Weinenden und Mißhandelten zeigen neben dem Schmerz über das zugefügte Unrecht auch den Wunsch nach Anteilnahme, die zugleich bestätigt, daß das Band zum Tröster in Ordnung ist. So bekunden Mädchen ihre Anteilnahme am Schmerz einer Freundin durch Mitwimmern. Dies ist nicht nur ein Mittel, einen Aggressor im vorhinein zu beschwichtigen, falls man fürchtet, ebenfalls angegriffen zu werden. Ich konnte auch anteilnehmendes Mitwimmern beobachten, wenn der Aggressor nach seiner Tätlichkeit schnell davongelaufen war.

Freundinnen bekunden ihre Verbundenheit ferner, indem sie ihren Melonenbabies den Namen der Freundin geben. Wir demonstrieren unsere Familienbindung und die Zusammengehörigkeit in unserer Kultur auf ähnliche Weise, indem der Enkel den Vornamen oder Zweitnamen nach dem Großvater oder der Großmutter erhält. Dies ist auch im wirklichen Leben der !Ko der Fall. Hier tragen gelegentlich die Enkelkinder den Namen eines der Großeltern oder aber einer befreundeten, alten, geschätzten Person der Gruppe.

Bei den Tänzen drücken Freundinnen deutlich aus, daß sie aufeinander eingespielt und damit miteinander verbunden sind. So tanzten zwei Freundinnen mit anderen Mädchen den Melonenspiel-Tanz. Sie standen jedoch im Kreis nicht hintereinander. Eine Vordermännin warf einem Mädchen wiederholt die Melone so ungeschickt zu, daß sie den Ball nicht fangen konnte. Das Mädchen wechselte daraufhin nicht zu einer beliebig anderen, sondern reihte sich vor die Freundin ein, mit der sie dann fehlerlos weitertanzte, da sie ja mit ihr eingespielt war.

Wir haben die Bereitschaft zur Nachahmung der Spiele der Erwachsenen durch die Kinder bereits kurz angesprochen. Darin drückt sich die Bereitschaft zur Identifikation mit der Gruppe aus. Auch in den Kindergruppen wird die Spielidee eines einzelnen von den anderen aufgegriffen und nachgeahmt. Die Kinder werden durch das Klatschen oder Singen eines anderen in sozialer Ansteckung mitgerissen, und im Nu ergibt sich ein Tanz- oder Rhythmusspiel. Das Singen bindet. Kennt man die Melodie oder den Gesang, kann man miteinstimmen und gehört somit zum Kreis. Es ist ein wichtiges Mittel zum Kontakt, wie wir es bei der Stimmfühlungnahme bereits besprochen haben (siehe S. 227). Die Kinder singen auch, wenn sie im Busch umherstreifen und wenn sie sich zu einem Spiel in den Busch entfernt haben. So weiß ein anderer sofort: Da ist eine Gruppe, da sind meine Kameraden. Sehr oft konnte ich beobachten, daß ein alleine herumstreifendes Kind durch den Gesang einer Gruppe auf diese aufmerksam wurde, auf diese zuging, auf dem Weg zu ihr bereits in den Gesang einstimmte und sich damit in die Gruppe einführte. Singen ist oft auch ein Teil des Begrüßungsrituals. So wanderte eine Mädchengruppe aus dem Okwa-Dorf in das Takatswane-Dorf, wo die Kameraden in einer großen Gruppe zusammensaßen. Schon von ferne sangen sie; als sie in Sichtweite waren, stimmte die Takatswanegruppe in das Singen ein, und bald hatten sich alle zu einer spielenden Gruppe zusammengetan. Gemeinsames Singen bindet.

XIV. Die Motivation der Spiele
und Ausdrucksverhalten

Wir wollen zuerst theoretisch die Motivation der Spiele erörtern und schließlich anhand der darzustellenden Bilderfolge einige typische Beispiele des entsprechenden Ausdrucksverhaltens zeigen.

In unserer Diskussion der Spieltheorien haben wir auch die Motivationstheorien des Spieles erörtert (siehe S. 15–18). Wieweit stützen nun die an den Buschleuten gemachten Beobachtungen die dort vorgetragenen Thesen? Ich darf sie kurz in Erinnerung rufen.

Es herrscht allgemein die Ansicht, daß das Spielen eine eigene, von den primären, die physiologischen Bedürfnisse steuernden Trieben unabhängige Motivation besitzt. Tatsächlich spielen Tiere nicht, wenn sie sehr hungrig, sexuell motiviert, stark ängstlich oder stark aggressiv motiviert sind. Allerdings gilt dies für den Menschen nur mit gewissen Einschränkungen, wie wir gleich sehen werden.

Wir erwähnten ferner, daß Spiel und Neugierexplorieren nach Funktion und Motivation als verwandt angesehen werden, wobei ich allerdings die Einschränkung machte, daß man doch zwischen Spiel und Exploration unterscheiden könne. In fremder Umgebung exploriert ein Tier – es spielt jedoch erst, wenn ein bestimmter Vertrautheitsgrad erreicht ist. Sehr viele Spiele tragen explorativen Charakter und wurden offenbar dazu entwickelt, Erfahrungen bei der Auseinandersetzung mit der unbelebten Umwelt, mit dem eigenen Körper und schließlich auch mit Artgenossen zu sammeln. Neugier spielt dabei, wie das rege spielerische Experimentieren mit neuen Objekten zeigt, sicher eine große Rolle. Was dem physiologisch beim Menschen entspricht, wissen wir nicht, doch gibt es wertvolle Hinweise aus Tierversuchen.

B. R. Komisaruk und J. Olds (1968) fanden, daß dem Explorierverhalten eigene Neuronengruppen zugeordnet sind. Wenn Ratten explorieren, dann können die Genannten vom lateralen Hypothalamus und von der preoptischen Region elektrische Aktivität registrieren. Elektrische Reizung dieser Region wird lustvoll erlebt, denn wenn sie Gelegenheit zur Selbstreizung haben, lernen die Ratten schnell, sich durch Hebeldrücken den Reiz zu geben. Spielende Tiere zeigen ferner oft ein starkes Bewegungsbedürfnis, weshalb sehr oft ein allgemeiner »Bewegungsdrang« als Ursache angenommen wurde (M. Meyer-Holzapfel 1956).

Daß die lokomotorische Aktivität der Wirbeltiere eine spontane Grundlage in den spontan aktiven Motoneuronen hat, gilt durch die Untersuchungen Erich v. Holsts (1939) als erwiesen.

Die Beobachtungen an den Buschmannkindern belegen ebenfalls ein starkes Bewegungsbedürfnis, das auf ähnliche Weise angetrieben sein könnte. Mehr läßt sich dazu aus der Beobachtung nicht sagen.

Neugier und Bewegungsdrang würden für viele Spiele der Buschleute eine ausreichende Grundlage abgeben, und zwar gilt dies für die Appetenz zu Spielen mit explorativem Charakter: also für die Bewegungsspiele und das spielerische Experimentieren. Bei Tieren fällt auf, daß sie, wie bereits erwähnt, im Spiel gelernte und angeborene Verhaltensweisen verschiedener Funktionskreise frei kombinieren, Bewegungsweisen, die einander im Ernstfall ausschließen. Sie zeigen auch Verhaltensabläufe der Aggression oder des Flüchtens, ohne daß es zu Endhandlungen kommt oder abschaltende Endsituationen erreicht werden. Das heißt, der spielerisch Flüchtende verbirgt sich nicht, sondern kommt gleich wieder zum Vorschein und sucht seinen, ihn verfolgenden Spielpartner, wenn dieser den Kontakt verlor. Es wechseln ferner unentwegt Angreifer und Verfolger die Rollen, was im Ernstfall nicht zu beobachten ist. Bei vielen Spielen der Buschmannkinder bietet sich das gleiche Bild. Diese und andere Beobachtungen haben zu der Annahme geführt, daß im Spiel die Verhaltensweisen von anderen als den ihnen normalerweise vorgesetzten Instanzen aktiviert werden (I. Eibl-Eibesfeldt 1951, 1974). Sie sind gewissermaßen von ihren im Ernstfall zugeordneten Antrieben abgehängt und werden damit zum Experimentieren frei verfügbar. Die Spiele, bei denen gelernt wird, haben demnach eine von den Primärtrieben (Hunger, Aggression, Sexualtrieb, Flucht) unabhängige Motivation. Sie werden durch die Primärtriebe unterdrückt.

Nicht immer jedoch ist das Spielverhalten ganz vom autochthonen Antrieb abgekoppelt. Es gibt Spiele mit Instinktbezug (Ernstbezug). I. Eibl-Eibesfeldt belegte dies bereits 1950 anhand einiger Beispiele. Die Übergänge von Spiel zu Ernst sind oft recht fließend. Wieder liefern auch unsere Beobachtungen an Buschleuten dazu passende Belege.

Beim Menschen gibt es aber darüber hinaus eine Reihe von Spielen, die nicht in dieses Funktionsschema passen, obgleich sie vom Beobachter wie von den Spielern als Spiele bezeichnet werden. Es handelt sich um jene Spiele, die gerade dann besondere Freude bereiten, wenn man sie gut kann. Es wird in ihnen also nichts Neues erprobt.

Diese, nach genauen Regeln ablaufenden Spiele werden auch von den Erwachsenen regelmäßig gespielt, die nur wenig Interesse an reinen Bewegungsspielen und am spielerischen Experimentieren zeigen. Bei

Männern und Jungen handelt es sich vor allem um Kampf- und Wetteiferspiele, und die Annahme, daß dabei aggressive Motivationen ausgelebt werden, liegt nahe. Diese Spiele wären dann als »Ventilsitten« einzuordnen. Für die autochthone Motivation der Wettkampf- und Kampfspiele können die Ausdrucksbewegungen als Indikator dienen (siehe z. B. Triumph, in der Bilderfolge). Wir beobachten Mienen aggressiver Entschlossenheit; Ausdrucksbewegungen des Drohens und Spottens; Beschimpfung und Verhöhnung; ferner bei Sieg Triumphgehabe und Niedergeschlagenheit bei Niederlage.

Andere, nach Regeln ablaufende Spiele, die von Kindern und Erwachsenen gleich gerne gespielt werden, dienen, wie erwähnt, der Bindung. Sie sind sicher ebensowenig neugiermotiviert wie die vorgenannten Spiele. Man muß wohl eine eigene Motivation annehmen, die man vorläufig als »Bindetrieb« beschreiben kann.

Schließlich gibt es ausgesprochen sexuell motivierte Spiele. In Schau- und Necktänzen entblößen die Frauen ihr Gesäß und ihre Scham. Mädchen üben dies im Spiel. So stellte sich z. B. einmal ein etwa 15jähriges Mädchen vor einigen Burschen mit sexuellen Tanzbewegungen zur Schau, die gerade das Pfeilschnellen spielten. Sie sprang auf den von den Jungen aufgeworfenen Sandhügel, machte einige Tanzschritte, warf dabei ihr Gesäßschürzchen hoch, klatschte mit der flachen Hand wiederholt auf eine Gesäßbacke und posierte zuletzt nach vorne, wobei sie ihre Brust herausreckte (siehe Abbildung).

Zu hetero- und homosexuellem Kontakt kommt es bei Kindern, die einander erforschen, indem sie sich gegenseitig die Geschlechtsorgane zeigen.

Abschließend läßt sich sagen, daß unsere Beobachtungen an Buschleuten sicherlich dafürsprechen, daß das, was wir als *Spiel* bezeichnen, verschiedene Motivationswurzeln hat.

Bilderfolgen zum Ausdrucksverhalten

Es werden im folgenden Aufnahmen von Ausdrucksverhalten dargestellt, auf das im Text hingewiesen wurde.

1. Sexuelle Displays, Sich-zur-Schau-Stellen und Sexualspiele

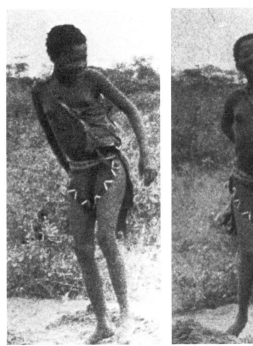

Abb. 65   *Tanzendes !Ko-Mädchen auf einem Sandhügel. H. Sbrzesny, 16-mm-Film, 50 B/sec.*

Die Aufnahmen a, b, c, d, e, f, g, h zeigen: Die etwa 15-jährige !oan/u stellt sich vor Burschen zur Schau, indem sie auf dem aufgeworfenen Sandhügel tanzt, sich wiederholt auf ihr Gesäß klatscht und zuletzt nach vorne präsentiert.

Abb. 66 *Sexuelles Display eines*
!Ko-Mädchens beim Melonenspiel-
Tanz. H. Sbrzesny, 16-mm-Film,
50 B/sec.

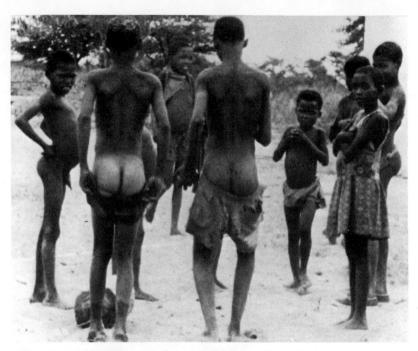

Abb. 67 *Zwei Jungen stellen vor anderen ihre Genitalien zur Schau.*
H. Sbrzesny, 16-mm-Film, 32 B/sec.

Abb. 68
Homosexueller Spiel-
kontakt zwischen zwei
Mädchen, I. Eibl-
Eibesfeldt, 16-mm-
Film, 50 B/sec.

276

Abb. 69   *Hetero-sexueller Spielkontakt zwischen einem Jungen und einem*
Mädchen. I. Eibl-Eibesfeldt, 16-mm-Film, 50 B/sec.   277

Abb. 70   *Phallisches*
Display eines Jungen an-
läßlich eines mißlungenen
Wurfes seiner Gegner
beim Patro-Spiel.
H. Sbrzesny, 16-mm-Film,
32 B/sec.

2. Gestik und Mimik beim Spiel

Abb. 71 *Herausfor-derung und Betroffenheit bei einem Abschieß-Spiel. H. Sbrzesny, 16-mm-Film, 50 B/sec.*

a *Der in der Mitte stehende Junge fordert das Mädchen, das ihre Hand mit einer Melone zum Abschußwurf erhoben hat, heraus.*

b *Der Junge versucht dem Geschoß auszuweichen, hat aber keine Chance.*

c *Der Junge wurde getroffen und führt als Zeichen seiner Verlegenheit seine Hand zum Gesicht und bedeckt den Mund.*

d Der Junge hält sich die Hand vor den Mund, entfernt sich aus dem Spielfeld, während das Mädchen jubelt.

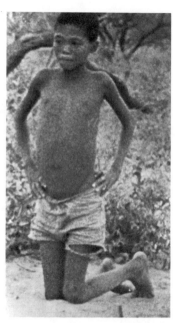

Abb. 72 Lässiges und gespanntes Abwarten vor dem Wurf des Gegners beim Patro-Spiel der Jungen. H. Sbrzesny, 16-mm-Film, 50 B/sec.

a Der linke knieende Junge hat seine Arme lässig vor der Brust verschränkt und erwartet lächelnd den Wurf der gegnerischen Partei.

b Der Junge hat seine Hände an den Hüften abgestützt und erwartet gespannt und mit leicht verkniffenem Mund den gegnerischen Wurf.

Abb. 73   *Freundliches Verspotten. H. Sbrzesny, 16-mm-Film, 50 B/sec.*

Die Aufnahmen a, b, c und d zeigen den rechtssitzenden Jungen N/u, wie er seine Gegner beim Patro-Spiel spöttisch verlacht. Bei a und b untermalt er mit erhobenem Zeigefinger seinen gelungenen Wurf.

Abb. 74 *Freudiges In-die-Hän-
de-Klatschen und Siegerpose
beim Patro-Spiel der Jungen.
H. Sbrzesny, 16-mm-Film,
50 B/sec.*

*a Der links sitzende Junge
klatscht vor Freude über einen
gelungenen Wurf seines Partners N/u (rechts) in die Hände.*

*b N/u freut sich, und sein links
sitzender Partner freut sich
ebenso und strahlt.*

*c N/u hat jubelnd beide Arme
hochgerissen, denn sein Wurf
ist gelungen.*

Abb. 75   *Ärgerlicher Gesichtsausdruck und wegwerfende Handgebärde bei einem mißlungenen Wurf beim Patro-Spiel. H. Sbrzesny, 16-mm-Film, 50 B/sec.*

a und b Tschoades Wurf ist mißlungen. Er ärgert sich über sich selbst und macht eine wegwerfende Handgebärde.

Abb. 76 Spannung, Über-
raschung und Freude.
H. Sbrzesny, 16-mm-Film,
50 B/sec.

a Gespannt verfolgt Tschoade
den Wurf seines Freundes
auf die Klötzchen der gegnerischen Partei.

b Mit weit aufgerissenen Augen und offenem Mund wartet Tschoade, ob der
Wurf seines Spielpartners gelingt.

284

c Strahlend lacht er über den gelungenen Wurf seines Freundes.

Abb. 77 *Das Zeigen mit erhobenem Zeigefinger.
H. Sbrzesny, 16-mm-Film,
50 B/sec.*

a *Wütend bedroht Tschoade
seinen Spielgefährten mit
erhobenem Zeigefinger.*

b *N/u untermalt mit erhobenem Zeigefinger, der gegen
die gegnerische Partei gerichtet ist, seinen gelungenen Wurf.*

Abb. 78 *Mißbehagen und
Betroffenheit beim Patro-
Spiel. H. Sbrzesny, 16-mm-
Film, 50 B/sec.*

a und b *Der links kniende
Junge Xauxi hat an den gegnerischen Klötzchen vorbeige-
schossen. Tschoade (Mitte)
schaut unbehaglich drein,
während sich N/u (rechts) be-
troffen die Hand vor den
Mund schlägt.*

Abb. 79 Anweisen, Auf-
merksammachen und Helfen
der Jungen innerhalb der eigenen Partei beim Patro-
Spiel.

a N/u hält seinen wurfberei-
ten Freund zurück und
weist ihn auf eine gute
Wurfchance hin.

b N/u macht seinen Spiel-
nachbarn auf den Wurf
seines Kameraden (links)
aufmerksam und deutet auf
die Klötzchen der Gegner.

c N/u will schießen, und sein
Spielkamerad (links) ver-
sorgt ihn mit weiteren
Klötzchen, die er ihm an-
bietet.

3. Spezielle Mimikstudien beim Spiel

Abb. 80 *Konzentration und Anspannung eines !Ko-Jungen beim Stockwurf-Spiel //ebi. H. Sbrzesny, 16-mm-Film, 50 B/sec.*

a *Konzentriert fixiert der Junge die Abwurfschanze.*

b *Mit gekrauster Stirn und eingezogener Unterlippe zieht der Junge seinen Stock hoch, um ihn wegzuschleudern.*

Abb. 81   *Eingezogene Lippe, Züngeln und angespannter Gesichtsausdruck bei einem Jungen beim //ebi Spiel. H. Sbrzesny, 16-mm-Film, 50 B/sec.*

Abb. 82 *Züngeln und sichtbare körperliche Anstrengung eines Jungen beim Stockwurf-Spiel //ebi. H. Sbrzesny, 16-mm-Film, 50 B/sec.*

a und b Xauxi bei seinem Wurf.

Abb. 83 *Gesichtsausdruck eines Jungen beim Stockwurf-Spiel //ebi. H. Sbrzesny, 16-mm-Film, 50 B/sec.*

a *Tsara feuert sich beim Laufen mit »sa, sa, sa« (geh, geh, geh) an. Die aggressive Komponente dieses Spiels wird an seinem Gesichtsausdruck besonders deutlich.*
b *Tsara holt mit dem Stock aus, um ihn auf die Schanze zu schleudern.*

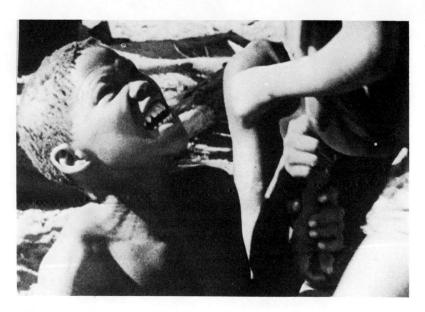

Abb. 84 Ein !Ko-Junge zieht vor einem Kleinkind eine Grimasse. H. Sbrzesny,
16-mm-Film, 50 B/sec.
Tschoade fletscht vor einem Kleinkind die Zähne. Er unterhält das Kleinkind,
zu dem er aufsieht, mit allerlei Grimassen. Hier zeigt er eine drohende Grimasse.

XV. Zusammenfassung und abschließende Diskussion

Die !Ko-Buschleute spielen viel; sie leben in einer Muße-intensiven Gesellschaft.

Man kann ihre Spiele in solche unterteilen, bei denen die Umwelt und eigenes Bewegungskönnen exploriert wird, und in solche, die nach genauen, festgelegten Spielregeln ablaufen. Das Repertoire geregelter Spiele ist reich. Explorative Spiele beobachten wir ausschließlich bei Kindern. Einige Muster dieses Explorierverhaltens dürften universell sein, insbesondere die Appetenz, sich Werkzeuge zu schaffen (siehe S. 222–225). Bestimmte Verhaltensweisen des Umgangs mit Stöcken (Schlagen, Stochern und dgl.) sind wohl artspezifisch und haben ihre Vorläufer in entsprechendem Primatenverhalten. Wie ich einleitend sagte (siehe S. 34), kann man Spiele willkürlich in Kategorien einordnen, etwa unter einem bestimmten Funktionsaspekt (Wettkampfspiele usw.). Wie wir weiter sahen, kann ein Spiel eine oder mehrere Funktionen erfüllen. So dienen die Bewegungsspiele vorwiegend dem Erwerb von spezifischem Bewegungskönnen. Andere Spiele, wie z. B. die vielen Geschicklichkeitsspiele (Holzstamm-Tanz, Melone-Steinchen-Spiel, das Hxana-Spiel oder das Seilspringen) dienen der Perfektionierung eines bestimmten Könnens und der Befriedigung, die in dem Aufführen und Zur-Schau-Stellen dieses Könnens liegt. Hier sind die Spieler sicherlich leistungsmotiviert. Es gibt aber auch Geschicklichkeits-Spiele, wie etwa das Stockschnell-Spiel //ebi oder das Patro-Spiel, die zudem noch Wettbewerbs- und Kampfcharakter tragen und bei denen die Leistung an der von anderen Mitspielern gemessen wird. Andere Spiele tragen ausgesprochen gruppenbindenden Charakter, wie z. B. der Melonenspiel-Tanz der Frauen oder die gemeinsam aufgeführten Rituale der Frauen und Männer (Trance-Tanz). Wiederum anderen Spielen, wie den Wetteifer-, Jagd- und Kampfspielen, liegt eine deutlich aggressive Motivation zugrunde.

Betrachten wir die mit Regeln belegten Spiele der !Ko nach ihrer Funktion und Motivation und ihrer Verteilung nach Geschlechtern, so wird uns auffallen, daß bei den Frauen und Mädchen jene Spiele überwiegen, die der Geschicklichkeit, der Hingebung an den Tanz und der Bindung einer Gruppe dienen. Bei den Männern und Jungen dagegen zeigt sich, daß fast ausschließlich nur sie reine Wetteifer-, Wettkampf- und Jagdspiele ausüben. Sie erfüllen eine kathartische Funktion. Aggressive Motivationen werden in ihnen ausgelebt. Diese Spiele können als Ventilsitten angesprochen werden. Das heißt nicht, daß in den Tanzspielen der weiblichen Gruppenmitglieder keine Aggressionen ausgelebt werden. Dies geschieht einerseits beim Auslachen und Scherzen. Sie reagieren ferner aggressiv, wenn das Ungeschick einer Mitspielerin den glatten Ablauf des bindenden Tanzspiels stört. Das bindende Tun steht jedoch im Vordergrund, während im Gegensatz dazu bei den Kampfspielen der Jungen und Männer der »Kampfgeist« der zugrunde liegende Faktor ist, also eine völlig entgegengerichtete Einstellung vorliegt. Reine Kampfspiele kommen nur bei Männern und Jungen vor; reine Tanzspiele dagegen nur bei Frauen und Mädchen. Eine Sonderstellung nehmen die gemeinsam aufgeführten rituellen Tänze ein, etwa der Trance-Tanz, die jedoch nicht als Spiele zu deuten sind.

Wir wollen nun die reglementierten Spiele nach Geschlechtsspezifität aufschlüsseln. Dabei berücksichtigen wir nicht Bewegungsspiele, Sandspiele, Planschspiele, Phantasiespiele und Konstruktionsspiele, da diese keinen festen Spielregeln unterliegen.

Betrachten wir zuerst die reinen Tanz- und Rhythmusspiele der Frauen und Mädchen. Die 11 verschiedenen Spielformen, die wir beschrieben haben, wie etwa der Melonenspiel-Tanz, der Melonenreigen-Tanz, der Holzstamm-Tanz, das Stockklopf-Spiel und dgl. mehr, sind bei den weiblichen Spielern in Hinblick auf die Geschicklichkeit der Ausübung zwar leistungsmotiviert, doch zeigt diese Leistungsmotivation keinen Wettbewerbscharakter. Ferner stehen die Tanz- und Rhythmusspiele der weiblichen !Ko im Dienste der Gruppenbindung, was ganz besonders für den Melonenspiel-Tanz (Dam) zutrifft. Diese Spiele sind als Synchronisationsrituale zu verstehen. Es spielen und tanzen immer mehrere Partnerinnen zusammen, und sie müssen das Klatschen, Singen und die Tanzschritte nicht nur im Rhythmus halten, sondern die einzelne ist von den Handlungen der anderen abhängig und stellt wiederum die eigene Handlung in den Dienst der anderen.

Wenn wir uns im Gegensatz die Tanz- und Rhythmusspiele der männlichen !Ko-Mitglieder ansehen, dann fällt auf, daß sie über eine wesentlich geringere Anzahl – nämlich drei – verfügen: Wir kennen nur den Heuschreckenspiel-Tanz, den Gemsbock-Spieltanz und das Honigdachsspiel. Deutlich zeigt sich hier, daß der Schwerpunkt nicht, wie bei den Frauenspielen, beim Tanz an sich liegt. Dies könnte man nur für den

Heuschreckenspiel-Tanz sagen, der starke tänzerische Elemente aufzeigt. Die beiden letztgenannten Spielformen tragen dagegen klar aggressiven Charakter. In beiden Spieltänzen bilden die Spieler von vornherein zwei Parteien: die der Jäger und die des Tieres. Angriffe, also aggressive Handlungen, werden hier lediglich in eine tänzerische und rhythmusabhängige Form gebracht. Da das äußere Erscheinungsbild dieser Spiele einem Tanz gleicht und die Männer sich in Tanzschritten bewegen, wurden diese Spielformen als Tanzspiele eingeordnet. Dagegen zeigt das ebenfalls rhythmusabhängige Figuren-Wettkampfspiel einen so klaren Kampfcharakter, daß ich es zu den Kampfspielen zählte. Niederlage und Sieg, um die es bei diesem Spiel eindeutig geht, drücken sich deutlich in Mienen und Gesten aus (siehe Bildmaterial).

In der Kategorie Wetteifer- und Kampfspiele zählen wir insgesamt 13 (15) Spielarten.

7 davon werden ausschließlich von männlichen Personen gespielt. Zählt man die beiden, zwar unter Tanzspiele eingeordneten, aber eindeutig aggressiv motivierten Spiele (Spießbockspiel-Tanz und Honigdachs-Spiel) dazu, dann kommen wir auf 9 ausschließlich von männlichen Personen gespielte Kampfspiele und Wetteiferspiele und auf insgesamt 15 Spielarten dieser Kategorie (siehe oben). Von den 9 reinen Männerspielen sind 4 reine Kampfspiele (das Holzklötzchen-Spiel Patro, das Steinrechen-Spiel, das Figuren-Wettkampf-Spiel und das Steinwerfen zweier Parteien), die restlichen Männerspiele sind Wetteiferspiele, wie z. B. das Stockschnell-Spiel, das Straußenspiel Goje und das »Wilde Tier«-Spiel.

6 Spielarten mit Wettbewerbscharakter werden meist von den Jungen und den Mädchen gemeinsam gespielt. Die Mädchen spielen diese Spiele im Gegensatz zu den Jungen selten alleine im gleichgeschlechtlichen Verband. Es sind dies Riegenspiele, Stockziehen, Perlen-Rate-Spiel usw.

Wir sehen also, daß reine Kampfspiele nur von Jungen gespielt werden. Mädchen haben keine Kampfspiele. Es gibt auch keine ausschließlich weiblichen Wetteifer-Spiele. Die Mädchen spielen solche Spiele, wie gesagt, meist zusammen mit den Jungen.

Ferner werden alle die 7 beschriebenen Jagdspiele nur von den Jungen gespielt. Sie üben hierbei vor allem die für die Jagd notwendigen Techniken, wie Zielen und Schießen auf Gegenstände, Werfen von Holzspeeren usw. Die Mädchen tragen keine Jagdspiele aus.

Die Spiele mit Materialien, wie das Fadenspiel, das Melone-Steinchen-Spiel, das Seilspringen, Spiele mit der Melone usw., sind fast ausschließlich Geschicklichkeitsspiele. Die Männer oder Jungen tragen jedoch auch solche Geschicklichkeitsspiele oft als Kampf- oder Wettbewerbsspiel aus.

293

Während die Frauen beim Spiel mit der Melone diese unter Singen und Klatschen einander zuwerfen oder mit den Früchten jonglieren, schießen die Männer einander die Früchte ab, oder einer wehrt die Frucht des anderen ab. Wir erinnern uns ferner an die neu erfundene Variante des Kreiseldrehens, bei der dem Spiel durch ein neues Leistungsmaß (Zeitmessen mit Laufen) Wettbewerbscharakter aufgedrängt wurde. Vorher war es völlig auf wettbewerbsunabhängige Eigenleistung hin orientiert. Sowohl quantitativ als auch qualitativ läßt sich ein ausgesprochen geschlechtsspezifisches Spielinteresse feststellen. Mädchen spielen mehr Tanz- und Rhythmusspiele, während die Jungen mehr die technischen Experimentierspiele, Wetteifer- und Wettkampfspiele ausüben (siehe (S. 183f.). Bei den Kampfspielen wird der Unterschied noch krasser, da die !Ko-Mädchen, wie gesagt, überhaupt keine Kampfspiele ausüben. Die !Ko-Mädchen sind nach all dem weniger aggressiv und wetteifermotiviert. Das haben auch Untersuchungen in anderen Kulturen gezeigt. Für unseren westlichen Kulturbereich (USA) zeigen Erhebungen von W. E. Vinacke (1959), daß Jungen aggressiv ausbeuterische Strategien verfolgen, Mädchen dagegen Wettbewerb ablehnen, sich anpassungsbereiter zeigen und sich selbst dann mit Jungen verbünden, wenn sie diese nicht brauchen würden, um zu gewinnen. Daß weibliche Personen Wettbewerb ablehnen und sich in Wettbewerbssituationen eher zurückziehen, zeigen auch Untersuchungen von L. A. Borah (1963) und R. W. Shomer (1966).

M. S. Horner (1968, 1972) hat sich in ihren Arbeiten damit beschäftigt, wie Geschlecht und Erfolg zusammenhängen. Sie fand bei Frauen eine Motivation, die darauf hinzielt, Erfolg zu vermeiden. Diese Motivation, Erfolg zu vermeiden, war besonders in Wettbewerbssituationen deutlich. Frauen hatten Angst vor Wettbewerb. Horner testete daraufhin Frauen und Männer. Sie setzte beide in Wettbewerbs- und Nicht-Wettbewerbssituationen. Die Männer zeigten eine sprunghaft ansteigende Wettbewerbsmotivation; die Frauen nicht. Es war offensichtlich Angst, die Frauen vom Wettbewerb fernhielt. Horner wendete den Thematic Apperception Test (TAT) an (Personen erzählen eine Geschichte, die der Psychologe interpretiert). Sie ließ Medizinstudenten eine Geschichte schreiben, und zwar mußten die Männer über einen frei erfundenen, erfolgreichen und klassenbesten Studenten schreiben, ebenso die Frauen über eine entsprechend erfolgreiche Frau. 65 % der Frauen assoziierten deren Erfolg mit Depressionen, Krankheit und sogar Tod. 90 % der Männer assoziierten den Erfolg des Mannes mit Glück und Reichtum. Frauen fürchteten Erfolg. Ferner fand Horner, daß die Erfolgsangst der Frauen mit zunehmender Fähigkeit in ihrem Fach stieg und daß sie um so weniger gut mit Männern konkurrieren konnten, je größer diese Angst war. Je erfolgreicher die Frauen im Studium wurden, desto größer wurde die Erfolgsangst, und das betraf nicht weniger als 90 % der Studentinnen. Horner fand, daß gerade an diesem Punkt die Frauen in mehr »traditionell« feminine Berufsziele umklinken. Sie werden dann lieber Lehrer als Juristen, arbeiten lieber für einen Politiker, als selbst einer zu werden. Erfolgsangst stand klar in Zusammenhang mit der Einstellung der Gesellschaft und besonders mit der Einstellung der boy friends. Als Horner dahingehend nochmals mit dem TAT männliche Jura-Studenten testete, beschrieben diese eine erfolgreiche Frau als unattraktiv, unbeliebt, als halben »Computer« und überaggressiv. Alle und die noch zu erwähnenden Versuche zeigen einen grundsätzlichen Geschlechterunterschied zwischen Männern und Frauen.

Nun wird gerade in letzter Zeit sehr viel über Geschlechtergleichheit geschrieben und so getan, als würden die Rollenbilder ausschließlich kulturell aufgeprägt (M. Mead 1935). Ich möchte die Rolle der kulturellen Prägung keineswegs unterschätzen, man sollte sich aber auch vor einer Überschätzung hüten. Die Neigung gewisser Frauenrechtlerinnen, biologische Dispositionen für Frauen- und Männerrollen zu leugnen, kann dem Anliegen der Frauen eher schaden als nützen. Gleichberechtigung mit Gleichheit zu verwechseln ist fahrlässig. Zwar haben IQ-Tests bei Männern und Frauen keinen Unterschied in der allgemeinen Intelligenz aufzeigen können. Darum mag der Schrei nach Chancengleichheit durchaus gerechtfertigt sein, doch muß man im Auge behalten, daß sie nur auf verschiedenen (biologischen) Ausgangsdispositionen aufbauen kann. Im übrigen scheinen sich die Vertreterinnen der Women's Liberation nicht mit wissenschaftlichen Ergebnissen zu beschäftigen, oder sie lehnen diese in einer fast ideologisch-starren Haltung ab. Sonst müßte ihnen nämlich auffallen, daß es ganz erhebliche Unterschiede im Verhalten, im Umweltinteresse, im genetisch-physiologischen und hormonellen Bereich der Geschlechter gibt, die sich auch in den Spielen und der Spielmotivation und zwangsläufig in den verschiedenen Rollenbildern niederschlagen.

In allen Kulturen fanden Wissenschaftler (auch wir bei den !Ko-Buschleuten), daß männliche Kinder dahin tendieren, aggressiver zu spielen als weibliche. So schreiben auch N. G. Blurton-Jones und M. J. Konner (1973) als Ergebnisse ihrer Untersuchungen in: »Sex differences in Behaviour of London and Bushman children«: »There are differences like those in frequency of aggression which we and others find in other cultures. Along with the sex differences in rough and tumble play, there is no reason to believe that these are not (just as in other mammals) related to the prenatal sex typing of the brain by circulating androgens...

The cross-cultural difference in the girls, having no possible relationship to the known endocrine differences between the populations, and plenty of possible relationship to observed differences in the infant care and opportunity for child interaction, could be taken as justification for those who argue that our culture makes girls unnaturally well-behaved and other than they might be« (S. 734). Blurton-Jones und Konner machen für das unterschiedliche Verhalten der Jungen und Mädchen zwar auf eine mögliche genetische Basis aufmerksam, halten aber dann im Grunde Einflüsse der Gesellschaft dafür verantwortlich, die männliche Aggression erlaubt und weibliche Anpassung fördert. Unsere Beobachtungen an den Buschmann-Kindern und die Erziehungsweisen der Erwachsenen geben dieser These wenig Unterstützung. Die Gesellschaft der !Ko ist eine vollkommen egalitäre; die Kinder werden nicht bewußt von den Erwachsenen in ein bestimmtes Rollenbild gedrängt; Kleinkinder werden ohne Unterschied des Geschlechtes vollkommen gleich anti-autoritär erzogen; Aggression wird bei beiden Geschlechtern im frühkindlichen Stadium erlaubt – ja sogar gefördert, und später werden sozial-aggressive Impulse der Kleinkinder sofort unterdrückt, besonders wenn die Kinder unter den weiteren erzieherischen Einfluß von Spielgruppen und deren Spielleitern geraten. Des weiteren haben !Ko-Kinder die freie Spielwahl. Was würde also die Mädchen daran hindern, das Patro-Spiel auszuführen oder das Honigdachs-Spiel, wenn sie es wollten? Meine Untersuchungen zeigten, daß es zwar ab und zu Jungen gibt, die sich in Mädchen-Spielen (in ihren Tänzen) versuchen und umgekehrt auch die Mädchen gelegentlich in typisch männlichen Wetteifer-Spielen, wie wir es beim Stockschnell-Spiel gesehen haben. Dieses Interesse war jedoch stets vorübergehender Natur. Oft waren es auch gewollte Störmanöver, doch ich kann nur noch einmal fragen, warum sich denn eigentlich die Mädchen nicht eigens zu einem typischen Jungenspiel einfinden und dieses spielen und umgekehrt die Jungen nicht zu einem typischen Mädchenspiel, wenn sie sich wirklich dafür interessierten?

Es kann als erwiesen gelten, daß das weibliche Hormon Östrogen Aggression hemmt, und zwar bei beiden Geschlechtern (wenn man es männlichen Tieren injiziert). Es ist ferner bewiesen, daß das männliche Hormon Androgen die Aggression bei Tieren beeinflußt. Der Einfluß von Androgen beginnt sogar bereits vor der Geburt. Verabreicht man es schwangeren Primaten, so spielen die weiblichen Affenkinder der so behandelten Mütter aggressiver als die von unbehandelten. Mehr noch, diese maskulinisierten Tiere waren während ihres ganzen Lebens ungewöhnlich aggressiver, auch wenn man ihnen nie wieder Androgen verabreichte.

Militante Frauenbewegungen spielen den hormonellen Einfluß auf das Verhalten herab. Sie wehren sich gegen wissenschaftliche Ergebnisse, die besagen, daß man mit Hilfe von Hormonen bestimmen kann, wie ein Mensch fühlt und wie er handelt. 49 % aller Krankenhaus- und psychiatrischen Klinikeinweisungen von Frauen und 62 % aller Gewalttaten bei weiblichen Gefängnisinsassinnen traten vor oder während der Menstruation der Frauen auf.

Neueste Forschungsergebnisse weisen darauf hin, daß sogar Geschlechtsunterschiede des Gehirns bestehen. So ist es möglich, daß im männlichen Fötus das Hormon Testosteron bereits das Hirn maskulinisiert und die Nervenzentren des Fötus in charakteristischer Weise organisiert.

Auch physiologische Unterschiede treten bereits vor der Geburt auf. Das Herz eines weiblichen Fötus schlägt öfter als beim männlichen, und Mädchen entwickeln sich schneller.

Die mögliche pränatale Geschlechtstypisierung des zentralen Nervensystems kann der Grund sein, weshalb Männer und Frauen unterschiedlich auf eintreffende Stimuli reagieren (J. Gagnon). Tatsächlich zeigen neugeborene Mädchen unterschiedliche Reaktionen in bestimmten Situationen. Sie reagieren heftiger, wenn man eine Decke wegzieht, und reagieren schneller auf Berührung und Schmerz. Experimente zeigten, daß 12 Wochen alte Mädchen länger auf Photographien mit Gesichtern starrten als auf Photographien mit geometrischen Figuren. Die Jungen zeigten keine Bevorzugung, außer daß sie dazu tendierten, den Figuren gelegentlich mehr Aufmerksamkeit zu schenken. J. Kagan (1971) fand dabei, daß jene Mädchen, die am meisten soziale Gesicht-zu-Gesicht-Interaktionen mit der Mutter erfahren hatten, aufmerksamer gegenüber Gesichtern waren als jene Mädchen, deren Mütter ihnen nicht so häufig Blickkontakt schenkten. Bei Jungen zeigte sich dagegen keine konstante Beziehung.

Diese Ergebnisse wurden dahingehend interpretiert, daß diese sehr frühe weibliche Beziehung zu menschlichen Gesichtern dafür verantwortlich sein könnte, daß Frauen gegenüber anderen Menschen eine größere Sensitivität haben.

Sogar nach der frühen Kindheit zeigen die Geschlechter verschiedenes Interesse, das nicht allein aus Erfahrung zu resultieren scheint. E. Erikson fand experimentell, daß Mädchen und Jungen zwischen 10 und 12 Jahren einen Unterschied in der Raumgestaltung zeigten, wenn sie aufgefordert wurden, eine (leere) Landschaft mit Spielzeugen zu füllen. Mädchen errichteten oft eine kleine Wand, welche eine ruhige Innenszene umrahmte, manchmal sogar mit einem ausgefeilt gearbeiteten

Ausgang. Die Jungen dagegen bauten lieber Türme, Fassaden mit Kanonen und lebendige Außenszenen.

Obwohl Mädchen im allgemeinen schlechter an mathematisches und räumliches Denken angepaßt sind, lernen sie schneller zu zählen und früher und besser zu sprechen. Man glaubt zum einen, daß die weiblich verbale Überlegenheit durch geschlechtsgebundene Unterschiede im Gehirn verursacht wird. Zum anderen könnte dies, wie Beobachtungen erwiesen, daran liegen, daß Mütter zu weiblichen Babies häufiger sprechen als zu männlichen. M. Lewis (1967) sieht darin einen biologischen Grund. Mädchen reagieren mehr als Jungen auf Worte, und dies reizt die Mutter, ihr Sprechen fortzusetzen.

D. Levy fand, daß Jungen, die gut mit Wörtern und schlecht mit Zeichen umgehen konnten, von ihren Müttern überfürsorgt worden waren. Mädchen, die vorzüglich mathematische und räumliche Probleme lösen konnten, wurden von ihren Müttern häufig bei einer Arbeit sich selbst überlassen. Verbal hoch entwickelte Mädchen hatten Mütter, die oft Vorschläge, Lob und Kritik anboten.

In einem anderen Experiment mußten Kinder einander verwandte Bilder zuordnen. Dabei achteten Jungen mehr auf Details und ordneten nach übereinstimmenden Einzelheiten (erhobene Arme bei Personen), während Mädchen funktionelle Gruppen zusammenstellten (wie z. B. Doktor und Schwester und Rollstuhl). Jungen scheinen analytischer zu denken.

Kagans Experimente zeigen, daß 12 Monate alte Mädchen in einem fremden Raum Angst bekamen und zur Mutter flüchteten; Jungen suchten dagegen nach etwas Interessantem, mit dem sie spielen konnten. Man errichtete ferner in einem Raum eine hölzerne Barriere, die die Kleinen von ihren Müttern trennte. Während die Jungen diese niederzureißen versuchten und darum kämpften herauszukommen, weinten die Mädchen hilflos.

Tierstudien an Rhesus-Affen zeigten, daß die Affenmütter ihre männlichen Babies früher und öfter bestraften als ihren weiblichen Nachwuchs. Sie berühren außerdem ihre weiblichen Babies öfter und beschützen sie häufiger.

Die Vorstellung, daß für das unterschiedliche Verhalten beider Geschlechter genetische Prädispositionen vorliegen, beruht auf folgenden Gegebenheiten:

1. Als kulturelle Universalie findet man bis auf wenige Ausnahmen, daß männliche Dominanz und Aggression die Regel sind, während die Frauen grundsätzlich die Fürsorge der Kinder übernehmen.

2. Bei bodenbewohnenden Primaten sind meist die Männchen dominant, und ihre Hauptaufgabe ist es, die Weibchen und die Nachkommen zu schützen.

3. Verhaltensunterschiede manifestieren sich bei Mädchen und Jungen zu einem frühen Zeitpunkt, in dem es höchst unwahrscheinlich zu sein scheint, daß die Säuglinge subtile Unterschiede im Verhalten der Eltern wahrnehmen können und dazu noch wüßten, welches Vorbild sie nachzuahmen hätten.

4. Schließlich weiß man durch die Untersuchungen von J. Money und A. A. Eberhard (1972) und anderen ziemlich viel über das Zusammenwirken von Erbe und Umwelt bei der Geschlechterdifferenzierung. Der XX- und XY-Chromosomenmechanismus bestimmt, ob die zunächst undifferenzierten Gonaden zu Hoden (XY) oder zu Ovarien (XX) werden. Die Gonaden ihrerseits bestimmen danach auf inkretorischem Wege das weitere Schicksal. Das männliche Keimdrüsenhormon bewirkt die Entwicklung männlicher Reproduktionsorgane und die männliche Organisation des Gehirns. Die weiblichen Hormone dagegen scheinen in dieser Phase der Entwicklung keinen bestimmenden Einfluß auszuüben. Beim Fehlen männlicher Hormone entwickelt sich immer eine weibliche Anatomie, und die hypothalamischen Kerne, die für den über die Hypophyse gesteuerten Gonadenzyklus verantwortlich sind, entwickeln eine cyklische permanent weibliche Funktion. Androgengaben in kritischen Perioden der Embryonalentwicklung zerstören diese Periodik. Auch werden männliche und weibliche Verhaltenszüge durch frühe Hormoneinwirkung entscheidend bestimmt.

Man kennt viele Fälle, in denen genetisch weibliche Personen durch pränatale Einwirkungen männlicher Geschlechtshormone maskulinisiert wurden. Im Extremfall ist bei diesen Personen die Klitoris zum Penis ausgewachsen und ein Hodensack ohne Hoden ausgebildet. Meist sehen die Mädchen jedoch körperlich normal aus. In ihrem Verhalten sind sie jedoch jungenhaft. Sie bevorzugen sportliche Tätigkeiten und Spiele; neigen dazu, sich Jungengruppen zuzugesellen; spielen gerne mit Dingen, die auch Jungen bevorzugen, während sie an Puppen nicht interessiert sind. Sie rivalisieren ferner mit Jungen um eine Stellung in der sozialen Hierarchie, streben nach Erfolg und weniger nach romantischen Bindungen. Kulturelle Einflüsse wirken auf solche Dispositionen dann fördernd oder hemmend ein, aber daran, daß die geschlechtsspezifischen Verhaltensweisen auch genetisch angelegt sind, kann kaum noch gezweifelt werden.

Ich kannte die !Ko-Gruppe bereits vor der Einrichtung des Schulunterrichtes und besuchte sie kurz danach wieder. Die Aufmerksamkeit der

Lehrerin Ms. Wily brachte mir wertvolle Angaben über die geschlechtsspezifischen Verhaltensinteressen der Kinder im Unterricht. So erzählte sie mir, daß die ersten englischen Worte, die die Mädchen beherrschten, mirror, comb und house waren. Die ersten Worte, die die Jungen beherrschten, waren: goat, horse, lorry, knife und money! Die Lehrerin ließ die Kinder an jedem Schultag kleine Geschichten erzählen, als die Kinder in ihren Englischkenntnissen so weit vorangeschritten waren. Ms. Wily beeinflußte die Kinder nicht in ihren Ideen, sondern verbesserte lediglich den englischen Stil. Da die Lehrerin diese Geschichten gesammelt hatte, konnte ich sie studieren und fand auffallende thematische Unterschiede in den Geschichten der Kinder. Während die Themen der Mädchen sich um Kleidereinkauf, Schuheinkauf, Wäschewaschen usw. drehten, verfaßten die Jungen stets Jagdgeschichten, in denen sie mit dem Freund einen Löwen, eine Giraffe und dgl. jagten oder mit dem Vater auf Jagd gingen. Geschlechtsunterschiede fand ich ferner in den Zeichnungen, die die !Ko-Kinder in der Schule anfertigten. Die Auswertung dieser Zeichnungen (siehe S. 185 f.) machte deutlich, daß Mädchen vorwiegend Blumen, Häuser und Hütten zeichneten; die Jungen dagegen Lastwagen, Tiere, Flugzeuge usw.

Zwei typische Beispiele an Zeichnungen sollen dies verdeutlichen:

Die 1. Zeichnung zeigt ein Auto und ein Flugzeug. Sie wurde von dem etwa 10jährigen Cum gezeichnet.

Die 2. Zeichnung zeigt ein Haus, Blumen und eine Frau. Sie wurde von dem etwa gleichaltrigen Mädchen /olo/ei gefertigt (siehe folgende Seiten).

Ferner zeigte die Spielgruppenerhebung der Kinder (siehe S. 178 ff.), daß die Mädchen sich, wenn auch nicht ganz so häufig wie die Jungen, aber doch signifikant, meist in gleichgeschlechtlichen Spielgruppen aufhalten. Aus dieser Tatsache und den sonstigen Gegebenheiten des sozialen Gesellschaftsbildes der !Ko folgt, daß Frauen zu einem »female bonding« neigen, das dem »male bonding« der Männer durchaus vergleichbar ist.

Viele der von uns beschriebenen !Ko-Spiele sind Buschmann-Spiele, manches wurde jedoch von den Bantu-Nachbarn übernommen. Wir wiesen darauf stets bei der Beschreibung der einzelnen Spiele hin. Trotz dieser grundsätzlichen Bereitschaft, Neues anzunehmen, fiel uns auf, daß die Kinder in ihren Spielen recht konservativ sind. Die Lehrerin Ms. Wily führte genau Buch über jene Spiele, die sie während des Unterrichtes neu einführte und spielte. Sie überließ mir die Liste dieser Spiele. So führte sie z. B. ein Spiel ein, das sie »Lions and Leopards« nannte und das sie wie folgt beschreibt:

cumа
6 oct.   a airplane in the sky

clm

1. Zeichnung: *männlicher Zeichner*

2. Zeichnung: *weibliche Zeichnerin*

»Children divide into two equal teams, standing in two lines, back to back, and teacher or leader calls out L-l-l-lions or L-l-l-leopards, and the team name called, one team is Lion and the other Leopards, has to turn and chase the other. Those caught join the other team. Game continues until all children either Lions and Leopards.«

Ähnliche Spiele sind: »Pass the broom«, »Hide the red pencil«, »Guess how many«, »Catch the buck« usw.

Nun konnte ich die !Ko nach Ablauf der Lehrtätigkeit von Ms. Wily noch zweimal besuchen, wobei ich nie sah, daß die Kinder auch nur ein Spiel aus dieser Liste spielten.

Nach wie vor führten sie die mir bekannten Spiele aus ihrem Spielgut auf. Auf diesen Spielkonservatismus machte mich Ms. Wily noch während ihres Aufenthaltes aufmerksam, denn auch ihr war aufgefallen, daß die Kinder nie außerhalb der Schulzeit ihre »eingeführten« Spiele spielten. Ganz offensichtlich betrachteten die !Ko-Kinder diese Spiele als zur Schule gehörig und klinkten außerhalb der Schule sofort in ihre traditionellen Spiele um, die sie nach wie vor mit derselben Spielfreudigkeit wie früher aufführten, als sie noch keinen Unterricht hatten.

Ebenso wie die Kinder mit ihren traditionellen Spielen verhaftet sind, sind es die Erwachsenen mit ihren Ritualen. Dr. Heinz photographierte im Gefängnishof von Ghanzi erwachsene Buschmänner (die meist wegen Viehdiebstahls verurteilt waren) dabei, als diese einen Gemsbock-Trance-Tanz aufführten (siehe Abbildung). Dabei übernahmen einige Männer

Abb. 85   *Buschmänner tanzen im Gefängnishof.*

die Rolle der Frauen, saßen im Kreis, klatschten und sangen, während der Rest diese Gruppe umtanzte, wie es beim echten Ritual der Fall ist.

Buschleute scheinen sehr darunter zu leiden, von ihrer Gruppe entfernt zu sein. Dies berichteten mir sowohl Dr. Heinz, der ab und zu einige !Ko auf Reisen mitnahm, wie auch Ms. Wily, die ab und zu einige Kinder mit nach Ghanzi nahm. Buschleute leiden bereits nach ein paar Tagen unter starkem Heimweh und fragen ständig, wann es wieder heimwärts gehe. Erwachsene und Kinder, die ins Hospital nach Ghanzi eingewiesen werden, leiden ebenfalls sehr unter Heimweh. Offensichtlich fehlt ihnen die Bestätigung, in eine Gemeinschaft eingebettet zu sein und einen festen Platz im Gemeinschaftsgefüge zu haben, was sie innerhalb der Gruppe ständig demonstriert bekommen: sei es bei den Erwachsenen durch die Aufführung gruppenbindender Rituale oder bei den Kindern im Spiel mit Kameraden.

Die !Ko-Kinder wissen um ihren festen Platz im Sozialgefüge der Gruppe und erhalten dies auch durch die gemeinsam geübten Spiele dauernd bestätigt. Kinder, die ihren Platz an der Mutter bis zu einem gewissen Grad verlieren, wenn der Nachkömmling geboren wurde, brauchen deshalb auch nicht lange zu leiden, da sie in die Spielgruppen und in die Kindergemeinschaft aufgenommen werden und sich dort eingebettet wissen. !Ko-Kinder brauchen nie alleine zu sein. Sie finden in der Kindergemeinschaft das, was in unserem Kulturbereich heute weitgehend fehlt.

Zwar kommen unsere Kinder in Kindergärten und Horten mit anderen Kindern zusammen, aber nur für eine begrenzte Zeit. Während dieser sind sie aber völlig von der Kernfamilie getrennt. Die !Ko-Kinder pendeln dagegen viele Male zwischen ihrer Familie und den Kinderspielgruppen hin und her, besonders wenn sie noch klein sind. Wir haben dies näher besprochen. Außerdem ändert sich die Zusammensetzung der Kindergruppen in unserer Gesellschaft ständig durch Zuzug und Abwanderung, was bei den !Ko nicht der Fall ist. Freundschaften können sich bilden und sie können beständig sein. Darüber hinaus ist das !Ko-Kind in eine Gruppe von unterschiedlichem Altersaufbau eingefügt. Es hat ältere Vorbilder und jüngere, die es betreuen kann. Ein bedeutsamer Faktor, auf den wir gleich noch einmal zurückkommen. Die Kindergruppen in unserer Gesellschaft fassen dagegen in der Regel nur Kinder etwa der gleichen Altersstufe zusammen.

Auch in den glücklichen Fällen, in denen Mütter in unserer Gesellschaft zuhause bleiben und das Kind nicht oder nur halbtags in einen Kindergarten oder eine vergleichbare Institution bringen müssen, fehlt die größere Kindergemeinschaft. Man trifft sie bei uns heute nur noch auf dem Lande. Der Bedeutung des Spieles für das Kind wird in unserer Zeit nicht in gebührender Weise Rechnung getragen. Eine Rutschbahn, eine Schaukel und ein phantasieloses Klettergerüst auf einer schmutzigen Sandfläche entsprechen nicht den Bedürfnissen der Kinder, in einem eigenen Territorium, das weitläufig und natürlich gegliedert ist, zu spielen und unter sich zu sein. Die städtebaulichen und Kleinfamilien-Gegebenheiten verhindern die Ausbildung von Spielgemeinschaften. So müssen unsere neurotischen und verhaltensgestörten Kinder schließlich durch Spieltherapie behandelt werden. Man bemüht sich dann wohl, Störungen zu beheben, aber man tut wenig, die Ausbildung von Verhaltensstörungen zu verhindern. Mütter und Kinder müssen sich an Institutionen wenden, um wieder spielen zu lernen; das ist Beleg für einen gefährlichen Traditionsabriß.

Die erwachsenen !Ko spielen nicht nur mit den Kindern, sie *können* es noch und sind imstande, mit den Kindern auf dieser Basis zu kommunizieren.

Die !Ko-Kinder bekommen die Spiele in einer absolut gesunden Weise tradiert. Deshalb ist es so wichtig, daß ältere Kinder mit kleineren zusammenspielen und nicht altersmäßig isoliert zusammengefaßt werden. So werden nicht nur Spiele weitergegeben und erhalten, sondern in dieser altersgemischten Kindergemeinschaft wird die zweifellos wichtige Autorität durch ältere Kinder vertreten. Bei uns muß der Erzieher zur Verfügung stehen und regeln, was die Kinder eigentlich selbst regeln könnten. Die anti-autoritäre Erziehung hat sich mittlerweile auch bei uns totgelaufen, nachdem neurotische Kinder die Behandlungszimmer der Therapeuten gefüllt haben. Autorität ist notwendig, sie muß deshalb noch lange nicht in unserem Sinne autoritär sein. Bei den !Ko wird diese Autorität durch ältere Kinder in der Gemeinschaft übernommen und entläßt bei den !Ko aus der Kindergemeinschaft freundliche, lustige und stets spielbereite Erwachsene, die sich an Spielen ebenso erfreuen wie die Kinder selbst.

Summary

The author presents a detailed description of the play activities and numerous games of !Ko and G/wi Bushmen. The work is based on a thorough film documentation which is archived and published within the Humanethologische Filmenzyklopädie der Max-Planck-Gesellschaft, Percha. The documentation took place during 5 expeditions covering a period from 1970 to 1974. During 1970 and 1972 !Ko Group, of which the bulk of data was collected, still led their traditional life an hunters and gatherers. In 1972 gradual changes occured, since the band moved to a newly established waterhole within their territory, and cattle-breeding was taken up within the framework of a bushmen settlement scheme. Not afflicted by such development were the G/wi Bushmen of the central Kalahari.

The descriptive part is followed by a discussion of the functions and motivations of play and games.

The play behavior of children can be interpreted as a strategy to explore the environment, including its social aspects. As far as object relations are concerned, the child perceives by manipulatory investigation the propensities of objects and investigates in which ways objects can be used as tools. It is in this latter aspect that a learning disposition for tool-using becomes evident. The strategies of investigation are dependent on age. Some patterns (poking and beating with sticks) are universal and link up to probable homologous patterns in chimpanzees. Manipulatory and bodily skills are thus trained during play. Even very early in life, Bushmen boys and girls showed selective preferences in their play and game activities. When given an opportunity to draw, boys prefer to depict animals and technical items, girls huts and flowers (p. 185). Games which involved technical skills were played by boys about ten times more frequently than by girls (p. 183). Furthermore, boys and men are engaged more often in competitive and fighting games than girls. Of the 15 games that belong to this category (including the Gemsbock-play-dance and the honey-badger-game which were listed under »Tanzspiele« but depict a fight between hunter and game), nine are played solely by men and boys. Four of these can be considered as games of combat, for two parties fight each other until one wins. Six competitive games are played by men (boys) and women (girls) together, but rarely by the latter alone. Games of skill e.g. »Kreiseln« are often used by boys as competitive games. They often give rise to a discharge of aggression and serve as a harmless outlet. Girls and women are less aggressively motivated during playing, but this does not imply that they are not aggressive. A fairly high level of aggression is evident in their constant nagging, teasing and joking. Games of cooperation (melon-ball-dance) are predominant in girls and women. 11 dancing games were described with women in contrast to 3 with men. Only boys play hunting games and only girls play with dolls, which they construct from melons. The children thus identify themselves with their gender role without evident pressure from the side of the adults, who rarely intervene in the childrens' behavior. Socialisation of the child, from approximately the fourth year on, mainly takes place in the children play groups under the guidance of the elder children. These suppress and even punish the smaller ones' aggressive acts and encourage friendly cooperative behaviors, such as sharing and giving.

From a functional point of view, games can be interpreted as rituals of bonding and (or) aggression control. They serve this function in both children and adults. Play activities, on the other hand, are exploratory by nature and predominate in early childhood.

Literaturverzeichnis

Alderstein, A. und *Fehrer, E.* (1955): The effect of food deprivation on exploratory behaviour in a complex maze. J. comp. physiol. Psychol. 48, 250–253

Andree, R. (1889): Ethnographische Parallelen; Neue Folge. Leipzig, 101

Bally, G. (1945): Vom Ursprung und von den Grenzen der Freiheit. Eine Darstellung des Spieles bei Tier und Mensch. Basel

Beach, A. F. (1945): Current concepts of play in mammals. Am. Nat., 79, 523–541

Berlyne, D. E. (1950): Novelty and Curiosity as determinants of exploratory behaviour. Br. J. Psych. 41, 68–80

– (1955): The arousal and satiation of perceptual curiosity in the rat. J. comp. physiol. Psychol. 48, 238–246

– (1960): Conflict, Arousal and Curiosity. McGraw-Hill, New York

Bierrens de Haan (1952): The play of a young solitary chimpanzee. Behaviour 4, 144–156

Blurton-Jones, N. G. und *Konner, M. J.* (1973): Sex differences in Behavior of London and Bushman children. London, Academic Press, 690–750

Bohra, L. A. (1963): Effects of threat in bargaining: Critical and experimental analysis. Journal of Abnormal and Social Psychology 66, 37–44

Butler, R. A. (1953): Discrimination Learning by Rhesus Monkeys to Visual Exploration Motivation. J. comp. physiol. Psychol. 46, 95–98

Carr, R. M. und *Brown, W. L.* (1959): The effect of the introduction of novel stimuli upon manipulation in rhesus monkeys. J. genet. Psychol. 94, 107–111

Château, J. (1964): Le jeu de l'enfant. Introduction à la pédagogie. Paris, Librairie Philosophique J. Vrin

– (1969): Das Spiel des Kindes. Ferdinand Schöningh, Paderborn

Culin, S. (1971): Mancala, the National Game of Africa, in: E. A. Avedon and B. Sutton-Smith (Ed.), The Study of Games. John Wiley & Sons, Inc., New York, Sydney, Toronto, 94–102

Danziger, K. und *Mainland, M.* (1954): The habituation of exploratory behaviour, Aust. J. Psychol. 6, 39–51

Dart, R. A. (1957): The Osteodontokeric Culture of Australo-pithecus prometheus. Transvaal. Mus. Mem. 10

Doke, C. M. (1936): Games, Plays and Dances of the ╪Khomani Bushmen, Bantu Studies X, 4

Eibl-Eibesfeldt, I. (1950): Über die Jugendentwicklung des Verhaltens eines männlichen Dachses (Meles meles L.) unter besonderer Berücksichtigung des Spieles. Z. Tierpsychol. 7, 327–355

– (1951): Zur Fortpflanzungsbiologie und Jugendentwicklung des Eichhörnchens. Z. Tierpsychol. 8, 370–400

– (1956): Zur Biologie des Iltis (Putorius putorius). Zool. Anz. Suppl. 19, 304–314

– (1970): Liebe und Haß. Zur Naturgeschichte elementarer Verhaltensweisen. Piper, München

– (1971): !Ko-Buschleute, Kalahari: Schamweisen und Spotten. HOMO, 27. Bd., 4. Heft, 261–266

– (1972): Die !Ko-Buschmanngesellschaft: Gruppenbindung und Aggressionskontrolle. Monographien zur Humanethologie 1. Piper, München

– (1973): Der vorprogrammierte Mensch. Verlag Molden, Wien

– (1974): Grundriß der vergleichenden Verhaltensforschung, 4. Aufl. Piper, München, 1. Auflage des Grundrisses: 1967

– (1975): Krieg und Frieden. Piper, München

Eibl-Eibesfeldt, I. und *Sielmann, H.* (1962): Beobachtungen am Spechtfinken (Cactospiza pallida). J. Ornith. 103, 92–100

– (1965): Cactospiza pallida (Fringillidae): Werkzeuggebrauch beim Nahrungserwerb. Encycl. cinem. E 597. Publ. zu wiss. Filmen, 1A, 385–390, Göttingen

Erikson, E. (1955): Sex Differences in the Play Configurations of American Pre-Adolescents, 324–341. In: Childhood in contemporary cultures. The University of Chicago Press

Fiske, D. W. und *Maddi, S. R.* (1961): A conceptual Framework. In: Functions of Varied Experience. Dorsey Press, Homewood/Illinois

Flitner, A. (1972): Spielen – Lernen. Praxis und Deutung des Kinderspiels. Piper, München

– (1973): Das Kinderspiel. Texte. Hrsg.: A. Flitner. Piper, München

Gehlen, A. (1940): Der Mensch, seine Natur und seine Stellung in der Welt. Berlin

Glanzer, M. (1961): Changes and interrelations in exploratory behaviour. J. comp. physiol. Psychol. 54, 433–438

Glickman, St. E. und *Sroges, R. W.* (1966): Curiosity in Zoo Animals. Behaviour 24, 151–188

Goodall, J. (1965): Chimpanzees of the Gombe Stream Reserve. In: DeVore, I. (ed.). Primate Behaviour. Holt, Rinehardt and Winston, New York, 425–473

Groos, K. (1898): The play in animals. Chapman and Hall, London; deutsche Ausgabe: Das Spiel der Tiere. Jena 1930

Guerreiro, M. (1968): Bochimanes !KHŨ de Angola. Lisboa 1968, Inst. de Invest. Cientifica de Angola

Gwinner, E. (1966): Über einige Bewegungsspiele des Kolkraben. Z. Tierpsychol. 23, 28–36

Harlow, H. H. und *M. K.* (1962): Social deprivation in monkeys. Scient. Americ. 207, 136–146

Hass, H. (1968): Wir Menschen. Molden Verlag, Wien

– (1969): Das Energon. Molden Verlag, Wien

Hassenstein, B. (1955): Abbildende Begriffe. Zool. Anz. Suppl. 18, 197–202

Hebb, D. O. (1949): The Organization of Behaviour, John Wiley & Sons, Inc., New York

Heberer, G. (1965): Über den systematischen Ort und den psychisch-physischen Status der Australopithecinen. In: Heberer: Menschl. Abstammungslehre. G. Fischer Verlag, Stuttgart, 310–356

Hedenus, H. (1933): Wesen und Aufbau der Erziehung primitiver Völker. Bessler Archiv 16, 105–163

Heinz, H. J. (1966): The social Organization of the !Ko-Bushmen. Masters Thesis, Dept. Anthropol., University of South Africa, Johannesburg

Heinz, H. J. und *Heunemann, D.*: Filmeinheiten:
E 1823 !Ko-Buschmänner Kalahari: //oli-Heuschrecken-Sprungspiel der Männer

E 1830 !Ko-Buschmänner Kalahari: Festtanz »Guma«

E 1831 !Ko-Buschmänner Kalahari: //ebi-Stockwurfspiel der Männer

E 1849 !Ko-Buschmänner Kalahari: Mädchen-Initiation

Holst, E. v. (1939): Die relative Koordination als Phänomen und als Methode zentralnervöser Funktionsanalyse. Erg. Physiol. 42, 228–306

Holst, E. v. und *Saint-Paul, U. v.* (1960): Vom Wirkungsgefüge der Triebe. Die Naturwiss. 18, 409–422

Hooff, J. A. van (1971): Aspects of the social behaviour and communication in human and higher nonhuman primates. Bronder-Offset, Rotterdam

Horner, M. S. (1968): Sex differences in achievement motivation and performance in competitive situations. University of Michigan

– (1972): Toward an understanding of achievement-related conflicts in women. Journal of Social Issues 28 (2), 157–175

Hutt, C. (1966): Exploration and play in Children. Symp. Zool. Soc. London 18, 61–81

– (1971): Exploration and play in children. In: Child's play. 231–251. Hrsg.: Sutton-Smith. John Wiley & Sons Inc., New York

Inhelder, E. (1955): Zur Psychologie einiger Verhaltensweisen – besonders des Spiels – von Zootieren. Z. Tierpsychol. 12, 88–144

Kagan, J. (1971): Change and continuity in infancy. John Wiley & Sons Inc., New York/London

Klages (1949): Vom Wesen des Rhythmus.

Klepzig, F. (1972): Kinderspiele der Bantu. Verlag A. Hain, Meisenheim am Glan

Kneutgen, J. (1964): Beobachtung über die Anpassung von Verhaltensweisen an gleichförmige akustische Reize. Z. Tierpsychol. 21, 1–32

Koehler, O. (1966): Vom Spiel bei Tieren. Freiburger D. Universitatis. 13, 1–32

Köhler, W. (1921): Zur Psychologie der Schimpansen. Akad. Berlin 1921 und Psych. Forschung 1921

Komisaruk, B. R. und *Olds, J.* (1968): Neuronal Correlates of Behaviour in Freely Moving Rats. Science 161, 810–812

Kortlandt, A. (1962): Chimpanzees in the Wild. Scient. Americ. 206, 128–138

– (1965): How Do Chimpanzees Use Weapons when Fighting Leopards. Yearbook, Am. Phil. Soc. 327–332

– (1967): Experimentation with Chimpanzees in the Wild. In: Neue Ergebnisse der Primatologie. G. Fischer, Stuttgart, 208–224

Leakey, L. S. D. (1963): Adventures in the Search of Man. Nat. Geogr. Mag. 123, 132–152

Leckart, B. T. und *Bennet, K. S.* (1968): Reinforcement Effects of Food and stimulus Novelty. Psychol. Record 18, 253–260

Lee, R. B. und *DeVore, I.* (1968): Man the Hunter. Aldine Publishing Company, Chicago

Lewis, M. (1967): Infant attention: response decrement as a measure of cognitive processes, or, what's new, Baby Jane. Paper presented at the meeting of the Society for Research in Child Development. New York, March, 1967

– (1972): Sex differences in play behaviour of the very young. In: Leisure today, 1972

Loizos, C. und *Jewell, P. A.* (1966): Play, Exploration and Territory in Mammals. Publ. Zool. Soc. of London by Acad. Press

Lorenz, K. (1943): Die angeborenen Formen möglicher Erfahrung. Z. Tierpsychol. 5, 235–409

– (1961): Phylogenetische Anpassung und adaptive Modifikation des Verhaltens. Z. Tierpsychol. 18, 139–187

Mason, W. A. (1967): Motivational Aspects of Social Responsiveness in Young Chimpanzees. In: H. W. Stevenson, E. H. Hess and H. L. Rheingold (Eds.). Early Behavior. John Wiley & Sons, New York

Mead, M. (1935): Sex and Temperament in Three Primitive Societies. New York

Meyer-Holzapfel, M. (1956): Das Spiel bei Säugetieren. Handbuch der Zoologie VIII, 10. Teil, 1–36

Mitchell, P. C. (1912): The Childhood of Animals. Frederick A. Stones, New York

Money, J. und Eberhard, A. A. (1972): Man and Women, Boy and Girl. The Differentiation and Dimorphism of Gender Identity from Conception to Maturity. Johns Hopkins Press, Baltimore

Montgomery, K. C. (1963): Exploratory Behaviour as a function of »similarity« of stimulus situations. J. comp. physiol. Psychol. 46, 129–133

Morris, D. (1962): The Biology of Art. pp. 114, Methuen, London

Napier, J. (1962): The Evolution of the Hand. Scient. Americ. 207 (6), 56–63

Pycraft, W. P. (1912): The Infancy of Animals. Hutchinson, London

Raymund, P. (1911): Die Faden- und Abnehmespiele auf Palau. Anthropos 6, 40–61

Redl, F. und Wineman, D. (1951): Children who hate. Free Press, Glencoe: 110–111

Reuning, H. (1971): Experimentell-Psychologische Buschmannstudien in der zentralen Kalahari. Journal 26. S. W. A. Wissensch. Gesellsch., Windhoek

Roheim, G. (1943): Children's Games and Rhymes of Duau. Normandy Islands, N. G., American Anthropologist 45, 110

Rüssel, A. (1959): Spiel und Arbeit in der menschlichen Entwicklung. Handb. d. Psych., 3. Bd. Hrsg.: H. Thomae, 502–534

Sbrzesny, H. (1974): !Ko-Buschleute-Kalahari. Der Eland-Tanz. Kinder spielen das Mädchen-Initiations-Ritual. HOMO, 24. Bd., 3./4. Heft, HF 62 des Humanethologischen Filmarchivs der Max-Planck-Gesellschaft, Percha

Schachtzabel, A. (1933): Im Hochland von Angola. Dresden

Schmidbauer, W. (1971): Jäger und Sammler. Selecta Verlag, München

Schweger-Hefel, A. und Staude, W. (1972): Die Kurumba von Larum – Glücksspiele. Schendel, Wien

Shomer, R. W., Davis, A. H. und Kelley, H. H. (1966): Threats and the development of coordination. Further studies of the Deutsch and Krauss trucking game. Journal of Personality and Social Psychology 4, August, 119–126

Silberbauer, G. B. (1965): Report to Government of Betchuanaland on the Bushmen Survey. Betchuanaland Government Publication. Betch. Press, Mafeking

Smock, C. D. und Holt, B. G. (1968): Reinforcement Effects of Food and stimulus Novelty. Psychol. Record 18, 253–260

Tiger, L. (1969): Men in Groups. Random House, New York

Tinbergen, N. (1951): The Study of Instinct. Oxford University Press, London

Tinkelpaugh, O. L. (1942): In »Comparative Psychology«. 2nd. ed. F. A. Moss. Prentice Hall, New York

Vinacke, W. E. (1959): Sex Roles in a three person game. Sociometry 22, December, 343–360

Welker, W. I. (1956): Variability of play and exploratory behaviour in chimpanzees. J. comp. physiol. Psychol. 49, 181–185

– (1961): An analysis of exploratory and play behaviour in animals. In: Function of Varied Experiences (D. W. Fiske and S. R. Maddi, eds.), Dorsey Press, Homewood/Illinois

Wickler, W. (1967b): Vergleichende Verhaltensforschung und Phylogenetik. In: Heberer, G. (ed.) Die Evolution der Organismen I, 420–508, 3. Aufl., G. Fischer, Stuttgart

Wilhelm, J. H. (1953): Die !Kung-Buschleute. Leipzig, Bd. 12, 91–186

Winter, P., Ploog, D. und *Latta, J.* (1966): Vocal Repertoire of the Squirrel Monkey (Saimiri sciureus). Its Analysis and Significance. Exp. Brain Res. 1, 359–384

Filmverzeichnis

Filme des Humanethologischen Filmarchivs der Max-Planck-Gesellschaft
von I. Eibl-Eibesfeldt und H. Sbrzesny

HF 1 !Ko-Buschleute (Kalahari) – Schamweisen und Spotten
HF 2 !Ko-Buschleute (Kalahari) – Aggressives Verhalten von Kindern im vorpubertären Alter, Teil I
HF 3 !Ko-Buschleute (Kalahari) – Aggressives Verhalten von Kindern im vorpubertären Alter, Teil II
HF 15 !Ko-Buschleute (Kalahari) – Säuglinge: Lokomotion
HF 16 !Ko-Buschleute (Kalahari) – Säuglinge: Erkundungsverhalten
HF 17 !Ko-Buschleute (Kalahari) – Soziale Haarpflege
HF 28 !Ko-Buschleute (Kalahari) – Melonenball-Spieltanz der Frauen, Teil I
HF 29 !Ko-Buschleute (Kalahari) – Melonenball-Spieltanz der Frauen, Teil II
HF 30 !Ko-Buschleute (Kalahari) – Melonenball-Spieltanz der Kinder
HF 31 !Ko-Buschleute (Kalahari) – Ballspielen mit Melonen
HF 32 !Ko-Buschleute (Kalahari) – Seilspringen
HF 34 !Ko-Buschleute (Kalahari) – Kinderspiele: Bauen von Sandwällen
HF 35 !Ko-Buschleute (Kalahari) – Kinderspiele: Bewegungsspiele und Verwandtes
HF 36 !Ko-Buschleute (Kalahari) – Spieltänze der Kinder, Teil I
HF 37 !Ko-Buschleute (Kalahari) – Spieltänze der Kinder, Teil II
HF 38 !Ko-Buschleute (Kalahari) – Geschicklichkeitstänze von Frauen und Kindern
HF 39 !Ko-Buschleute (Kalahari) – Kinderspiele: Rollenspiele und Verwandtes
HF 40 !Ko-Buschleute (Kalahari) – Grashüpferspiel der Männer
HF 44 !Ko-Buschleute (Kalahari) – Trancetanz, Teil I
HF 45 !Ko-Buschleute (Kalahari) – Trancetanz, Teil II
HF 46 !Ko-Buschleute (Kalahari) – Strauß-Spiel
HF 47 !Ko-Buschleute (Kalahari) – Honigdachs-Spiel
HF 48 !Ko-Buschleute (Kalahari) – Stockwurfspiel
HF 61 !Ko-Buschleute (Kalahari) – Gemsbockspiel
HF 62 !Ko-Buschleute (Kalahari) – Der Eland Tanz; Kinder spielen das Mädchen-Initiationsritual
HF 79 !Ko-Buschleute (Kalahari) – Figurenwettkampfspiel
HF 80 G/wi (Kalahari) – Figurenwettkampfspiel, Steenbok
HF 81 G/wi (Kalahari) – Figurenwettkampfspiel, Strauß
HF 82 !Ko-Buschleute (Kalahari) – Initiation junger Männer

Die Beihefte zu den Filmen HF 1 bis HF 6, HF 41, HF 44, HF 45 und HF 62 wurden zwischen 1971 und 1972 in der Zeitschrift »Homo« veröffentlicht. Die Veröffentlichungen zu den übrigen Filmen des Archivs werden dort weiter erscheinen.

Filme der Encyclopaedia Cinematographica Göttingen von
D. Heunemann und H. J. Heinz

Beiheft H. J. Heinz (als Sammelband von der E. C. in Göttingen 1975 veröffentlicht)
!Ko-Buschmänner (Südafrika–Kalahari):

E 1822   Feuerbohren und Tabakrauchen
         Making Fire and Smoking

E 1823   Sprungspiel der Männer (//oli)
         The Bushmen Grasshopper Game (//oli)

E 1824   Herstellen eines Giftpfeils
         Making a Poisoned Arrow

E 1825   Jagd auf Springhasen
         Hunting Springhares (Pedetes capensis)

E 1826   Federstabspiel der Männer ›xhana‹
         The Feather-Reed-Spinner Game of Men ›xhana‹

E 1827   Aufheben eines Speise-Verbotes
         Releasing a Person from a Food-Taboo

E 1828   Bau einer Schlingfalle
         Setting a Snare

E 1829   Herstellen eines Speeres für die Springhasenjagd
         Making a Spear for Hunting Springhare (Pedetes capensis)

E 1830   Festtanz ›guma‹
         Bushmen Exorcising Dance ›guma‹

E 1831   Stockwurfspiel der Männer ›//ebi‹
         The Stick Game of the Men ›//ebi‹

E 1847   Herstellen eines Jagdspeeres
         The Manufacture of a Hunting Spear

E 1848   Herstellen eines Köchers
         The Making of a Quiver

E 1849   Mädchen Initiation
         !Ko Girls Puberty Ceremony

E 1850   Bau einer Hütte
         Construction of a Hut

E 1851   Herstellen eines Jagdbogens
         The Making of a Hunting-Bow

E 1852   Tauschhandel an einer Wasserstation
         Trading Objects at a Water Borehole

E 2024   Ballspiel der Frauen ›dam‹
         Ball Game of the Women ›dam‹

E 2105   Kalahari – Wettstreit ›Jäger und Tier‹ Gestenspiel
         Shooting the Animal (a Game of Gesture)

E 2106   Spiel Honigdachs mit Zurechtweisung von Spielern wegen Regelverstoßes
         The Badger Game (!aloce) and Players being Reprimanded for Incorrect
         Performance

E 2107   Spiel ›Oryx Antilope‹ mit einer Auseinandersetzung zwischen zwei
         Spielgruppen
         Gemsbock Game, Including an Argument because of Incorrect Procedure

E 2108   Herstellen von Perlen aus Straußeneierschalen
          The Making of Ostrich-Egg-Shell-Beads
E 2109   Herstellen eines Kopfschmuckbandes aus Perlen von Straußeneierschale
          The Making of a Headband from Ostrich-Egg-Shell-Beads
E 2110   Anfertigen und Anbringen von Frauenkopfschmuck
          Making Bead Decorations and Applying these and others to Women's Heads
E 2111   Tätowieren von Stirn und Schläfen
          Tattooing of Forehead and Upper Cheeks
E 2112   Anfertigung einer Tragtasche aus Gazellenleder
          The Manufacture of a Shoulderbag from Antelope Skin
E 2113   Herstellen einer Puderdose aus einem Schildkrötenpanzer
          Making a ›Powder Compact‹ from the Shall of Tortoise
E 2114   Herstellen eines Holzmörsers
          The Making of a Stamping Mortar
E 2115   Herstellen und Benutzen eines Mattensiebs; Gesichtsreinigung
          Manufacture and Use of a Matt-Sive and Its Use; Cleaning of the Face
E 2116   Anfertigen einer Köchertragtasche aus Gazellenhaut
          Making a Quiverbag from Steenbokskin
E 2117   Herstellen eines Umhangs aus Antilopenfell
          The Preparation of a Cloak from the Skin of an Antelope
E 2118   Herstellen eines Seiles für die Schlingfalle
          The Making of a Snare
E 2119   Sammeln, Zubereiten und Verzehren von ›Veld-Kost‹ durch Frauen
          Collecting, Preparing and Consuming of veld-food by Women
E 2120   Verlegen des Wohnsitzes einer Buschmanngruppe
          Moving a Bushmen Village
E 2121   Fangspiel ›Strauß‹
          The Ostrich-Game ›goia‹
E 2122   Spiel ›Oryx Antilope‹
          The Gemsbok Game
E 2123   Spielen eines Monochords (Bushmen Geige)
          Playing a One- Stringed Violin (Handelo)
E 2124   Spielen einer Bogenlaute mit Unterhaltungsgesang
          Playing of a Djuma with Accompanyment
E 2125   Spielen des Musikbogens
          Playing the Musical Bow
E 2126   Spielen eines Lamellophones mit Unterhaltungsgesang
          Playing a Hand-Piano (dongo) with Vocal Accompanyment
E 2127   Stimmen eines Lamellophones
          Tuning a Hand-Piano (dongo)

Des weiteren werden von der Encyclopaedia Cinematographica Göttingen folgende
Filme von H. Sbrzesny und D. Heunemann der G/wi demnächst veröffentlicht:

G/wi – Zentrale Kalahari 1974:
  1) Flechten eines Grasarmbandes
  2) Speerjagd auf eine Oryx-Antilope und Zerlegen der Beute
  3) Das Sammeln und Zubereiten von Insektennahrung und Feldkost
  4) Das Anfertigen von Initiationsstäbchen und des Lauskratzers

315

5) Das Herstellen und Verwenden eines Schildkrötenlöffels
6) Das Herstellen einer Frauenhalskette aus aromatischen Wurzeln
7) Das Herstellen und Anrauchen einer Knochenpfeife
8) Das Gerben einer Gazellenhaut und die Herstellung eines Männerlendenschurzes
9) Springhasenjagd mit Verzehr der Beute und Krankenbehandlung
10) Das Herstellen eines Frauen-Schamschurzes und die Dekoration mit Springhasen-knochen

Außerdem werden von der E. C. Göttingen folgende Filme von D. Heunemann und H. J. Heinz veröffentlicht:

!Ko-Kalahari 1974:
1) Das Herstellen von Ledersandalen
2) Das Herstellen eines Holzmörsers zum Giftmischen

Monographien zur Humanethologie

In diesen Monographien erscheinen Arbeiten von Völkerkundlern,
Biologen, Psychologen und anderen Menschenforschern, die Fragen der
Phylogenese, Ontogenese und Genetik menschlichen Verhaltens mit
vergleichenden und experimentellen Methoden untersuchen. Kulturen-
vergleichende Abhandlungen sollen die Interaktionen von stammesgeschichtlich angepaßtem und kulturell tradiertem Verhalten darstellen.
Monographien, die sich mit Verhaltenskomplexen nur einer Kultur
befassen, finden ebenso Aufnahme wie solche, die bestimmte Verhaltensweisen einschließlich kultureller Rituale vergleichend behandeln. Ziel
der Reihe ist es, zum besseren Verständnis der biologischen Grundlagen
kulturellen Verhaltens beizutragen und das interdisziplinäre
Gespräch zu fördern.

Irenäus Eibl-Eibesfeldt
Die !Ko-Buschmann-Gesellschaft

Gruppenbindung und Aggressionskontrolle.
Bd. 1. 226 Seiten mit 85 Fotos. Linson

Die noch als Jäger und Sammler in der Kalahari lebenden !Ko-Buschleute
repräsentieren einen altertümlichen Zustand der Menschheit. Da acker-
bauende Kulturen sich erst in den letzten zehntausend Jahren entwickelten, kann man annehmen, daß der Mensch diese Lebensweise
die längste Zeit seines vorgeschichtlichen Daseins führte und daß er auch
stammesgeschichtlich an sie angepaßt ist. Deshalb widmete man dem
Studium der letzten heute noch existierenden Sammler- und Jäger-
kulturen besondere Aufmerksamkeit, kam dabei aber zu widersprüch-
lichen Ergebnissen z. B. über aggressives und territoriales Verhalten.
Die hier vorliegende empirische Studie deckt die Ursachen einiger dieser
Widersprüche auf, weist auf die stammesgeschichtlichen Wurzeln
zweier elementarer menschlicher Verhaltensweisen, der Bindung und
der Distanzierung, hin und analysiert ihr funktionelles antagonistisches
Wechselspiel.

Andreas Flitner

Spielen - Lernen

Praxis und Deutung des Kinderspiels. 4. Aufl., 31. Tsd. 1975. SP 22
137 Seiten

Aus dem Inhalt: Hauptrichtungen der Spieltheorie / Beschreibung
und Beobachtung – Phänomenologie des Spiels / Entwicklungspsycho-
logie und Lernforschung / Psychoanalytische Spieldeutungen und
Spieltheorie / Sozialpsychologische Aspekte – Rollenspiel und Kinder-
theater / Spielen – Lernen

Das Kinderspiel

Texte, hrsg. von Andreas Flitner. 3. Aufl. 16. Tsd. 1976. EWP 20.
318 Seiten

Aus dem Inhalt: Vergleichende Betrachtung und gesellschaftliche
Perspektiven / Spiel in psychoanalytischer Deutung / Lernen –
Neugier – Spannungssuche / Rollenspiel / Praxis der Spielförderung

Bernhard Hassenstein

Verhaltensbiologie des Kindes

1973. 459 Seiten mit 29 Abbildungen. Linson

Aus dem Inhalt: Weder verklärt noch unterschätzt: Der Mensch /
Tierjunges und Menschenkind im Vergleich / Milieubedingte Verhaltens-
störungen bei Kindern / Dynamische Zusammenhänge im Verhalten:
Einmaleins der allgemeinen Verhaltensbiologie / Verhaltensstörungen
bei Tieren / Der Mensch in Gebundenheit und Entscheidungsfreiheit:
Verhaltensbiologisches aus dem menschlichen Alltag / Milieubedingte
Verhaltensstörungen des Kindesalters: Ursachen, Erkennung, Heilung /
Was dem Kind zusteht: Vorsorge gegen Verhaltensschäden, Pflicht
jedes einzelnen und der Gesellschaft.

Konrad Lorenz

Die acht Todsünden der zivilisierten Menschheit

8. Aufl., 302. Tsd. 1974. SP 50. 112 Seiten

Die Rückseite des Spiegels

Versuch einer Naturgeschichte menschlichen Erkennens. Sonderausgabe 1975. 353 Seiten. Linson

»Das Buch von Lorenz umspannt die gesamte Evolution – sowohl die biologische als auch die kulturelle – und deutet sie in einem Zusammenhang, der bislang undurchsichtig war. Lorenz überprüft die Existenzgrundlagen der Menschheit zu einer Zeit, da sie höchst gefährdet sind.«
Radio Bremen

Über tierisches und menschliches Verhalten

Aus dem Werdegang der Verhaltenslehre. Gesammelte Abhandlungen.

Band I. 17. Aufl., 139. Tsd. 1974. piper paperback. 412 Seiten mit 5 Abbildungen

Band II. 11. Aufl., 100. Tsd. 1974. piper paperback. 398 Seiten mit 63 Abbildungen

Irenäus Eibl-Eibesfeldt

Galapagos

Die Arche Noah im Pazifik (vergriffen, Neuausgabe in Vorbereitung)

Grundriß der vergleichenden Verhaltensforschung - Ethologie

4. Aull., 20. Tsd. 1974. 629 Seiten mit 325 Abbildungen und 8 Farbtafeln. Linson

Krieg und Frieden aus der Sicht der Verhaltensforschung

1975. 316 Seiten mit 18 Abbildungen. Linson

»Von beklemmender Aktualität bietet ›Krieg und Frieden‹ eine Fülle utopiefreier und dennoch praktisch höchst verwertbarer Einsichten, so daß man dieses Buch nur mit Herzklopfen aus der Hand legt ... die bestfundierte, im Denken sauberste Darstellung dieses menschlichen Existenzproblems.«　　　　　　　　　　　　　　　　Welt des Buches

»Ein immenses Material, das uns zum Nachdenken nicht anregt, sondern zwingt.«　　　　　　　　　　Frankfurter Allgemeine Zeitung

Im Reich der tausend Atolle

Als Tierpsychologe in den Korallenriffen der Malediven und Nikobaren. Mit 32 Farbaufnahmen und 68 Fotos des Autors. 1964. 211 Seiten. Leinen

Die !Ko-Buschmann-Gesellschaft

Gruppenbindung und Aggressionskontrolle bei einem Jäger- und Sammlervolk. 1972. Monographien zur Humanethologie Bd. 1. 226 Seiten mit 85 Fotos. Linson

Liebe und Haß

Zur Naturgeschichte elementarer Verhaltensweisen. 5. Aufl., 50. Tsd. 1972. 293 Seiten mit 63 Abbildungen und 2 Tafeln. Linson